高等学校信息管理规划教材

顾问：马费成　陈　禹　黄梯云

信息系统工程

（第3版）

唐九阳　葛　斌　张　翀　赵　翔　编著

電子工業出版社

Publishing House of Electronics Industry

北京·BEIJING

内 容 简 介

本书系统、全面地介绍了信息系统工程的概念、基本原理、开发过程及主要方法。

全书共分 9 章，分别介绍信息系统与信息系统工程的基本概念、内容和性质，信息系统开发方法论，信息系统规划，信息系统建模，信息系统软/硬件平台的建立，信息系统的软/硬件测试方法，信息系统的维护与管理，信息系统的集成，以及信息系统工程的项目管理。

本书既可作为高等学校信息管理与信息系统、信息系统工程、管理工程等专业本科生的教材或 MPA 教材，也可作为信息系统开发、管理人员，以及计算机软件开发人员的参考书。

图书在版编目（CIP）数据

信息系统工程/唐九阳等编著．--3 版．—北京：电子工业出版社，2014.9
高等学校信息管理规划教材
ISBN 978-7-121-23822-2

Ⅰ．①信…　Ⅱ．①唐…　Ⅲ．①信息系统—系统工程—高等学校—教材　Ⅳ．①C931.6

中国版本图书馆 CIP 数据核字(2014)第 156898 号

策划编辑：刘宪兰
责任编辑：徐蕾薇　　特约编辑：史涛
印　　刷：北京虎彩文化传播有限公司
装　　订：北京虎彩文化传播有限公司
出版发行：电子工业出版社
　　　　　北京市海淀区万寿路 173 信箱　邮编 100036
开　　本：787×1 092　1/16　印张：16.75　字数：391 千字
版　　次：2003 年 5 月第 1 版
　　　　　2014 年 9 月第 3 版
印　　次：2023 年10月第22次印刷
定　　价：68.00 元

凡所购买电子工业出版社图书有缺损问题，请向购买书店调换。若书店售缺，请与本社发行部联系，联系及邮购电话：(010) 88254888，88258888。

质量投诉请发邮件至 zlts@phei.com.cn，盗版侵权举报请发邮件至 dbqq@phei.com.cn。

本书咨询联系方式：xuqw@phei.com.cn。

第1版前言

从 20 世纪中叶开始，计算机技术、自动控制技术以及现代通信技术相继出现并得到迅猛发展，人类开始逐步迈入一个崭新的信息时代。在这个时代，现代化科学技术的发展使人类认识和理解客观世界的能力、手段都发生了质的变化。这些激动人心的变化，却归结于一个无形的操纵时代脉搏的巨手，即信息。信息技术改变了人类生活和工作的方式，而人类对信息系统的依赖也正日益加强。

信息系统工程是用系统工程的原理、方法来指导信息系统建设与管理的一门工程技术学科，它是信息科学、管理科学、系统科学、计算机科学与通信技术相结合的综合性、交叉性、具有独特风格的应用学科。信息系统工程的主要任务是研究信息处理过程内在的规律，基于计算机等现代化手段的形式化表达和处理规律等，其基本概念、原理和方法对实际分析、设计和开发一个信息系统，从理论、手段、方法、技术等多方面提供了一套完整、科学、实用的研究与开发体系，具有十分重要的应用价值，对建设信息系统有着重要的理论指导意义。

本书主要介绍了信息系统工程的基本概念、原理、方法和技术，以及信息系统分析、设计和实施的基本过程与方法。全书共分 9 章，第 1 章介绍了信息系统工程的基本概念，第 2 章介绍了信息系统工程中的方法论，第 3、4 章分别论述了信息系统的规划和建模，第 5 章从多个角度阐述了信息系统的建立，第 6、7 两章介绍了信息系统的测试和使用维护，第 8 章介绍了信息系统的集成，第 9 章概述了信息系统工程的项目管理。全书由张维明、肖卫东、杨强、黄金才、戴长华、蔡建国、肖颖等编著。

由于信息系统工程包含的内容丰富、覆盖面宽，又是一门综合的交叉学科，因此本书在内容的取舍和轻重把握上存在许多不尽人意的地方。另外，由于编者水平有限，书中难免存在一些缺点和欠妥之处，恳切希望广大读者批评指正。

编著者

2003 年 3 月

第 2 版前言

从 20 世纪中叶开始，计算机技术、自动控制技术，以及现代通信技术相继出现并得到迅猛发展，人类开始逐步迈入一个崭新的信息时代。在这个时代，现代化科学技术的发展使人类认识和理解客观世界的能力、手段都发生了质的变化。而这些激动人心的变化，却归结于一个无形的操纵时代脉搏的巨手，即信息。信息技术改变了人类生活和工作的方式，而人类对信息系统的依赖也正日益加强。

信息系统工程是用系统工程的原理、方法来指导信息系统建设与管理的一门工程技术学科，它是信息科学、管理科学、系统科学、计算机科学与通信技术相结合的综合性、交叉性、具有独特风格的应用学科。信息系统工程的主要任务是研究信息处理过程内在的规律、基于计算机等现代化手段的形式化表达和处理规律等。其基本概念、原理和方法对实际分析、设计和开发一个信息系统，从理论、手段、方法、技术等多方面提供了一套完整、科学、实用的研究与开发体系，具有十分重要的应用价值，对建设信息系统有着重要的理论指导意义。

本书主要介绍了信息系统工程的基本概念、原理、方法和技术，以及信息系统分析、设计和实施的基本过程与方法。全书共分 9 章，第 1 章介绍信息系统工程的基本概念；第 2 章介绍信息系统工程中的方法论；第 3、4 章分别论述信息系统的规划和建模；第 5 章从多个角度阐述信息系统的建立；第 6、7 章介绍信息系统的测试、使用和维护；第 8 章介绍信息系统的集成；第 9 章概述信息系统工程的项目管理。

全书由张维明、汤大权、葛斌、胡升泽编著，感谢肖卫东教授为本书的出版付出了大量的心血，并进行了细致的审校工作！

由于作者水平有限，书中难免存在一些缺点和欠妥之处，恳切希望广大读者批评指正。

编著者

2008 年 9 月

第3版前言

随着信息技术的广泛渗透以及竞争的日益加剧，企业对信息化的需求越来越迫切，要求越来越高，相应对信息系统的依赖也日益加强。进入21世纪以来，信息系统逐渐由低级到高级、由简单到复杂、由封闭孤立到开放协同地发展，使得信息系统科学中的研究假设和研究方法发生了相应变化。本书试图引入信息系统发展新阶段中的新方法、新技术，将相关原理、方法和技术串在一起，体现整体性和系统性，避免只从某一个特定视角分析问题。

信息系统工程是用系统工程的原理、方法来指导信息系统建设与管理的一门工程技术学科，它是信息科学、管理科学、系统科学、计算机科学与通信技术相结合的综合性、交叉性、具有独特风格的应用学科。本书以信息系统理论与工程为基础，以信息系统的建设、管理、运用为主线，较为系统地研究了信息系统的概念内涵、原理机理和发展趋势，分析阐述了信息系统建设、管理和组织运用的方法技术，对信息系统建设有着积极的指导意义。

全书共分9章，第1章介绍信息系统工程的基本概念，第2章介绍信息系统工程中的方法论，第3、4章分别论述信息系统的规划和建模，第5章从多个角度阐述信息系统的建立，第6、7章介绍信息系统的测试、维护和管理，第8章介绍信息系统的集成；第9章概述信息系统工程的项目管理。

全书由唐九阳、葛斌、张翀、赵翔编著，感谢张维明教授为本书的出版付出了大量的心血，并进行了细致的审校工作！

由于作者水平有限，书中难免存在一些缺点和欠妥之处，恳切希望广大读者批评指正。

编著者

20014年4月

目　录

第 1 章 信息系统概述

引言

回顾人类的发展史，10 000 年的农业社会所发生的进步，远远超过几百万年的蛮荒时代，而 200 多年的工业社会所发生的进步，又远远超过 10 000 年的农业社会。现在，人类正在进入信息社会，其进步毋庸置疑也会远远快于工业社会。

信息，一个不能吃、不能穿，也不能脱离物质的东西正在悄悄改变人类的生活。信息系统也日益与人们赖以生存的生态系统密不可分，成为人们日常生活中的一部分。

通过本章学习，可以了解（或掌握）：

- 信息的概念与性质；
- 系统的概念与模型；
- 信息系统的概念、功能与发展；
- 信息系统工程的概念、研究方法与研究范围。

1.1 信息

信息是当今社会的标志。随着社会的进步，人们越来越认识到知识就是力量，信息就是财富。信息在社会生产和人类生活中起到越来越大的作用，并以其不断扩展的内涵和外延，渗透到人类社会、经济和科学技术的众多领域，使人类继工业社会之后，正式迈入信息社会。信息的增长速度和利用程度，已成为现代社会文明和科技进步的重要标志。

1.1.1 信息的含义

什么是信息？有人认为，信息就是消息，是具有新内容、新知识的消息。也有人认为，信息就是情报，是对我们有价值的情报。历史上，关于信息的定义有几十种之多，但是关于信息可以明确以下两点：

（1）信息的存在不以主体（如人、生物或机器系统）存在为转移，即使主体根本不存在，信息也可以存在，它在客观上反映某一客观事物的现实情况。例如，人们使用文字、图片和视频可以记录一些发生的事件，随着时间的流逝，尽管当时的场景可能不复存在，但记录下来的信息却可以再现当时的情景。

（2）信息在主观上可以接受和利用，并指导人们的行动。人类在改造客观世界的过程中，需要从客观世界中获取信息，通过感觉器官感知信息，通过大脑分析、处理信息。

信息与数据是信息系统中最基本的术语。数据是可以记录、通信和识别的符号，它通过有意义的组合来表达现实世界中实体（具体对象、事件、状态或活动）的特征。信息是数据加工的结果，是数据的含义，而数据是信息的载体（参见图1.1）。

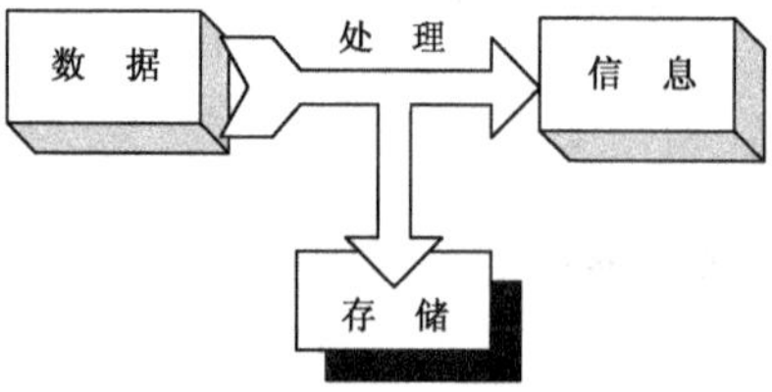

图1.1 数据与信息的关系

1.1.2 信息的性质

信息的性质主要体现在以下几个方面。

1）客观性

客观性也称事实性。信息最早是“关于客观事物的可通信的知识，通信是把信息用于事实”。所以，事实是信息的中心价值，不符合事实的信息不仅没有价值，而且可能起到副作用。信息反映了客观事物的运动状态和方式，但信息不是客观事物本身，它可以脱离其源物质而相对独立存在。

2）时效性

信息的时效性是指从信息源发送信息，经过接收、加工、传递和利用所经历的时间间隔及其效率。时间间隔越短，使用信息越及时，使用程度越高，则时效性越强。一般来说，随着时间的推移，大多数信息的价值越来越低，只有少数如历史记载等小部分信息随时间的推移而价值增加。

3）等级性

信息系统是分等级的，对于同一问题，处于不同管理层次，所要求的信息不同。同样，信息具有等级性，它和管理层一样，分为战略级、管理级和操作级。

4）扩散性

信息的扩散是其本性，它总是力图冲破保密的非自然约束，通过各种渠道和手段向四面八方传播。信息的密度越大，信息源和接收者间的梯度越大，信息的扩散性越强。信息的扩散存在两面性，一方面它有利于知识的传播，另一方面可能造成信息的贬值。

5）可传递性

信息在扩散的过程中，可以通过多种传输渠道、采用多种传输方式进行传递。信息传递需要借助于物质载体。传输渠道可以是报纸、书籍、无线电广播、电话，也可以通过计算机网络和卫星等进行传输。

6）价值性

信息是经过加工的、有意义的数据，是一种资源，因而是有价值的。信息又是可以增值的，在积累的基础上，信息的增值可能从量变到质变。

1.2　信息系统

任何一个系统中，其内部必然有物质、能量和信息的流动，其中信息控制着物质和能量的流动，使系统更加有序。从系统的观点看，在任何复杂系统中都有一个沟通各子系统、各部门的信息系统作为它的一个子系统存在。信息系统的作用和其他子系统不同，它不具有某一具体功能，做某一具体工作，但它关系到全局的协调一致。信息系统工作的好坏与整个组织的效益关系极大，可以说信息系统是整个系统的神经系统。

1.2.1　系统的概念

系统是为了达到某种目的而对一群单元作出有规律的安排，使之成为一个相关联的整体。系统必须依赖于环境而存在，不能孤立。系统与其环境之间相互交流，相互影响。

系统可以是物理的，也可以是抽象的。抽象系统一般是概念、思想或观念的有序集合。物理系统不仅局限在概念范畴，还表现为活动或行为。一个实际物理系统的模型从宏观上来看有输入、处理和输出三部分，如图 1.2 所示。

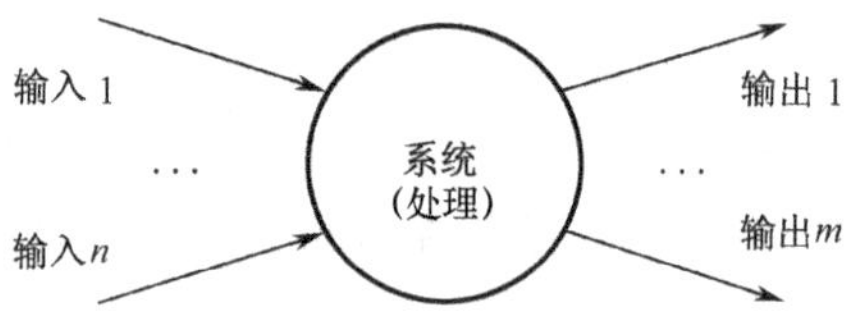

图1.2　系统的一般模型

（1）系统输入。系统接受的物质、能量和信息称为系统的输入（Input）。

（2）系统输出。系统经变换后产生的另一种形态的物质、能量和信息称为系统的输出（Output）。

（3）系统的环境。系统的环境（Environment）是为系统提供输入或接收它的输出的场所，即与系统发生作用而又不包括在系统内的其他事物的总和，简称外环境或环境。

（4）系统的边界。系统的边界（Boundary）是指一个系统区别于环境或另一系统的界限。有了系统的边界，就可以把系统从所处的环境中分离出来。可以说，系统的边界由定义和描述一个系统的一些特征来形成。边界之内是系统，边界之外是环境。

作为一个系统，一般应具备三个独立的特征：有元素及其结构，有一定的目标，有确定的边界。

1.2.2　信息系统的概念

信息系统是一个人造系统，它由人、计算机硬件、软件和数据资源组成，目的是及时、正确地收集、加工、存储、传递和提供决策所需的信息。广义上说，任何系统中信息流的总和都可视为信息系统。它们需要对信息进行获取、传递、加工、存储等处理工作。然而，随着科学技术的进步，信息的处理越来越依赖于通信、计算机等现代化手段，使得以计算机为基础的信息系统得到了快速发展，极大地提高了人类开发利用信息资源的能力。因此，目前普遍认同的信息系统是指基于计算机、通信网络等现代化的工具和手段，服务于管理领域的信息处理系统。

从系统的观点看，信息系统包括输入、处理、输出和反馈4个部分，如图1.3所示。

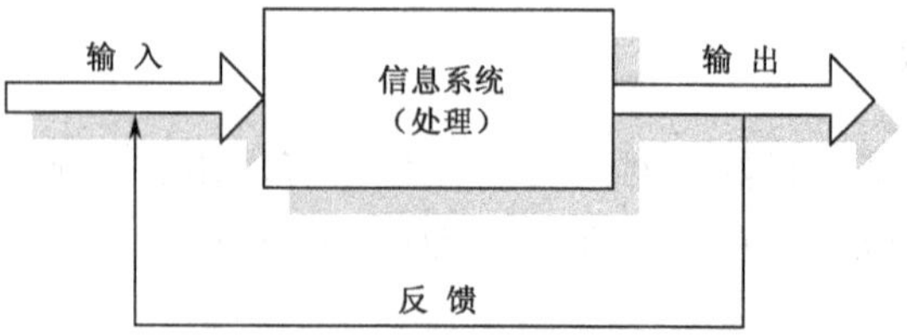

图1.3　信息系统定义

信息系统的输入与输出类型明确，输入是数据，输出是信息，而且输出的信息必定是有用的，即服务于信息系统的目标。处理意味着转换或变换原始输入数据，使之成为可用的输出信息。反馈用于调整或改变输入或处理活动的输出，是进行有效控制的重要手段。

1.2.3　信息系统的功能

信息系统是对信息进行采集、处理、存储、管理、检索和传输，必要时能向有关人员提供有用信息的系统，这个定义概括了信息系统的基本功能。

1. 信息的采集

信息的采集即信息收集，信息系统必须首先把分布在各部门、各处、各点的有关信息收集起来，记录其数据，并转换成信息系统所需的形式。信息采集有许多方式和手段，如人工录入数据、网络获取数据、传感器自动采集等。对于不同时间、地点、类型的数据需要按照信息系统需要的格式进行转换，形成信息系统中可以处理和互相交换的形式，如传感器得到的传感信号需要转换成数字形式才能被计算机接收和识别。

信息采集是信息系统的重要环节。它关系到信息系统中流动和处理的信息的质量好坏，对信息系统的功能、作用和作用效果有着直接的影响。

2. 信息的处理

信息的处理即对进入信息系统的数据进行加工处理，如对账务数据的统计、结算、预测分析等都需要对大批采集录入的数据作数学运算，从而得到管理所需的各种综合指标。信息处理的数学含义是：排序、分类、归并、查询、统计、预测、模拟，以及进行各种数学运算。现代化的信息系统都是依靠规模大小不同的计算机来处理数据，并且处理能力越来越强。

3. 信息的存储

数据被采集进入系统之后，经过加工处理，形成对管理有用的信息，然后，由信息系统负责对这些信息进行存储保管。当组织相当庞大时，需存储的信息是很大的，就必须依靠先进的存储技术。这时，有物理存储和数据的逻辑组织两个问题。物理存储是指将信息存储在适当的介质上；逻辑组织是指按信息的逻辑内在联系和使用方式，把大批的信息组织成合理的结构，它常依靠数据存储技术。

4. 信息的管理

一个系统中要处理和存储的数据量很大，如果不管重要与否，有无用处，盲目地采集和存储，将成为数据垃圾箱。因此，对信息要加强管理。信息管理的主要内容是：规定应采集数据的种类、名称、代码等，规定应存储数据的存储介质、逻辑组织方式，规定数据传输方式和保存时间等。

5. 信息的检索

存储在各种介质上的庞大数据要让使用者便于查询（这是指查询方法简便），易于掌握，响应速度满足要求。信息检索一般要用到数据库技术和方法，数据库的组织方式和检索方法决定了检索速度的快慢。

6. 信息的传输

从采集点采集到的数据要传送到处理中心，经加工处理后的信息要送到使用者手中，各部门要使用存储在中心的信息等，这都涉及信息的传输问题，系统规模越大，传输问题越复杂。

1.2.4　信息系统的演化

人类自进入文明社会以来一直从事信息处理工作。信息技术在企业的广泛应用可以分为两大部分：一部分是辅助生产过程，实现生产过程自动化，如计算机辅助设计（CAD）、计算机辅助制造（CAM）等。另一部分是辅助企业管理，试图实现管理自动化，这就是各类信息系统。数据处理系统、管理信息系统、决策支持系统等都是以计算机为基础的信息系统，有时统称为计算机信息系统（CIS）。

数据处理系统（DPS）一般指天天重复、但变化不大的各种过程处理和事务处理。例如，工资计算、账务处理中的原始凭证录入等。这种系统多为一项一项地处理各种信息，各项处理之间的联系很少。DPS 是开发信息系统初级阶段的产物，是建立下述各种信息系统的基础。

管理信息系统（MIS）是为实现系统的整体管理目标，对各类管理信息进行系统、综合处理，并辅助各级管理人员进行管理决策的信息处理系统。MIS 主要由信息收集、信息存储、信息加工、人-机交互与输出等部分，以及信息管理者所组成。严格说来，MIS 只是一种辅助管理系统，它所提供的信息需要由管理人员分析、判断和决策。

决策支持系统（DSS）是 MIS 的发展与深化。管理决策的制定是一个包括确定目标、收集信息、探索方案，以及对各种方案进行分析、预测、选择的过程，而 MIS 往往只是按照它在建立时所确定的模式来收集、存储和加工信息。因此，对于那些目标明确、具有确定的规则和程序及信息需求的决策问题，即结构化决策，MIS 可以有效地支持决策中各个阶段的活动。但是，现代管理决策中面临的问题，往往是目标含糊不清，多个目标相互冲突，方案的比较和选取没有固定规则和程序可循，所需信息不完整且比较模糊的问题，这类决策问题，称为半结构化决策问题。DSS 通常具有以下特点：较强的语言处理和人-机交互能力，以知识为基础的信息存储能力，将数学模型、算法和推理方法结合起来的问题处理能力。

企业资源计划 ERP（Enterprise Resource Planning）是信息系统的进一步发展，ERP 的管理范围包括了整个企业的各个方面，包括质量管理、实验室管理、流程作业管理、配方管理、产品数据管理、维护管理和仓库管理等。ERP 一般应用于金融业、通信业、零售业和高科技产业等。

DPS、MIS 和 DSS 等各代表了信息系统发展过程中的某个阶段，它们仍在不断发展。随着网络技术、人工智能技术的发展，信息系统向网络化、智能化发展。此外，还陆续出现主管信息系统、战略信息系统和电子商务等概念。特别是企业过程重组概念的提出，使信息系统由支持现行管理架构到重塑管理架构，发生了革命性转折。

主管信息系统 EIS（Executive Information System）的主要目标是帮助企业高层领导规划、控制企业运作，获得整个企业内部和外部信息，以辅助决策。与决策支持系统的区别在于，后者主要面向中、低层管理人员。

办公自动化系统 OAS（Office Automation System）的建立主要是为了有效地应用信息技术，提高办公人员的工作效率。目前办公自动化系统的内容包括文书处理、电子邮件、电视会议、语音邮件、档案存储和桌面排版等。

专家系统 ES（Expert System）是依据知识法则，运用推理法则来解决某类问题的信息系统。其特点是：能对复杂情况作出诊断，能处理不确定情况，并能对方案作出解释。

战略信息系统 SIS（Strategic Information System）的主要功能是支持企业形成竞争策略，使企业获得或保持竞争优势。战略信息系统强调的重点又从支持企业功能转移到支持形成与实现竞争策略，这是与 DPS、DSS 或 EIS 的重大区别。

20 世纪 90 年代初，提出了企业过程重组 BPR（Business Process Reengineering）的概念。所谓企业过程重组，一般认为是对企业经营过程进行根本性的再思考和彻底的重新设计，以求在成本质量、速度和服务等绩效标准上取得重大改善。这一概念的提出和实施，使信息系统从利用信息技术为现存的管理架构服务转变到重塑管理架构，这一变化如图 1.4 所示。企业过程重组被称为“管理革命的宣言”，是管理理论和实践的“第三个里程碑”。

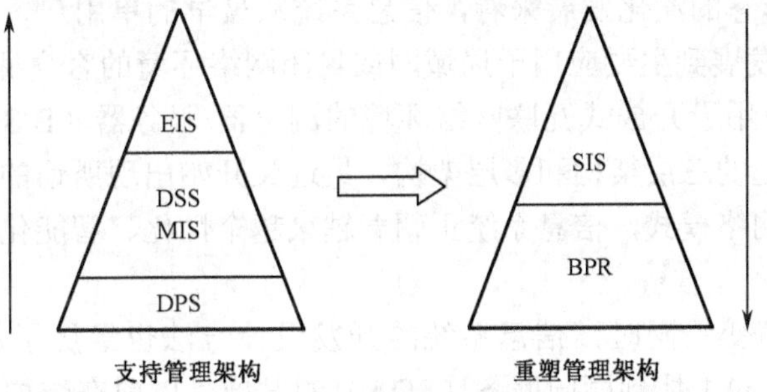

图 1.4　信息系统的演化

可以看出，随着信息技术的发展与应用，信息系统的概念及其应用发生了很大变化。在过去的几十年里，信息系统的主流是技术导向的。在信息技术刚刚兴起的时候，信息系统往往被看作是计算机系统的附属品。随着管理信息系统、决策支持系统等概念的提出，重点转向支持中层管理，辅助管理控制。到了 20 世纪 80 年代中期，出现的主管信息系统，着眼于管理高层，辅助企业规划，控制企业运作。信息系统辅助企业的层次越来越高，对企业的影响面越来越广。

近年来随着企业信息管理的发展，知识管理作为一门新的学问诞生了。知识管理指的是企业有能力收集知识，或从信息中归纳产生知识、利用知识，并在此基础上有效地开展企业活动。企业信息管理已发展多年，许多企业已有相对较全面的信息系统。但针对企业内外运作和决策知识以知识系统形式的收集、整理和利用才刚刚开始，与此有关的新方法新手段也正在开发之中。在当前来说如何开发和利用企业知识成为企业竞争性的一个标志，这方面的工作需要信息技术和其他学科的协作攻关。目前的一个趋势是在现有信息系统的基础上使其逐步转变为知识系统。这些系统的设计与前有所不同，主要区别在于注重在知识管理的框架下设计系统。知识管理可促生创新思路，促成企业策略的实施，改进企业过程并加强在企业范围内的知识传播。目前信息系统的设计正在朝有利于集成和分享知识的方向发展。

集成型信息系统是当前企业信息系统的主要发展方向之一。在当今激烈竞争的国际市场中，电子商务正在成为一种新的商务手段。电子商务的全面实现需要信息基础设施的支持，ERP 系统是电子商务所需的信息基础平台。目前 ERP 系统正在朝协助企业向集成化转型并在实质水平上支持电子商务运作的方向发展。可以说 ERP 应运而生正是迎合了现代企业对集成化的需求。在企业集成化的概念之下，ERP 系统把与企业活动有关的数据、运作模式和系统功能连成一体，支持和促进企业集成化管理。ERP 系统支持的功能有许多，其中包括客户关系管理（CRM）、供应链管理（SCM）和电子商务等。一个完整的 ERP 系统应为企业提供所有功能，能把企业各功能部门无缝整合起来，从而为企业各层次提供决策支持。目前开发的 ERP 系统已包含了原生产运作系统、管理信息系统和决策支持系统的功能，并使原先独立的单一系统更具整合性和集成性。

1.2.5 信息系统的发展趋势

从信息系统形态的演化发展来看，信息系统从最早的单用户、单机系统（或一台主机带多台终端），发展到主要应用于局域网或封闭网络环境的客户/服务器（C/S）模式的系统，再到主要应用于开放式互联网络环境的浏览器/服务器（B/S）模式的系统，以及在 B/S 基础上扩充的三层架构和多层架构，最近又开始出现所谓的胖客户端模式及去中心化的 P2P 对等网络模式，信息系统正朝着越来越个性化、智能化、分布式去中心化的方向发展。

在信息系统演变的同时，信息系统的开发设计方法也经历了从面向过程、面向对象、组件设计、面向主体到面向服务（SOA）的发展。以前在结构化设计中，模块是一个不能独立工作的函数。随着模块向可重用的对象、可方便集成的组件、可分布式组合的独立子系统的方向发展，系统组分（即系统的组成部分）的独立性越来越高。系统架构由完全的自顶向下设计，到越来越多地选用自底向上的方法构建；从只注重系统本身的功能完备性和独有专属的信息格式，到越来越注重与其他系统间的协作能力和信息处理格式的标准化。这里有两个看上去背向发展的趋势：一方面，系统越来越注重平台无关性，减少自己对底层系统的依赖，增加了系统自身的独立性（如可跨平台运行的基于 Java 开发的软件、基于 Web OS 的 Javascripts 开发的信息系统等）；另一方面，则采用方便交互标准交换格式和标准协议，为第三方系统软件形成互动提供方便，从而增强与其他信息系统之间的协作能力，且在增加了与别的信息系统之间的相互依赖的同时，部分降低了自身的完整性和独立性（如寄生在 Outlook 上的 Plaxo 软件，就是在 Outlook 开放的功能扩展接口之上构建的）。其实这两个趋势并不矛盾，前者增加系统的独立自主性，后者增加系统的自主交互性。系统只有具有平台无关的独立性，才可能与更大范围内别的信息系统协作交互；系统只有尽可能地开放交互协作接口，才可能获得来自各种平台的支持，从而能广泛应用于各种平台而不受具体平台的制约。

信息系统及设计方法的发展可总结为以下四个趋势。

（1）从系统开发到系统集成。程序设计和系统架构由最初的面向过程、面向对象（Object Oriented Program，OOP）和组件设计到面向主体（Agent Oriented Program，AOP），再到面向服务的体系结构（Service-Oriented Architecture，SOA），系统的基本构件越来越大：从函数到对象库，到控件、中间件或分布式控件（active X）、插件（plug-in）等，再到智能 Agent，最后是 Web-Services 和完全独立的子系统，系统的设计与开发越来越依赖于集成。

（2）从以程序为中心到以信息内容（数据）为中心或以用户为中心。一些人甚至提出要用迅件（infoware）来取代软件（software）这一概念。

（3）从孤立封闭的集中控制式系统到协同开放的分布式系统。以前 C/S 体系是端到端封闭的体系结构，必须使用特定的客户端；B/S 体系虽然打破了对客户端的限制，但服务端的集中控制体系仍然没有开放，功能或规模的扩展依然受限制；P2P 体系结构则把系统从集中控制的服务体系中解放出来，打破了服务器专有、专属的限制，成为开放式分布的体系，所有的组成节点都可以是对等的，任何节点都可以自由地加入和退出；传统的 P2P 体系依赖于特定的协议和服务类别，系统虽然是开放的，但集成的节点依然限制为同质（homogeneous）的；多智能主体系统 MAS（Multi Agent System）通过智能主体间交互协议语言的标准化、面向服务的架构 SOA 通过 Web-Services 间互操作（inter-operatability）标准的制定打破了这个限制，使开放的异质节点（heterogeneous）的集成体系成为可能。

（4）系统的外在表现方面，从设计者固定的界面到用户可调节的界面，再到适应性用户界面等。

1.3　信息系统工程

信息系统工程是 20 世纪 80 年代出现的以建立信息系统为目标的新兴学科，主要研究各级、各类信息系统建设和管理中的规律性的问题。

1.3.1　信息系统工程概念

信息系统工程是用系统工程的原理、方法来指导信息系统建设与管理的一门工程技术学科。作为系统工程的一个分支，信息系统工程具有系统工程的共同特点，其中最基本的特点是研究方法的整体性，技术应用上的综合性和管理上的科学性。

研究方法的整体性就是应用系统学中关于整体大于部分之和的思想，不仅把研究对象看成一个整体，而且把研究过程也看成一个整体。把系统看成是由若干个子系统有机结合的整体来分析与设计。对各子系统的技术要求首先是从实现整个系统技术协调的观点来考虑，从总体协调的需求来制定方案。此外，还要求把所研究的系统放在更大的系统空间或系统环境中去，作为从属于更大系统的组成部分来考虑。对它的所有技术要求，都尽可能从实现与这个更大系统技术协调或适应系统环境的观点来考虑。

技术应用上的综合性就是系统学中的最优化原则，综合应用各种学科和技术领域内所取得的成就，构筑合理的技术结构，使各种技术相互配合而达到系统整体的最优化。对信息系统而言，它是信息科学、系统科学、管理科学、计算机科学、控制理论及通信科学等各领域技术的综合体。对技术的使用来说，并非每个子系统或部件都要有最好的性能才能获得系统的最佳性能。只要技术结构合理，用廉价的一般部件也可能组合出系统的最佳性能。综合不是各种技术的堆砌，而是以最优化为原则，注重各种技术的协调和结构合理。

管理上的科学性就是对工程进行科学管理。一个复杂的信息系统工程客观上总存在两个并行进程，一个是工程技术进程，另一个是对工程技术进程进行管理控制的进程。后者包括工程的规划、组织、控制和进度安排，对各种方案进行分析、比较和决策、评价选定方案的技术效果等。这些内容称为工程管理，管理的科学性是系统工程的关键。

1.3.2 信息系统工程的研究方法

信息系统工程的研究是一个多学科领域，不是一种理论或观点主宰的领域，研究信息系统的现代方法如图 1.5 所示，其中可见涉及的主要学科。

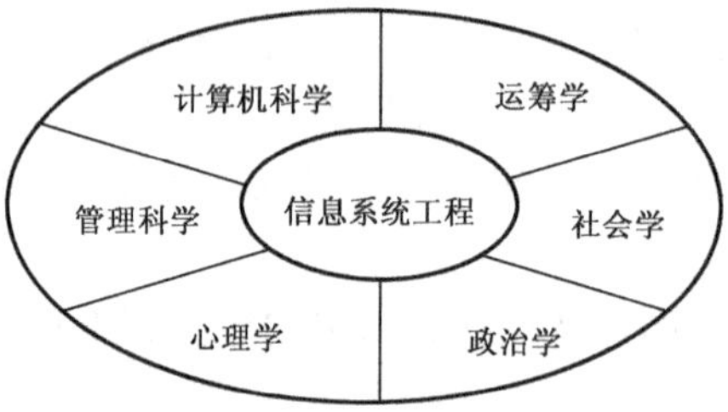

图 1.5　研究信息系统的现代方法

由于信息系统是一个社会技术系统，因此，信息系统工程的研究方法不能仅限于工程技术方法。目前，信息系统工程的研究方法分为技术方法、行为方法和社会技术系统方法。

1. 技术方法

信息系统的技术方法重视研究信息系统规范的数学模型，并侧重于系统的基础理论和技术手段。支持技术方法的学科有计算机科学、管理科学和运筹学。计算机科学涉及计算理论、计算方法和高效的数据存储和访问方法。数理逻辑侧重于运用集合论、关系理论等研究信息系统的规范化方法。管理科学着重于管理方法和决策过程的模型的建立。运筹学则强调优化组织的已选参数（如运输、库存控制和交易成本）的数学方法。

2. 行为方法

信息系统领域中成长的部分是关于行为问题的。许多行为问题，如系统的使用程度、实施和创造性设计，不能够用技术方法中采用的规范的模型表达。其他行为学科也起着作用。社会学家重视信息系统对群体、组织和社会的作用；政治科学研究信息系统的政治影响和用途。心理学家关注个人对信息系统的反应和人类推理的认知模型。

行为方法不忽视技术。实际上，信息系统技术经常是引发行为问题的因素。但是行为方法的重点一般不在技术方案上，它侧重在态度、管理和组织政策、行为方面。

3．社会技术系统方法

从数据处理系统到管理信息系统再到决策支持系统，这一发展历史告诉我们，信息系统的开发是把计算机科学、数学、管理科学和运筹学的理论研究工作和应用的实践结合起来，并注重社会学、心理学的理论与实践成果。因此，从单一的视角（如技术方法或行为方法）不能有效地把握信息系统的实质。

研究信息系统工程的人员应该了解信息系统涉及的所有学科的观点和看法。事实上，信息系统工程的挑战性和刺激性恰恰是它需要理解和包容许多不同的看法。

社会技术系统方法有助于避免对信息系统采取单纯的技术看法。比如，要正视这一现实：采用信息技术使得成本快速下降和能力迅速增强并不一定能够或不会容易地转化为生产率或利润的提高。

1.3.3　信息系统工程研究范围

一般认为，信息系统工程的目标是为以计算机和其他信息技术为手段的各类信息系统提供科学的方法、管理手段及有关的工具、标准和规范，其研究范围包括下述五点：

（1）信息系统建设与管理的概念、方法、评价、规划、工具和标准等一系列相关问题，即信息系统的系统工程。

（2）依据信息系统工程自身发展的规律和特点，发展和研究实现信息化建设的工程方法。

（3）数据库是信息系统的基础，一方面要研究系统核心的数据库设计与实现，另一方面要研究围绕数据库进行的各种应用软件及其他软件的设计与实现。

（4）总体数据规划，涉及数据的稳定性和共享性的统一。有了数据稳定性，才能实现数据共享，才能以一组数据类为多个业务服务；有了共享要求，才有建立稳定的数据管理基础的必要性。

（5）系统集成。信息系统的系统集成，就是应用先进的计算机与通信技术，将支持各个信息“孤岛”的小运行环境，集成统一在一个大运行环境中。需要研究系统集成的原则、方法、技术、工具和有关的标准及规范。

本章小结

信息系统工程是信息科学、管理科学、系统科学、计算机科学与通信技术等相结合的综合性、交叉性、具有独特风格的应用学科，其主要任务是研究信息处理过程内在的规律、基于计算机等现代化手段的形式化表达和处理规律。同时，信息系统工程是用系统工程的原理、方法来指导信息系统建设与管理的一门工程技术学科。它的基本概念、原理和方法对实际分析、设计和开发一个信息系统，从理论、手段、方法和技术等多方面提供了一套完整、科学、适用的研究与开发体系，目前已经形成了信息系统独具特色的理论和技术体系，其应用业已深入到社会生活的各个方面。

问题讨论

1. 数据和信息的关系。
2. 作为系统工程的一个分支，信息系统工程的特点有哪些？
3. 信息系统大致分为哪几个阶段？各阶段的代表是哪些？

第2章 信息系统开发方法论

引言

信息系统工程的研究跨越多个学科领域，涉及计算机科学、管理科学、运筹学、心理学、社会学和政治学等。大型信息系统的建设与开发是一个复杂的系统工程，包括从需求分析、系统分析、系统设计、系统实现直到系统维护等多个方面。因此，信息系统开发需要科学的方法作为指导。

方法是为获取某一对象而采用的组织人们思维活动的过程，以及实现这个过程所必需的步骤和途径。方法学是研究方法的科学。信息系统开发方法学是一门具体学科的方法学，其基本任务是研究信息系统开发的规律，以及相应的技术和工具，从认识论、方法论、系统论的角度研究出一套符合现阶段人们认识程度的系统开发原则、方法和工具，以指导开发实现的全过程。

通过本章学习，可以了解（或掌握）：

◆ 信息系统开发生命周期法；
◆ 信息系统开发原型法；
◆ 信息系统开发结构化方法；
◆ 信息系统开发面向对象方法；
◆ 信息系统开发构件法；
◆ 信息系统面向服务开发方法；
◆ 信息系统敏捷开发方法。

2.1　概述

信息系统开发方法学是研究信息系统开发规律的学科分支，其研究内容主要是：①在较高层次上分析和总结以往的经验，研究信息系统开发的一般规律，建立具有一般意义的系统开发指导思想的基本原则；②从系统工程的角度，为分析人员提供一个协调局部与整体利益的思维方法，以及具体的分析、设计原则；③围绕已建立的各种开发方法、指导思想的原则，建立相应的实施步骤；④研制一整套与系统开发思想相对应的、适合于各实施步骤的描述和开发工具；⑤信息系统开发中的组织、实施方法；⑥系统开发成功的关键因素、必要条件以及促使系统开发成功的组织运行机制等。

信息系统开发一般采用的方法有以下七种。

（1）生命周期法。这是早期信息系统开发一般采用的方法，它强调"结构化分析、结构化设计"。将信息系统的生命周期定义为若干个阶段，按照瀑布模型，由上而下逐步开发。

（2）原型法。原型法的基本思想是在系统开发的初期，在对用户需求初步调查的基础上，以快速的方法先构造一个可以工作的系统雏形（原型）。然后通过对原型系统逐步求精，不断扩充完善得到最终的软件系统。

（3）结构化方法。该方法强调将整个信息系统的开发过程分为若干个阶段，每个阶段都有其明确的任务和目标，以及预期要达到的阶段成果。达到本阶段的目标后，才开始下一阶段，否则重复本阶段或返回前一阶段。总体上看，它主要包括自顶向下分析过程和从底向上的实现过程。

（4）面向对象方法。面向对象的开发强调从问题域的概念到软件程序和界面的直接映射，已广泛应用到面向对象建模、面向对象编程、面向对象软件工程、面向对象分析与设计等方面。

（5）构件法。它是基于面向对象的，以嵌入后马上可以使用的即插即用型软构件概念为中心，通过构件的组合来建立信息系统的方法。

（6）面向服务方法。该方法为了解决分布式环境下异构系统的互操作，并为业务提供良好的灵活性和敏捷性，提供了一种基于开放标准的松散耦合、粗粒度聚合的分析设计方法。

（7）敏捷开发方法。敏捷开发方法强调软件开发的产品是软件本身，着眼于快速交付高质量的工作软件，并做到客户满意。它主要包括极限编程、动态系统开发、水晶方法等具有类似基础的方式和方法。

2.2　生命周期法

人类解决复杂问题时普遍采用的一个策略是"各个击破"，也就是对问题进行分解，然后再分别解决各个子问题的策略。信息系统工程采用的"生命周期法"，就是从时间角度对信息系统开发和维护的复杂问题进行分解，把信息系统生存的漫长周期依次划分为若干个阶段，每个阶段有相对独立的任务，然后再逐步完成每个阶段的任务。

生命周期法认为，每一个信息系统都有一定的生命周期。信息系统工程的生命周期是指一个信息系统从其提出、调查到分析、设计和有效使用，直至被淘汰或取代的整个期间。生命周期法就是按信息系统工程生命周期的各个阶段划分任务，按一定的规则和步骤，有效地进行信息系统开发的方法。

2.2.1　生命周期划分

信息系统工程生命周期可以按照系统开发活动的需要，划分为若干个阶段。目前，各阶段的划分尚未统一，但划分的基本原则使各阶段的任务彼此间尽可能相对独立，同一个阶段各项任务的性质尽可能相同，从而降低每个阶段任务的复杂性，简化不同阶段之间的联系，有利于软件开发过程的组织管理。

通常，一个信息系统工程的生命周期可分为系统定义（问题定义、可行性研究、需求分析）、系统设计（总体设计、详细设计、编码和单元测试、综合测试）、系统实施与维护（系统实施、系统维护）三个时期九个阶段，如图 2.1 所示。

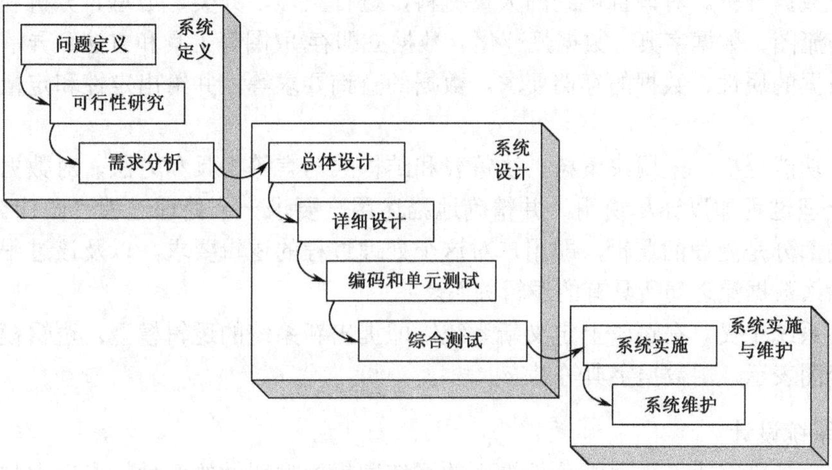

图 2.1　信息系统工程生命周期阶段划分

主要的阶段包括可行性研究、需求分析、系统设计、系统实施与维护等。

1．可行性研究

可行性研究是在系统开发项目确定之前，对系统开发的必要性、可能性以及可能的候选方案，从整个系统生存周期的角度进行分析和评价，为上级主管部门决策提供科学依据。可行性研究包括明确任务，调查环境，提出方案，分析可行性四个方面。

（1）明确任务。主要从系统开发的角度，对用户设想的目标、新系统的功能范围、基本工作过程，以及其他关键性问题做出明确的描述。

（2）环境调查。目的是对部门的环境给出一个概括性说明，以便提出候选方案和进行可行性分析。重点调查组织结构、现行系统等的情况，包括现行系统存在的主要问题及其他重要因素。

（3）提出方案。在环境调查的基础上，根据用户提出的要求，对开发新系统的需求做出分析和预测，同时考虑建设新系统所受到的各种制约因素，根据需要和可能，给出几种拟建系统的候选规模及方案。

（4）可行性分析。对拟建系统的各种候选方案在技术上、经济上、运行上是否可行进行分析，并在可行性分析的基础上，对各种候选方案进行比较，给出建设性的结论。

2. 需求分析

需求分析的目的是解决“做什么”的问题。它是在可行性分析的基础上，针对现行系统进行全面的调查分析，从而提出新系统的逻辑模型，包括需求调查、数据分析、功能分析、系统定义四个方面。

（1）需求调查。重点是了解这个项目是否有必要，而需求调查则是为了弄清现行系统的基本功能及信息流程，以便在此基础上提出新系统的逻辑模型，其重点在于信息系统的内部结构、具体功能、组织安排、先后次序等，这些正是在新系统中有可能要加以修改、变更的内容。因此，工作的细致程度较之环境调查要高得多，工作量也大得多，人力投入也大得多。

（2）数据分析。对调查得到的大量材料，进行整理、分类、汇总、分析和归纳。它采用数据流图、数据字典、数据规范化、数据立即存/取图等工具和方法，弄清信息系统中各类数据的属性、数据的存储要求，数据的查询要求等，并给出定性和定量的描述和分析。

（3）功能分析。采用决策树、决策表和结构式语言等工具和方法，对数据流图中的每一个处理过程加以详尽说明，并精确地描述用户要求一个处理过程“做什么”。其中最基本的部分是处理的逻辑，即用户对这个处理过程的逻辑要求，以及该过程的输出数据流与输入数据流之间所具有的逻辑关系。

（4）系统定义。在逻辑上定义新系统，即提出新系统的逻辑模型。逻辑模型主要是用数据流图表示，用数据字典等补充。

3. 系统设计

系统设计就是为实现系统分析提出的系统逻辑模型所做的各种技术考虑与设计，它根据新系统的逻辑模型建立系统的物理模型，也即根据新系统逻辑功能的要求，考虑系统的规模和复杂程度等实际条件，进行若干具体设计，确定系统的实施方案，从而解决系统“怎么做”的问题。系统设计包括模块设计、代码设计、输入/输出设计、文件或数据库设计、可靠性设计五个方面。

（1）模块设计，又称系统控制结构设计，主要对系统内部进行层次分解，划分系统的模块结构，并确定模块的调用和模块之间数据流与控制流的传递关系。模块设计的工具有结构图等。

（2）代码设计，即编码，包括确定编码的对象、名称、目的、使用范围、数量、编码方法和编码构成等内容，并编写代码对照表。

（3）输入/输出设计，即系统人-机界面设计，包括输入/输出方法的选择，输入/输出设备的选择、输入/输出格式设计，以及输入有效性检查等。

（4）数据库设计。大中型信息系统由于对时间和空间要求比较高，处理过程也比较复杂，因此必须建立在数据库系统之上。数据库设计是在需求分析的基础上，确定数据的存储方法和存储结构，进行满足应用要求及符合语义的逻辑设计，进行具有合理的存储结构的物理设计，实现数据库的运行等。

（5）可靠性设计，包括系统的安全保密性能设计、系统与文件的备份与恢复等，具体为预防对策的设计和恢复对策的设计。

4．系统实施与维护

系统实施是真正解决“具体做”的问题，它是新系统付诸实现的实施阶段。系统实施阶段是具体实现系统设计阶段的新系统的物理模型。它主要包括软/硬件准备，程序设计，数据收集与准备，人员培训，系统测试，系统转换（新旧系统转轨），系统评价等部分。

系统验收通过与交付使用，标志着整个系统开发工作的结束。接下来是系统工程生命周期中的最后一个阶段，即系统运行与维护阶段。新系统要具有长久的生命力，必须不断地完善，以适应变化，这就是系统维护。

2.2.2　瀑布模型

瀑布模型也称为生命周期模型或线性顺序模型，是一种系统化的、线性的开发方法，由 W.Royce 于 1970 年首先提出。根据系统生存周期各个阶段的任务，瀑布模型从可行性研究开始，逐步进行阶段性变换，直至系统实施并最终使用维护，形成用户确认的系统产品。

瀑布模型上一阶段的变换结果是下一阶段的输入，相邻两个阶段具有因果关系，紧密相连。一个阶段工作的失误将蔓延到以后的各个阶段。为了保证系统开发的正确性，每一阶段任务完成后都必须对它的阶段性产品进行评审，确认之后再转入下一阶段的工作。评审过程发现错误和疏漏后，应该反馈到前面的有关阶段修正错误，弥补疏漏，然后，再重复前面的工作，直至某一阶段通过评审后再进入下一阶段。这种形式的瀑布模型是带有反馈的瀑布模型。

瀑布模型主要包括开发和确认两个过程。

（1）开发过程是严格的下导式过程，各阶段间具有顺序性和依赖性，前一阶段的输出是后一阶段的输入，每个阶段工作的完成需要评审确认。

（2）确认过程是严格的追溯式过程，后一阶段出现了问题要通过前一阶段的重新确认来解决。问题发现得越晚，解决问题的难度就越大。

瀑布模型是系统开发中最基本的模型，它提供了系统开发的基本框架，有利于系统开发过程中人员的组织、管理，有利于系统开发方法和工具的研究，提高了系统开发的质量和效率。但是，从认识论角度，人的认识是一个多次反复的过程，即实践、认识、再实践、再认识，多次认识，多次飞跃，最后才能获得对客观世界较为正确的认识。瀑布模型恰恰没有反映这种认识过程的反复性。因此，瀑布模型适合于系统需求非常明确、设计方案确定以及所有阶段都有较大把握的开发活动。

瀑布模型是最早，也是应用最成功的工程范例。但是，在使用瀑布模型过程中有时会遇到如下一些问题：

（1）实际的项目很少按照该模型给出的顺序进行。虽然线性模型能够允许迭代，但却是间接的。在项目开发过程中的变化可能引起混乱。

（2）用户常常难以清楚地给出所有需求，而线性模型却要求如此，它还不能接受在许多项目的开始阶段自然存在的不确定性。

（3）用户必须要有耐心。可运行的系统一直要等到项目开发晚期才能得到。大的错误如果直到检查运行程序时才被发现，后果可能是灾难性的。

（4）开发者的时间常常被不必要地耽搁。在实际项目中，瀑布模型的线性特征可能会导致“阻塞状态”，某些项目组成员不得不等待组内其他成员先完成其依赖的任务。

2.3 原型法

原型法的基本思想是在系统开发的初期，在对用户需求初步调查的基础上，以快速的方法先构造一个可以工作的系统雏形（原型）。将这个原型提供给用户使用，听取他们的意见，然后修正原型，补充新的数据、数据结构和应用模型，形成新的原型。经过几次迭代以后，可以达到用户与开发者之间的完全沟通，消除各种误解，形成明确的系统定义及用户界面要求。

2.3.1 原型法概述

生命周期法把软件看做是人工制品，必然有其产生、成长、成熟、运作、消亡的生命过程，把系统开发分为可行性研究、需求分析、系统设计、系统实施与维护等阶段，特别强调阶段完整性和开发的顺序性，要求开发者首先确定系统的完整需求和全部功能。

然而，大多数系统的需求事先难以说清。首先，用户本身对“需求”的理解就是一个模糊的概念，由于受专业的限制，很难将有关系统的功能用清晰的语言加以阐述，使之成为开发人员能够理解的具体细节；其次，随着时间的推移，系统本身的功能需求可能也处在不断的变化之中，最开始只有初步想法的时候就对需求做出完整的、精确的说明是不现实的；再次，系统开发者只起着询问者、顾问及问题解决者的作用，他们不可能很熟悉业务。因此，在大量与用户交换意见的过程中，传递错误信息和发生误解的可能性极大。从而在需求分析报告和系统规格说明书中不可能完全准确地反映系统需求，只有到了测试和运行阶段才有可能被发现，这无疑加重了维护阶段的负担，甚至要求重新开发。

原型法是一种以计算机为基础的系统开发方法，它首先构造一个功能简单的原型系统，然后通过对原型系统逐步求精，不断扩充完善得到最终的软件系统。Roland Vonk 将原型定义为：一个信息系统（或其部分）的工作模型，此模型强调系统的某些特定方面。此定义的核心是“模型”这个概念。原型与模型的区别在于定义中的“工作”二字。一个原型不仅是表示在纸面上的系统，而且是一个在计算机上实现的可操作的模型。

原型法的出现和使用主要取决于以下事实：①并非所有需求都能预先定义，而正确的需求定义是系统成功的关键。预先定义的策略假设不经过在系统上实践的过程，用户就能预先精确地提出所有的系统需求，但是大多数情况下，用户对其目标和需求只有模糊笼统的认识，许多细节说不清楚。②项目参加者之间存在通信障碍。大型软件的开发涉及系统分析员、系统设计员、软件工程师、硬件工程师、用户等多方合作的问题，由于各自的文化层次、所处的环境不同，给各方的交流带来障碍。③有快速建造原型的工具。通用的超高级语言是基本的工具，还有一些常见的软件工具，以及能把某种形式的需求说明转变为可执行程序的专用工具。

2.3.2　原型法模型

在获取一组基本的需求定义后，利用高级软件工具开发环境，快速地建立一个目标系统的最初版本，并把它交给用户试用、补充和修改，再进行新的版本开发。反复进行这个过程，直到得出系统的“精确解”，即用户满意为止。经过这样一个反复补充和修改的过程，应用系统的“最初版本”就逐步演变为系统的“最终版本”。原型法模型如图 2.2 所示。

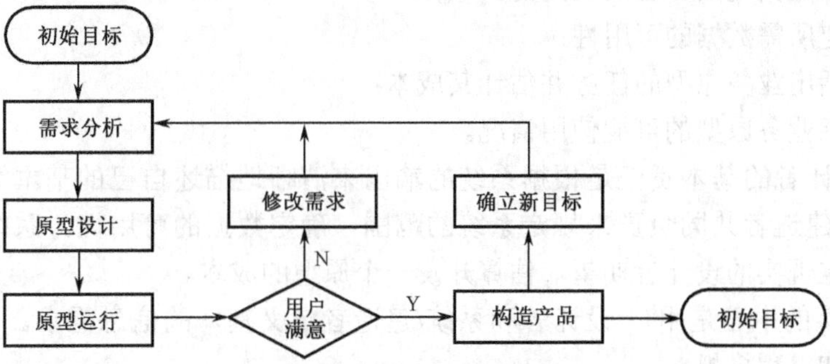

图 2.2　原型法模型

在“需求分析”、“原型设计”两个阶段中，开发者和用户一起为想象中的系统的某些主要部分定义需求和规格说明，并由开发者在规格说明中用原型描述语言构造一个系统原型，它代表了部分系统，包括那些为满足用户需求的必要属性。该原型可用来帮助分析和设计工作，而不是一个软件产品。

在原型运行期间，用户可以根据他所期望的系统行为来评价原型的实际行为。如果用户对原型的运行不满意，可立刻找出问题和不可接受的地方，与开发者重新定义需求。该过程一直持续到用户认为该原型能成功地体现想象中系统的主要部分功能为止。在这期间，用户和开发者都不要为程序算法或设计技巧等枝节问题分心，而是要确定开发者是否理解了用户的意思，同时试验实现它们的若干方法。

有了满意的系统原型，同时也积累了使用原型的经验，用户常会提出新目标，从而进一步重新确定原型周期。

2.3.3 原型法过程

原型法是一个从基本需求分析，初始原型系统开发到原型系统完善需求，并最终完善原型系统的不断迭代的过程。

1．角色

在原型法中，有两个重要的角色：用户/设计者和系统/建造者。前者是应用系统的设计者，能从信息系统中寻求帮助，在他的职能领域胜任他的职能。后者往往由系统专业人员构成，是系统的建造者，他能够使用各种有效的开发工具，了解并掌握信息系统的资源。

2．基本需求分析

基本需求分析是使用原型法进行信息系统开发的第一步，该阶段的主要目标是：

（1）讨论构造原型的过程；

（2）写出一份简明的骨架式说明性报告，反映用户/设计者在信息需求方面的基本看法和要求；

（3）列出数据元素与它们之间的关系；

（4）确定所需数据的可用性；

（5）概括出业务原型的任务并估计其成本；

（6）考虑业务原型的可能使用情况。

用户/设计者的基本责任是根据系统的输出来清晰地描述自己的基本需要。用户/设计者和系统/建造者共同负责来规定系统的范围，确定数据的可用性。系统/建造者的基本责任是确定现实的设计者期望，估算开发一个原型的成本。

这个步骤的中心是用户/设计者和系统/建造者定义基本的信息需求。讨论的焦点是数据的提取和过程模拟。

3．开发初始原型系统

在完成用户基本需求的分析之后，开始进行初始原型系统的设计，该阶段的目标是建立一个能运行的交互式应用系统来满足用户/设计者的基本信息需求。

在这一步骤中用户/设计者没有责任，由系统/建造者去负责建立一个初始原型，其中包括与用户/设计者的需求及能力相适应的对话，还包括收集用户/设计者对初始原型反映的设施信息。

该阶段的主要工作主要包括以下内容：

（1）建立逻辑设计所需的数据库；

（2）构造数据变换或生成模块；

（3）开发和安装原型数据库；

（4）建立合适的菜单或语言对话来提高友好的用户输入/输出接口；

（5）装配或编写所需的应用程序模块；

（6）把初始原型交付给用户/设计者，并且演示如何工作，确定是否满足用户/设计者的基本需求，解释初始原型的接口和特点，确定用户/设计者是否能很舒适地使用系统。

4. 用原型系统完善需求

在此阶段，用户/设计者操作前一步实现的初始原型系统，以便发现需求中存在的问题，获取更进一步的需求描述。该阶段目标为：

（1）让用户/设计者能获得有关系统的亲身体验，必须使之更好地理解实际的信息需求和最能满足这些需求的系统种类；

（2）掌握用户/设计者要做什么，更重要的是掌握用户/设计者对原型系统哪些方面不满意；

（3）确定用户/设计者是否满足于现有的原型。

系统/建造者在这一步中没有什么责任，除非用户/设计者需要帮助或需要信息，否则用户/设计者在一个相当长的时间里不和系统/建造者接触。用户/设计者负责那些不适合的地方、不合要求的特征和他在现有系统中认为所缺少的功能等信息建立文档。

5. 完善原型系统

最后，在新的需求基础上，由系统/建造者进一步改进原型系统，直至完成产品。该阶段的目的是修改原型以便纠正那些由用户/设计者指出的不需要的或错误的问题。

完善原型系统的基本原则是：

（1）装配和修改程序模块，而不是编写程序。

（2）如果模块更改很困难，则把它放弃并重新编写模块。

（3）不改变系统的作用范围，除非业务原型的成本估算有相应的改变。

（4）修改并把系统返回给用户/设计者的速度是关键。

（5）如果系统/建造者不能进行任何所需要的更改，则必须立即与用户/设计者进行沟通对话。

（6）用户/设计者必须能很舒适地使用改进的原型。

2.3.4 原型法特点

原型法具有以下六个特点：

（1）原型法引入了迭代的概念；

（2）原型法自始至终强调用户的参与；

（3）原型法在用户需求分析、系统功能描述以及系统实现方法等方面允许有较大的灵活性，用户需求可以不十分明确，系统功能描述也可以不完整，对于界面的要求也可以逐步完善；

（4）原型法可以用来评价几种不同的设计方案；

（5）原型法可以用来建立系统的某个部分；

（6）原型法不排斥传统生命周期法中采用的大量行之有效的方法和工具，它是与传统方法互为补充的方法。

原型法的主要优点在于它是一种支持用户的方法，使得用户在系统生存周期的设计阶段起到积极的作用；它能减少系统开发的风险，特别是在大型项目的开发中，由于对项目需求的分析难以一次完成，所以应用原型法效果更为明显，主要体现在以下六点。

（1）原型法在得到良好的需求定义方面比传统生命周期法更具优势，如可处理模糊需求，开发者和用户可充分通信等。

（2）原型系统可作为培训环境。它有利于用户培训和开发同步，其开发过程也是学习的过程。

（3）给用户提供机会更改心中原先设想的、不尽合理的最终系统。

（4）可低风险开发柔性较大的计算机系统。

（5）增加使系统更易维护、对用户更友好的机会。

（6）使总的开发费用降低，时间缩短。

然而，其缺点也比较明显，主要有以下几点。

（1）容易产生“模型效应”。对于开发者不熟悉的领域，把次要部分当做主要框架，做出不切题的原型。

（2）原型迭代不收敛于开发者预先的目标，即每次更改，为了消除错误，次要部分越做越大，“淹没”了主要部分。

（3）原型过快收敛于需求集合，而忽略了一些基本点。

（4）由于资源规划和管理较为困难，也给随时更新文档带来麻烦。

（5）长期在原型环境上开发，只注意得到满意的原型，容易“遗忘”用户环境和原型环境的差异。

因此，原型法一般仅适用于需求分析和定义规格说明，设计人-机界面，充当同步培训工具，一次性的应用以及低风险引入新技术等情况，而不适用于诸如嵌入式系统、实时控制系统和科技数值计算等方面。

2.4　结构化方法

结构化方法是最早的、最传统的软件开发方法。它起源于 20 世纪 60 年代初的结构化程序设计方法，而后发展到结构化设计方法、结构化分析方法以及结构化分析与设计技术等。在信息系统研究领域，结构化方法是迄今为止信息系统开发方法中应用最普遍、最成熟的一种。

结构化方法的基本思想可以概括为：自顶向下、逐步求精；采用模块化技术、分而治之的方法，将系统按功能分解成若干模块；模块内部由顺序、分支、循环基本控制结构组成；应用子程序实现模块化。

结构化方法强调功能抽象和模块化，将问题求解看做是一个处理过程。结构化方法由于采用了模块分解和功能抽象，自顶向下、分而治之的手段，从而可以有效地将一个较复杂的系统分解成若干易于控制和处理的子系统，子系统又可以分解成更小的子任务，最后的子任务都可以独立编写成子程序模块。这些模块功能相对独立、接口简明、界面清晰，使用和维护起来非常方便。所以，结构化方法是一种非常有用的开发方法，也是其他方法的基础。

结构化分析与设计是结构化方法的最关键的两个阶段，结构化分析主要任务是分析系统的功能、性能、目标和规模等需求，定义系统的逻辑模型。结构化设计主要任务是设计系统的模块结构，数据文件等，给出模块说明和主要算法，为以后的编码实现进行算法上和结构上的准备。

2.4.1　结构化分析

随着信息系统规模和计算机应用领域的不断扩大，不规范的、手工作坊式的分析方法已越来越不适应发展的需要，对于系统分析员来说，迫切需要采用一种新的方法和工具以克服在系统分析中面临的困难，更好地实现用户与设计人员的沟通和理解，做好系统分析工作。

20 世纪 60 年代末提出的结构程序设计方法对信息系统的分析与设计产生了决定性的影响，启发了人们的思路。既然一个程序可以用一组标准和方法加以构造，那么，在系统分析与设计工作中，也可以引进一组标准的准则和工具，来帮助人们分析、设计一个信息系统。结构化分析方法就是用一组标准的准则和工具，从事系统分析工作，并用来表达系统分析的工作成果。

与传统方法相比，结构化分析方法强调以下五个方面。

（1）建立面向用户的观点。结构化分析法强调用户是整个信息系统开发的起源和最终归宿，其好处是用户可以更多地了解新系统，并随时从业务和用户角度提出新的要求；系统分析人员能更多地了解用户的需求，更深入地调查和分析管理业务，使新系统更加科学与合理。

（2）严格区分工作阶段。将整个系统的开发过程分为若干个阶段，每个阶段都有其明确的任务和目标以及预期要达到的阶段成果。达到本阶段的目标后，才开始下一阶段，否则重复本阶段或返回前阶段。

（3）结构化、规模化，自顶向下进行开发。从整体的角度，将各项具体的业务或组织放到整体中加以考察。自顶向下分析，确保全局总揽的正确，然后再一层层地深入考虑和处理局部问题。实现过程采用从底向上的方法，即一个模块一个模块的开发和调试，然后再从几个模块联调，到最后整个系统联调。

（4）充分预料可能发生的变化。信息系统具有动态性，主要原因包括：周围环境发生变化，系统内部处理模式的变化，用户的需求发生变化。

（5）工作文件的标准化和文献化。在系统的研制过程中，每一阶段、每一步骤都应有详细的文字资料记载。资料要有专人保管，要建立一整套（或用机器建立）管理、查询制度。

结构化分析方法的精髓体现在两个方面：自顶向下逐层分解和抽象。

所谓自顶向下逐层分解，也就是在考虑一个具体问题，尤其是一个复杂问题的时候，根据人们的思维习惯，首先考虑问题总的或粗的方面，形成较高层次的抽象。然后再由粗到细，由表及里地逐步涉及问题的具体细节。即把大问题分解成若干个小问题，或者称为子问题。然后，对于每个子问题，再单独分析，进一步考虑其内部深层次细节。这样逐层分解，从而将一个复杂问题逐步细化为若干个容易解决的细节问题。例如，对于一个大学的教学管理系统，利用结构化分析方法，考虑问题的过程是这样的：首先，我们不可能一开始就对教学管理中涉及的各种具体细节以及各细节之间的相互联系都十分清楚。此时，可先忽略具体细节问题，从分析整个教学管理的功能开始，将教学管理分解为学生档案管理、教师档案管理、课程管理、成绩管理等若干个子功能。其次，再针对这四个不同的子功能单独分析，如学生档案管理进一步分解为研究生档案管理、本科生档案管理、专科生档案管理等。再次，考虑每一个更深层次的细节，如研究生档案管理设计研究生姓名、类型、基本资料、导师和专业等。其中，基本资料又可分解为性别、身高、体重和籍贯等。以此类推，直到确定所有细节。这种分解问题的方法非常直观，也符合我们平时的思维习惯。

自顶向下逐层分解，实际上就是一个由模糊到清晰，由概括到具体的过程。同时也是一个不断运用抽象的过程。所谓抽象，就是在分析过程中，要透过具体的事物看到问题中的本质属性，能将所分析的问题实例变为一般的概念。抽象是一种手段。只有通过抽象，才能正确认识问题，把握住事物的内部规律，从而达到分析的目的。因为在分析中人们所接触的都是具体的事物，而人们要得到的，却是对该类事物一般问题的通用求解方法。抽象是信息系统分析中的重要原则。它不仅是结构化方法的特征，也是其他软件分析设计方法（如面向对象方法）的重要基础。

从前面的讨论可以总结出，结构化分析方法实际上包括以下四个基本步骤的迭代过程：

（1）理解当前系统，得出其具体模型。

（2）通过对当前系统具体模型的分析，抽象出当前系统的逻辑模型。

（3）分析目标系统和当前系统的逻辑差别，建立目标系统的逻辑模型。

（4）修改、充实和完善目标系统的逻辑模型。

结构化分析的工具有数据流图、数据字典、加工说明和结构式语言等。

1. 数据流图

数据流图（Data Flow Diagram，DFD）从数据传递和加工的角度，利用图形符号通过逐层细分，描述系统内各个部件的功能和数据在它们之间传递的情况，说明系统所完成的功能。它是表达系统内数据的流动并通过数据流描述系统功能的一种方法，可被认为是一个系统模型。DFD 是结构化分析中的重要方法和工具之一，是需求分析说明书中的重要组成部分。

在结构化分析过程中，DFD 的作用主要体现在三个方面：①DFD 是理解和表达用户需求的工具，是系统分析的手段。由于 DFD 简明易懂，理解它不需要任何计算机专业知识，便于通过它与客户交流。②DFD 概括地描述了系统的内部逻辑过程，是系统分析结果的表达工具，也是系统设计的起点。③DFD 作为存档的文字材料，是进一步修改和充实开发计划的依据。

一个简单的 DFD 图形描述由以下四个基本成分构成：

（1）数据流，说明系统内部数据的流动，用箭头表示。箭头指向为数据流动方向，箭头旁边写数据名。

（2）加工，又称数据处理或数据变换，表示对数据进行的操作。

（3）数据存储，又称文件，表示系统内需存储保留的数据。数据存储是系统内处于静止状态的数据，而数据流是系统内处于运动状态的数据。

（4）外部对象，外部对象是向系统输入数据和接收系统输出的外部事物。也就是数据流的源点和终点，分别称为数据源和数据池。

关于 DFD 的更进一步描述，参见第 4 章的相关内容。

2．数据字典

数据流图说明了系统内数据的处理，但它未对其中数据的明确含义、结构和组成作具体的说明。因此，仅有数据流图还不能完整地表达系统的全部逻辑属性，而这些又都是下一步系统设计要使用的重要内容。数据字典就是用于具体描述数据流图内数据的逻辑性质的。

数据字典是关于数据流图内所包含数据元素（数据存储、数据流和数据项）的定义及说明的集合。其作用就是为系统人员在系统分析、系统设计和系统维护中提供有关数据的描述信息。

数据字典通常由以下三类条目组成：①数据流；②文件（数据存储）；③数据项（数据元素）。其中，信息流条目一般包括数据流名称、简述、数据流组成、数据流量、峰值、用途、数据流来源及数据流去向等；文件条目一般包括文件名称、简述、文件组成、存/取频率、存/取峰值、组织方式及用途等；数据项条目包括数据项名称、简述、数据项组成、值类型及取值范围等。

3．加工说明

数据流图、数据字典和加工说明结合在一起，共同构成了系统的逻辑模型，它们是结构化分析中数据流方法的三个不可缺少的部分。严格地说，加工说明是数据字典的一部分，是数据字典中的一种条目类型。因此，它通常又被称为加工小说明。但由于与数据字典内其他条目相比，加工说明有自己鲜明的特点，是结构化设计的关键部分，故将其单独列出。

加工说明一般包括加工名、编号、激发条件、加工逻辑、执行频率、优先级、输入及输出等。其中，加工逻辑是以文字性的描述对加工所作的解释。需要注意的是，它是对加工“做什么”的描述。它通过对加工过程和步骤的概括说明，来明确规定加工要完成的任务及其程度。因为有时若不涉及具体过程就会对要完成的任务及完成的程度作出不同的理解。加工说明不是用来解释加工应该“怎么做”的。

4．结构式语言

结构式语言是一种介于计算机程序设计语言和人们日常所用的自然语言之间的语言形式，它虽不如程序设计语言精确，但简单明了，易于掌握使用，便于用户理解，又避免了自然语言的不严格、存在二义性等缺点，故适合作为需求分析的工具。结构式语言限定使用三种基本的控制结构，即顺序、选择和循环，并由外层语法和内层语法两部分组成。

外层语法用来规定加工处理的基本结构，说明所控制各部分的逻辑关系。它也只有顺序、分支、循环三种成分，三种基本结构可互相嵌套，形成任何复杂的处理结构。

顺序结构可由一个或多个符合内层语法的简单祈使句、符合外层语法的基本结构顺序排列组成。

选择结构的基本形式是：

IF 条件 THEN 顺序结构 1
ELSE 顺序结构 2

或

IF 条件 THEN 顺序结构

其中的顺序结构表示相应的处理动作。

循环结构的基本形式是：

REPEAT 顺序结构 UNTIL 条件

或

FOREACH 条件
DO 顺序结构

内层语法用来规定内部的语句使用。与外层语法相比，内层语法比较灵活，它由系统人员根据加工的具体特点和用户能接受的程度来决定。一般来说，它有以下两个特点：①语态上只有祈使句一种语态，即用“动词＋名词”的结构。用以明确表示此加工“做什么”。②词汇上，名词必须是数据字典中所定义过的，动词表示加工中的动作，不用形容词、副词等修饰语，可用状语短句，另外，还可以用运算符、关系符等帮助说明条件。

2.4.2 结构化设计

结构化设计是设计中被广泛使用的一种方法，它是在结构化程序设计思想的基础上发展起来的用于复杂系统的设计技术，最早由美国 IBM 公司的 W.Stevens、G.Myers 和 L.Constantine 三人所提出的。结构化设计的思想可应用于任何软件系统的设计，而且作为需求分析阶段的结构化分析和详细设计阶段的结构化程序设计两者之间的衔接，形成一套系统的软件开发方法。

1. 结构化程序设计

结构化程序设计是 20 世纪 60 年代产生的一种程序设计理论和方法，它是目前使用最为广泛且为实践所证明行之有效的程序设计方法。

结构化程序设计方法是针对传统的非结构化程序设计而言的。在计算机技术的发展早期，由于计算机的资源和运行能力有限，为了提高程序的运行效率，程序设计人员不得不精打细算，力争节约每一个计算资源。结果，在程序设计过程中，往往通过各种程序设计技巧，以提高运行效率为首要目标。同时，早期的软件功能有限，开发没有严格的规范，程序设计带有强烈的个人色彩。因此，程序设计风格因人而异，所设计出的程序往往是没有清晰的结构，不仅其他人难以理解，就是设计者本人，经过一段时间之后，都难以读懂。而随着计算机硬件技术的发展，计算资源已不再是制约程序设计的主要因素。同时，由于软件开发的数量和规模不断增大，程序设计已不再是手工作坊式的个人行为，而成为开发群体之间的合作项目。大规模高效率的软件生产要求有新的方法指导程序设计，结构化程序因此而产生了。

结构化程序设计的概念最早是由 E.Dijkstra 提出的。由于 GOTO 语句是实现随意控制的极好工具，容易造成程序结构的混乱，20 世纪 60 年代，Dijkstra 曾主张从一切语言中取消 GOTO 语句。但由于当时 GOTO 语句是 FORTRAN 语言实现程序控制的重要语句，而 FORTRAN 是当时最为盛行的程序设计语言，因而 Dijkstra 的主张并未引起人们的注意。后来，Boehm 和 Jacopini 证明，只用“顺序”、“选择”和“循环”就可实现所有单入口、单出口的程序（由于循环控制可用顺序和选择结构来实现，因而本质上只有两种基本结构）。他们的证明使人们开始重视 Dijkstra 的观点，并为结构化程序设计奠定了理论基础。

20 世纪 60 年代中，Dijkstra 进一步提出程序设计的层次化和抽象的观点，并多次建议从一切高级语言中取消 GOTO 语句，他的这种对 GOTO 语句根本性的否定态度引起激烈的争论。经过争论，人们意识到，不是简单地取消一个语句的问题，而是要确立一种新的程序设计方法和思想，以显著地提高软件生产率和降低维护代价。经过长期的努力，结构化程序设计的思想和方法逐步建立和完善起来。

结构化程序设计的基本原则是：①采用自顶向下，逐步求精的设计方法；②用顺序、选择和循环三种基本控制结构实现单入口和单出口的程序。

一个不含 GOTO 语句，并仅由以上三种控制结构形成的具有单入口和单出口的结构化程序有以下两方面的优点：①程序的动态结构和静态结构一致，易于理解和维护；②有利于程序正确性的证明。只有三种结构的程序可用严格的方法证明其正确性。

随着软件开发工程化观念的提出和建立，结构化程序设计又向软件设计阶段扩展，形成结构化设计，结构化设计又向软件分析阶段扩展，形成了结构化分析，从而形成了系统的结构化方法。

2. 结构化设计方法

结构化设计方法是在结构化程序设计思想的基础上发展起来的用于复杂系统的设计技术，它的最重要思想就是对问题要有一个总的看法，由概括到具体，逐层分解问题。它强调把一个系统设计成具有层次式的模块化结构，并且用一组标准的准则和工具帮助系统设计人员确定组成系统的模块及相互关系。结构系统设计方法体现了自顶向下、逐步求精的原则，采用先全局后局部、先总体后细节、先抽象后具体等过程，从而使系统结构清晰，可读性、可修改性、可维护性等指标优异。

概括地说，结构化设计方法有以下四个特点。

（1）对一个复杂的系统，应用自顶向下，逐步求精的方法予以分解和化简。

（2）强调采用模块化的设计方法，并有一组基本设计策略。

（3）采用结构图作为模块设计的工具。

（4）有一组评价设计方案质量的标准及优化技术。

结构化设计方法的主要内容包括如下两个方面。

（1）合理地进行模块分解和定义，使一个复杂系统的设计转化为若干种基本模块的设计。结构化设计的分解原则包括：把密切相关的子问题划归为系统的相同部分，把不相关的问题划归为系统的不同部分。

（2）有效地将模块组织成一个整体，从而体现系统的设计功能。

结构化设计与结构化分析有着密不可分的联系，它是以系统的逻辑模型和数据流图为基础，借助于一套标准的设计方法和图表工具，通过自顶向下或自底向上的方法，逐层把系统划分为多个大小适当、功能明确、具有一定独立性的模块。因此，模块的组织是其主要的内容。

3. 结构化设计原则

在长期的软件开发实践中，为了提高软件的开发质量，人们总结出了一些软件开发的结构化设计原则。

1）模块化

人们在解决问题，尤其是大规模的复杂问题时，常常使用“分解”的方法，将问题划分为若干个较小的问题，通过对各个较小问题的求解，达到对复杂问题的解决。模块化就是体现人类在问题求解时的这一方法和思想。为了使一个复杂的大型程序系统能被人的智力所管理，模块化是复杂软件系统必须具备的属性。因为，如果不把一个大型的、复杂的系统分解成若干模块，将很难对其开发和管理。

所谓模块化，就是依据一定的原则，将欲开发的软件系统分解为若干部分，即模块。如果对第一次划分出的模块直接求解复杂度仍较高，则可继续分解，直到划分为易于直接解的规模为止。所谓模块，就是实现某种功能独立、逻辑完整的程序段落，模块也是数据说明，是可执行语句等程序对象的集合。模块被单独命名，并能通过名字被访问。模块化降低了问题的复杂程度，减少了求解问题的工作量。

但是，我们并不可由此得出结论，在软件开发时，模块划分得越多越好，问题分解得越细越好，当模块被划分成最基本的操作，问题就自然而然得到解决了。事实上，模块化要掌握适当的程度。因为，模块划分降低了问题的复杂程度，但也增加了模块间的相互协调工作，即增加了完成任务的接口复杂度。因此，在模块划分时，存在着一个最佳模块数，最佳的模块划分应符合模块独立性原则。

结构化设计就是根据这一规律，提出把系统设计成由若干模块所组成的结构。每个模块都相对独立、功能单一。这样，各个模块可以独立地被理解、编写、测试、排错和修改。整个系统结构清晰，易于实现、理解和维护。结构化设计能提高软件系统的质量和可靠性，也有助于整个工程的开发和管理。

2）抽象

抽象是人类认识问题和解决问题的基本工具和方法。在解决复杂的具体问题时，人们往往先忽略其细节和非本质的方面，而集中注意力去分析问题的本质和主要方面，搞清所要解决的问题的本质所在；同时人们在总结认识和实验规律时，也往往突出各类问题的共性，找出各种客观事物、状态和过程间的联系和相似性，加以概括和提取，即抽象。抽象是具有有限思维能力的人类个体与复杂外部世界相互了解的有力工具。

抽象在软件开发过程中也具有重要的地位。复杂软件系统的构造就是一个运用抽象的过程。通过对所要解决问题的抽象，进行需求分析；然后借助较低层次上的抽象，采用更加过程化、形式化的方法，进行系统设计；最后，在最低的抽象层次上，用可以直接实现的方法，叙述问题的解法。

因此，在本质上，抽象的过程是一个逐步求精的过程。Wirth 曾对抽象作过如下解释：抽象是我们对付复杂问题最重要的办法，所以，对一个复杂的问题，不应马上用计算机指令、数字与逻辑字来表示，而应该用较为自然的抽象语句来表示，从而得出抽象程序。抽象程序对抽象的数据进行某些特定的运算并用某些合适的记号（可能是自然语言）来表示。对抽象程序作进一步的分解，并进入下一层的抽象，这样的精细化过程一直进行下去，直到程序能被计算机接受为止。

3）信息隐藏和信息局部化

信息隐藏和信息局部化是软件设计中另外两项重要原则。所谓信息隐藏，是指在设计和确定模块时，应使一个模块内包含的信息（过程和数据）对于不需要这些信息的模块来说是不可访问的。信息隐藏使得模块间尽可能彼此独立，有利于对过程和数据的保护，避免了错误的传递，提高了系统的可靠性。信息隐藏尤其为软件系统的维护提供了良好的基础。

信息局部化是指将一些关系密切的成分，设计时彼此靠近。局部化有利于模块的单独开发和调试，因而简化了整个系统的设计和实现。同时，局部化也是信息隐藏的手段。

4）一致性、完整性和确定性

一致性、完整性和确定性是针对软件大规模长时间的生产，对生产过程的规范、统一提出的要求。

所谓一致性，是指软件系统各部分中符号的表达使用、对象及过程的描述和调用形式及操作的控制结构都一致，以免造成混乱。

完整性是说对一对象、过程的表达描述及处理应该完备，没有遗漏重要的内容或成分。

确定性，又称可验证性，是指系统中的对象、过程定义明确，无二义性，容易测试。

2.5　面向对象方法

面向对象（Object Oriented，OO）的概念不是一个新的概念。一般认为，面向对象的概念应起源于挪威的 K.Nyguard 等人开发的模拟离散事件的程序设计语言 Simula 67。但真正的面向对象程序设计（Object Oriented Programming，OOP）还是由 Alan Keyz 主持设计的 Smalltalk 语言奠定基础的，“面向对象”这个词也是 Smalltalk 最先提出的。然而，事实上对象的概念在计算机科学的多个分支领域中几乎是同时在 20 世纪 60 年代末至 70 年代初这段时间内相互独立地提出来的。虽然其形式不同，但是它的思想实质是完全一样的。

随着时间的推移，面向对象的概念在越来越多地被人们所接受。进入 20 世纪 80 年代后，施乐公司推出了 Smalltalk 的新版本 Smalltalk-80，引起了人们的广泛重视。与此同时，Bell 研究所的 B.Stroustrup 着手在 C 语言的基础上加以扩展，使之成为一个面向对象的语言，定名为 C++。虽然，C++语言不是纯粹的面向对象的语言，它却继承了 C 语言的构造，容易学习，不需要特殊的计算平台，这些比 Smalltalk-80 明显的优点受到计算机界的普遍欢迎，许多 C++商业版本和开发工具相继问世。C++的发展，促进了面向对象技术的发展，也使它有可能成为标准化的面向对象程序设计语言，ISO 也为此成立了一个工作小组，即 ISO/IECJEC1/SC22/WG21。除了 Smalltalk-80 和 C++外，一些其他面向对象的语言也在 20 世纪 80 年代相继出现，如 Objective-C、面向对象的 Pascal、CommonLoops 及 Eiffel 等。

自从面向对象的程序设计语言在 20 世纪 80 年代趋向成熟以来，作为一种新的程序设计范型被计算机界所关注，并且为更多的人所理解与接受。与此同时，面向对象更广泛、更深入的研究也被一些研究者所注意；在面向对象的分析（Object Oriented Analysis，OOA）和面向对象的设计（Object Oriented Design，OOD）以及面向对象的系统开发过程等方面不断取得进展。

2.5.1　面向对象概述

什么是面向对象？Coad 和 Yourdon 给出该术语的定义如下：

面向对象（Object-Oriented）= 对象（Objects）+分类（Classification）+继承（Inheritance）+通信（Communication）

1．对象

Coad 和 Yourdon 对对象的定义是，一个对象是一个封装和一个抽象：封装是对对象属性以及属性上专有的操作的封装；抽象是对问题空间的抽象，指问题空间类似事物的一次或多次的出现。

对象是面向对象系统运行过程中的基本实体，它既包括属性，也包括作用于属性的行为。对象是由属性和行为所构成的一个封闭整体。也就是说，对象是由私有数据（属性）及作用于其上的一组操作（行为）所构成的。从设计人员的角度看，对象是一个完成特定功能的程序块；从用户的角度看，对象为他们提供了所希望的行为。对象的动作取决于外界给对象的刺激，也就是消息，消息告诉对象所要求它完成的功能。对象首先根据消息的名字选择相应的操作，执行该操作后再将运行结果连同控制返回给引用者（消息发送者）。

同时，对象是对问题空间类似事物的一次或多次的出现的抽象。例如，在一个班级中有许多的学生，则对所有学生的共性的抽象构成了对象。

2．类

在面向对象的程序设计中，“对象”是程序的基本单位，相似的对象可以与传统语言中变量的类型一样，归并到一类（Class）中去。程序员只需定义一个类对象就可以得到若干个实例（Instance）对象了。

类是对一组对象的抽象，它将该组对象所具有的共同特征（包括操作特征和存储特征）集中起来，以说明该组对象的能力和性质。例如，Point 是一个类，它描述了点的所有性质（包括点坐标、颜色以及基于点的各种操作）。点 A(6,10)和点 B(24,30)等这些具体的点都是 Point 类的对象，具备 Point 类的一切属性和操作。对于实例和类这两个概念，在日常生活中随时可以用到。例如，拿到一个红苹果，说："这是一个红苹果。"翻译成专业术语就是"这是一个苹果类的实例，其颜色属性是红的。"

从理论上讲，类是一个 ADT（抽象数据类型）的实现。信息隐蔽原则表明类中的所有数据是私有的。类的公共接口由两种类型的类方法组成，一种是返回有关实例状态的抽象辅助函数，另一种是用于改变实例状态的变换过程。

对象在执行过程中由所属的类动态生成，一个类可以生成多个不同的对象。同一类的所有对象具有相同的性质，即外部特性和内部实现相同。一个对象的内部状态只能由其自身修改，任何别的对象都不能直接地修改它。因此，同一类的对象虽然在内部状态的表现形式上相同，但它们有不同的内部状态，这些对象并不是完全一样的。

类和对象可以总结归纳出以下三个特点：

（1）一个类的所有对象能够响应的信息模式相同，并且采用同样的方法完成消息所要求的操作。

（2）一个类的所有对象具有相同数目的有名对象内部变量，并且在内部用同样的名字来引用它们。

（3）一个对象有可索引对象变量，仅当所有对象都有索引对象变量。

3．继承

前面讨论了类，这些类是分离的，相互之间还未建立任何关系。换句话说，这些类都处在同一级别上，是一种平坦结构。类的平坦结构不含相交关系，限制了面向对象的系统设计，因为它不允许不同类之间实现信息的共享。系统中有些对象，它们有一些相同，但又不是完全相同。例如，整数和浮点数都能响应有关算术运算的消息，但数的内部表示是不同的。有些对象之间的区别是可见的，如响应的消息集合不同；另外一些的区别是不可见的，如响应的消息集合相同，但实现方法不同；还有一些对象的区别既有可见的部分，也有不可见的部分，如果不允许类之间有相交关系，上述这些不同对象的相似之处就无法表现出来。

继承是自动共享类、子类和对象中的方法和数据的机制。为了更清楚地理解继承是什么，以及它是如何提供我们所期望的好处的，下面用一个简单例子加以解释。

当类 B 继承类 A 时，就表明类 B 是 A 的子类，而类 A 是 B 的父类。类 B 由两个部分组成，继承部分和增加部分。继承部分是从 A 继承来的，增加部分是专门为 B 编写的。由语言规则可定义把 A 的成员映射成 B 的继承成员，再加上程序员专门为 B 写的代码，就构成了整个 B。映射可以简单的等同，即 B 的继承部分完全等同于 A 的成员。不过，继承映射可以比这种简单的等同更为丰富。例如，在进行 A 到 B 的映射时，程序员可以对 A 的性质重新命名、重新实现、复制和置空。

因此，继承关系常用于反映抽象和结构。一个继承的例子如图 2.3 所示，该图是图形系统继承的例子。矩形是一种特殊类型的多边形，这很容易从继承关系中获得。当矩形继承多边形时，它获得了多边形的全部性质。图形系统中最高层的图形具有像素宽度、颜色以及平移和旋转等特性，这些在根类图中定义。另外，封闭图有边界和计算区域，多边形增加了边的个数属性，所以根据继承性，矩形有像素宽度、平移过程和计算区域函数等。当然，一些性质可直接继承，也有一些应在继承时做某些修改再用。

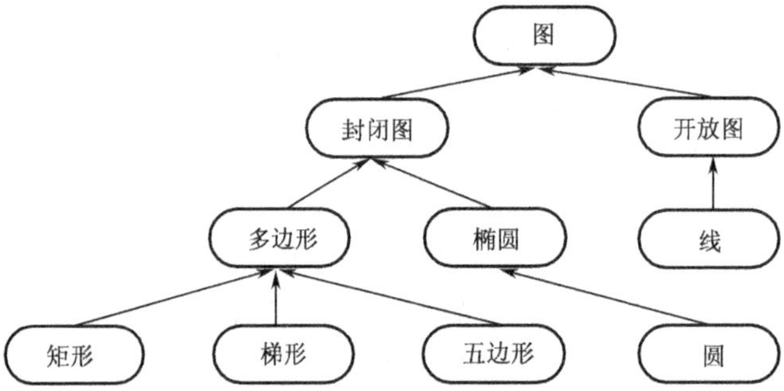

图 2.3　一个继承的例子

可见，在面向对象的图形系统中，继承性减轻了增加新图形原语的工作。同样的，面向对象方法利用继承性也有助于开发快速原型。继承性是实现从可重用成分构造软件系统的最有效的特性，它不仅支持系统的可重用性还促进了系统的可扩充性。

4．封装

封装是一种信息隐蔽技术，用户只能见到对象封装界面上的信息，对象内部对用户是隐蔽的。封装的目的在于将对象的使用者与对象的设计者分开，使用者不必知道行为实现的细节，只需使用设计者提供的消息访问对象。

封装的定义为：

（1）一个限定所有对象内部软件的清楚界面。

（2）一个描述这个对象与其他对象之间相互作用的接口。

（3）受保护的内部实现，这个实现给出了由软件对象提供的功能细节，实现细节不能在定义这个对象的类的外面访问。

对象用于封装的概念可以与集成电路芯片作一类比。一块集成电路芯片由陶瓷封装起来，其内部电路是不可见的，也是使用者不关心的。芯片的使用者只关心芯片引脚的个数，引脚的电气参数以及引脚提供的功能。通过这些引脚，硬件工程师对这个芯片有了全面的了解，将不同芯片的引脚连在一起，就可以组装成一件具有一定功能的产品。软件工程师通过使用类也可以达到构造一个软件系统的目的。

面向对象的语言以对象协议（Protocol）或规格说明（Specification）作为对象的外部界面。协议指明该对象所能接收的消息，在对象内部，每个消息对应一个方法，方法实施对数据的运算。显式地将对象的定义和对象的实现分开是面向对象系统的一大特色。封装本身即模块性，把定义模块和实现模块分开，就使得用面向对象技术所开发设计的软件的维护性、修改性大为改善，这也是软件技术追求的目标之一。

5．消息

消息是对象之间进行通信的一种数据结构，对象之间是通过传递消息来进行联系的。消息用来请求对象执行某一处理或回答某些信息的要求，控制流和数据流统一包含在消息中。某一对象在执行相应的处理时，如果需要，它可以通过传递消息请求其他对象完成某些处理工作或回答某些信息；其他对象在执行所要求的处理活动时，同样可以通过传递消息与别的对象联系。因此，程序的执行是靠对象间传递消息来连接的。

消息传送与函数调用主要有三个方面的区别：

（1）函数调用可以带或不带参数，但是消息至少带一个参数，它表明接收该消息的对象，消息中告诉对象做什么的部分称为消息操作。

（2）消息操作名类似于函数名，但它们之间的本质区别在于：函数名代表一段可执行的代码，但消息操作名具体功能的选定还取决于接收消息的对象本身。

（3）函数调用是过程式的（如何做），消息传送是说明式的（做什么），具体如何做，由对象根据收到的消息自行确定。

例如，一个加法函数 Plus 唯一标识了对两个自变量为整数类型的量进行加法运算的代码。为保证加法运算结果和加法的数学概念一致，要求调用者必须保证自变量是整数类型。但是当 Plus 为一消息名时，只能表示对两个量的加法进行运算，而具体是哪一类型的量还取决于该消息的接收对象，即具体执行哪一段加法运算的相应代码，由对象（消息接收者）自行确定，与用户（消息发送者）无关。

6．多态机制

所谓多态（Polymorphic）即一个名字具有多种语义。在面向对象的语言中，多态引用表示可引用多个类的实例。由于多态具有可表示对象的多个类行为的能力，因而它既与动态类型有关又与静态类型有关。

对象接收消息后需要对它进行响应，不同的对象收到同一消息可以产生完全不同的结果，这就是多态。引入多态的机制后，用户可以发送一个通用的消息，而实现的细节则可以由接收对象自行决定，这样同一消息就可以调用不同的响应方法。多态的实现受到继承机制的支持，应用类的继承关系，把具有通用性的消息放在高层次，而把不同响应这一消息的行为放在较低的层次实现，这样在低层次上生成的对象能够给通用消息以不同的响应服务。

2.5.2　面向对象方法

从本质上讲，面向对象的产生是人们的认识向自然的回归。在面向对象出现以前曾出现了面向功能、面向代数、面向过程、面向数据、面向应用、面向数据流等许多方法。这些方法尝试从不同的角度和思路来认识客观事物，并试图通过这些方法能更加全面、深入、正确地反映客观事物。尽管这些方法在历史上的确起到了重要的作用，但没有直接而全面地反映问题的本质。经过多年的努力并走过曲折的道路，人们认识到基于计算机的信息系统就是要对所处理的问题域有正确的认识，并把这种认识正确地描述出来。既然如此，就应该直接面向问题域中的客观事物来进行信息系统建模，这就是面向对象。实际上，人类认识世界中形成的普遍有效的方法就是在面向对象中的直接归纳和体现。在信息系统开发过程中也同样可以运用上述方法，不仅如此，对于人们在日常生活中习惯的思维和表达方式，也应当尽可能地采用，这就是面向对象方法所强调的基本原则。

1．概述

面向对象的方法提供了更为有效的方法来构造信息系统。它既提供了从一般到特殊的演绎方法手段（如继承等），又提供了从特殊到一般的归纳形式（如类等），其中包括面向对象的分析、面向对象的设计、面向对象的实现和面向对象的测试和维护等。

面向对象的分析强调针对问题域中客观存在的事物设立分析模型中的对象。用对象的属性和行为分别描述事物的静态和动态特征及行为，强调属性和行为与客观事物一致；用类描述具有相同属性和行为的对象群；用对象的结构描述客观事物的分类和组合特征；用消息连接、实例连接表示事物之间的动态和静态联系。可以看出，无论是问题域中的单个事物，还是各个事物之间的关系，分析模型都能够保留它们的原貌，没有加以扭曲和转换，也没有打破原来的界限而重新组合，因此面向对象的分析模型能够很好地映射问题域。

面向对象的设计是建立在面向对象分析模型的基础上，从设计实现的角度考虑人-机界面、数据存储、任务管理等因素，仅在局部进行调整和修改，不存在表示方法上的变化，因而设计结果仍然是问题域很好的反映。同样，面向对象的实现和面向对象的测试、维护等也没有改变对问题域的认识和表示。

面向对象方法都支持三种基本的活动：识别对象和类，描述对象与类之间的关系，以及通过描述每个类的功能定义对象的行为。

为了发现对象和类，开发人员要在系统需求和系统分析的文档中查找名词和名词短语，包括可感知的事物（汽车、压力、传感器），角色（母亲、教师、政治家），事件（着陆、中断、请求），互相作用（借贷、开会、交叉），人员，场所，组织，设备和地点。通过浏览使用系统的脚本发现重要的对象和其责任，是面向对象分析和设计过程初期重要的技术。

当重要的对象被发现后，通过一组互相关联的模型详细表示类之间的关系和对象的行为，这些模型从静态逻辑、动态逻辑、静态物理和动态物理四个不同的侧面表示了软件的体系结构。

2．静态描述

静态逻辑模型描述实例化（类成员关系）、关联、聚集（整体/部分）和一般化（继承）等关系。定义对象模型的图形符号体系通常是从用于数据建模的实体关系图导出的。对设计有十分重要的约束，如基数（一对一、一对多、多对多），也在对象模型中表示。

在面向对象的信息系统开发过程中，识别对象是关键的一步，其基本元素包括类、对象及类与类之间的关系等。

对象是对信息系统问题域中的人、事、物等客观实体的一种抽象，而类是一组具有公共属性的抽象对象的集合。类与类之间的关系通常分为关联、继承、依赖和精化等四种。在信息系统中，一般用类表示系统，并把现实世界中能够识别的对象分类表示。

一般而言，静态描述遵循以下过程。

第 1 步，定义对象和类，主要包括以下内容：

（1）对象与类的发现。在问题域中寻找对象和类，一般采取三种策略：名词短语策略，即从需求说明书中寻找名词短语，将相关的名词短语定义为对象；类－责任－协作策略，以需求说明书为基础寻找动词，名词策略主要强调“对象是什么（人、地点、事物）”，而动词策略则强调“对象做什么（如打印、计算和显示等）”；联合策略，即一种综合性的方法，首先提供一个确定候选类和对象的清单，然后根据若干原则挑选相关的类进行定义。

（2）类的表示。一个类被分解为名称、属性以及操作三个部分。属性描述类的基本特征（比如，车身的长度、颜色等）；行为描述类具有的功能（比如，汽车有启动、行驶、制动等功能），也就是对该类的对象可以进行哪些操作。就像程序设计语言中整型变量是整数类型的具体化，用户可以对整型变量进行操作（并不是对整数类型操作）一样，对象是类的实例化，所有的操作都是针对对象进行的。

第 2 步，定义类或对象的属性，主要包括以下内容：

（1）属性的发现。对象或类的属性描述了对象的具体特征，属性有属性名和属性值（或称属性状态）。属性的确定是一个高度认知活动，正如对象的确定一样，到目前为止还没有统一的方法。在确认属性时，通常考虑以下几个问题：如何描述对象？类或对象需要知道什么？是否需要记忆对象在某一时刻的状态信息？对象处于什么状态？等等。

（2）属性的类型。属性的类型有单值属性、排他属性和多值属性三种类型。单值属性指在一个时间段内只有一个值或状态，如学生的学号；排他属性指属性的值或状态依赖于其他属性的值或状态；多值属性与单值属性正好相反，即一个对象的属性值或状态在同一时刻有多个值。

（3）属性的表示。正如变量的类型一样，属性也可表示为整型、实型、布尔型和枚举型等基本类型。除了基本类型外，属性的类型可以是其他类型，包括类的类型。属性有不同的可见性，可以控制外部事物对类中属性的操作方式，通常分为三种：公有的（Public）、私有的（Private）和保护的（Protected）。公有属性能够被系统中其他任何操作查看和使用，当然也可以被修改；私有属性仅在类内部可见，只有类内部的操作才能存/取该属性，并且该属性也不能被其子类使用；保护属性供类中的操作存/取，并且该属性也能被其子类使用。描述属性的语法格式为：（可见性 属性名：类型名=初值），其中属性名和类型名是一定要有的，其他部分根据需要可有可无。

第 3 步，定义操作，主要包括以下内容：

（1）操作的类型。操作是信息系统为满足用户需求必须采取的行动，是信息系统对事件的响应。事件是某一时刻所发生的事情，如用户输入、打印订单等。操作分为基本操作和基于问题域特定功能需求的操作两种类型。基本操作是指那些每个类都具有的操作，一般无须特别加以说明，但根据所运用的实施平台、操作系统以及语言，某些基本操作在实施时必须加以特别说明。这些基本操作包括创建对象、检索对象、读取和设置属性值、增加和取消对象连接、删除对象等。基于问题域的特殊操作取决于具体的问题域和功能需求，遵循信息隐藏（封装）原理。一个操作可以通过发送消息请求另一操作的支持。

（2）操作的发现。可以运用如下的方法对操作进行识别：①识别事件及其相关操作；②识别类的状态；③识别所需要的消息；④说明操作细节。

（3）操作的表示。一个类可以有多种操作，每种操作由操作名、参数表、返回值类型等几部分构成，标准语法格式为：（可见性操作名（参数表）：返回值类型）。其中可见性和操作名是不可缺少的，操作名、参数表和返回值类型合在一起称为操作的标记，操作标记描述了使用该操作的方式，操作标记必须是唯一的。操作的可见性也分为三种：公有的（Public）、私有的（Private）和被保护的（Protected）。

第 4 步，定义类与类之间的关系，主要包括以下内容：

（1）关联关系。关联用于描述类与类之间的连接，同时，类与类之间的关联也就是其对象之间的关联。类与类之间有多种连接方式，每种连接的含义各不相同（语义上的连接），但外部表示形式相似，故统称为关联。关联关系一般都是双向的，即关联的对象双方彼此都能与对方通信。反过来说，如果某两个类的对象之间具有相互通信的关系，或者说对象双方能够感知另一方，那么这两个类之间就存在关联关系。描述这种关系常用的字句是："彼此知道"、"互相连接"等。

（2）聚合关系。聚合是关联的特例，如果类与类之间的关系具有"整体与部分"的特点，则把这样的关联称为聚合。例如，计算机由主机、显示器和键盘等构成，则表示计算机的类与表示主机的类、显示器的类和键盘的类之间的关系就具有"整体与部分"的特点。因此，这是一个聚合关系。识别聚合关系的常用方法是寻找"由……构成"、"包含"、"是……的一部分"等句子。

（3）继承关系。继承是通用元素和具体元素之间的一种分类关系。具体元素完全拥有通用元素的信息，并且还可附加一些其他信息。比如，小汽车是交通工具，如果定义了一个交通工具类表示关于交通工具的抽象信息（发动、行驶等），那么这些信息（通用元素）可以包含在小汽车类（具体元素）中。引入通用化的好处在于通过把一般的公共信息放在通用元素中，处理某个具体特殊情况时只需定义该情况的个别信息，公共信息从通用元素中继承，增强了系统的灵活性、易维护性和可扩充性。

（4）依赖关系。依赖关系描述的是两个元素（类、组合、实例等）之间的关系。其中，一个模型元素是独立的，另一个模型元素是非独立的（依赖的），它依赖于独立的模型元素，如果独立的模型元素发生改变，将会影响依赖该模型元素的模型元素。比如，某个类中使用另一个类的对象作业方法中的参数，则这两个类之间就具有依赖关系，类似的依赖关系还有一个类存/取另一个类中的全局对象，以及一个类调用另一个类中作用域的方法。

（5）精化关系。精化关系用于表示同一事物的两种描述之间的关系，对同一事物的两种描述建立在不同的抽象层上。比如，定义了某种数据类型，然后将其实现为某种语言中的类，那么抽象定义的类型与用语言实现的类之间就是精化关系，这种情况也被称为实现。

3. 动态描述

动态逻辑模型描述对象之间的互相作用。互相作用通过一组协同的对象，对象之间消息的有序的序列，参与对象的可见性定义，来定义系统运行时的行为。常用的动态描述方法有状态机、活动图和 Petri 网等。

1）状态机

一个基本有限状态机 BSM 是由如下的七元组组成：

$$\text{BSM::=}\langle S, X, Y, \delta, \lambda, \text{Ta}, \Gamma\rangle$$

其中，S 是状态变量集合；X 是输入事件集合；Y 是输出事件集合；Ta 是时间推进函数，描述无外界事件到达时，模型在状态 s 中保持的时间为 Ta(s)；δ是变化函数，它由内部转移函数和外部转移函数两部分构成，其中内部转移函数描述无外界事件到达时模型经过 Ta(s)时间后的状态转移，外部转移函数表明如果有一个外部事件到达的状态转移；λ是输出函数；Γ表示当处于 s 状态时对象的属性值。

2）活动图

活动图依据对象状态的变化来捕获动作（将要执行的工作或活动）与动作的结果，既可用来描述操作（类的方法）的行为，也可以描述使用实例和对象内部的工作过程。

活动图的基本单位是活动，活动是描述实体对象纤维的一个控制或执行的流程，活动可以执行自己的方法或向别的实体对象发送消息。一个活动结束后没有别的原因将立即进入下一个活动，活动之间的联系称为转移。

一个活动可以描述为一系列相关的活动以及转移的集合，即从一个活动到另一个活动的控制流。活动的基本描述单元包括：起点、终点、活动和转移。一个活动仅有一个起始点，但可以有多个结束点；活动是预制对象要持续一段的行为，可以分为原子活动和组合活动，组合活动是由原子活动和转移构成的活动；活动间的转移由事件引发，允许带有条件和表达式，其中条件是当事件发生时转移必须满足的条件集，表达式是伴随状态转移的操作集。

3）Petri 网

Petri 网是一种可用图形表示的组合模型，具有直观、易懂和易用的优点，对描述和分析并发现象有它独到的优越之处。此外，Petri 网又是严格定义的数学对象，借助数学开发的 Petri 网分析方法和技术可用于静态的结构分析，更可用于动态的行为分析。

Petri 网已经广泛应用于计算机学科的各个领域，如线路设计、网络协议、软件工程、人工智能、形式语言、操作系统、并行编译和数据管理等。同时，Petri 网能与面向对象技术有机地结合在一起。

面向对象思想在 Petri 网理论中的引入是将系统看作是由一些相互作用的对象构成的集合，而 Petri 网用来描述集合中对象的行为或操作，通过缩小问题空间的方法将状态的数量限制在可以接受的范围内。具体体现为：①Petri 网在描述系统时，把数据流与控制流结合在一起，具有面向对象方法中数据和操作结合的特征；②用 Petri 网建立的系统模型能逐步细化或进行高层次抽象，具有较好的模块性；③Petri 网的令牌（Token）运行驱动机制与面向对象的消息机制十分相似，都是基于事件的驱动方式；④Petri 网中位置节点与对象的状态、条件或者某些数据相对应，而转移节点与对象的动作对应。

2.6 构件法

基于构件的开发（Component-Based Development，CBD）是一种软件开发新方法，它是在一定构件模型的支持下，复用构件库中的一个或多个软件构件，通过组合手段高效率、高质量地构造应用软件系统的过程。由于以分布式对象为基础的构件实现技术日趋成熟，基于构件的开发方法已经成为现今信息系统开发的研究热点，被认为是最具潜力的软件工程发展方向之一。

2.6.1 构件的基本概念

由于软件构件自身固有的特性，时至今日还很难准确描述构件的定义。总的来说，构件的基本概念主要包括构件、接口、契约、接口描述语言和构件框架等。

构件由一方定义其规格说明，被另一方实现，然后供给第三方使用。接口是用户与构件发生交互的连接渠道，第三方只能通过构件接口的规格说明理解和复用构件。

接口规格说明也是一种“契约”（Contract），它足够精确地描述构件实现的功能，同时又不把构件限定于唯一的实现方法，这种不确定带来多解决方案的灵活性。另一方面，虽然构件可以独立部署，但是一个构件可能会用到其他构件或平台提供的服务，或者说基于构件的软件系统中通常是多个构件协作完成一定功能，所以构件依赖于组装环境。

构件基础设施（Infrastructure）是异构构件互操作的标准和通信平台，构件框架（Framework）是构件实例“即插即用”的支撑结构。通过一定的环境条件和交互规则，构件框架允许一组构件形成一个“孤岛”，独立地与外部构件或其他框架进行交互和协作，因此构件框架及其内含的构件也可以视为一个构件，于是构件通过不断地迭代和合成，构成一个结构复杂的应用系统。目前，有多个组织和公司制定了构件基础设施的标准或开发了相关产品，也为构件、构件框架和接口建立了模型和技术规范，其中OMG CORBA[OMG01]、Microsoft COM/DCOM（或.NET）[Microsoft01, Box99]以及Sun JavaBean/EJB[Perrone01]占主导地位。

软件构件类似于硬件的“即插即用”的集成电路板，但软件构件不同于硬件 IC，它有以下特征：

（1）没有硬件 IC 的天然的内聚性，其封装是人为约定的，因此构件的粒度大小比较自如，且其在升级、修改时不必淘汰。

（2）表达形式的依赖：软件总是寓于某种指令形式之中，有源代码、目标代码，甚至可以是规格说明层次之上的。

（3）运行环境依赖：软件最终要在硬件环境下运行才能实现其功能。越是最低层，越是依赖于机器，越难以移植。

（4）软连接：软件构件需要一种智能的互操作机制将它们连接起来。这种连接也是软件，其灵活性大，表达形式强。正是由于连接的多样性和丰富的表达能力，对标准化的要求更胜于硬件 IC。

（5）多侧面性：软件构件表达的语义层次高，可以从不同的语义侧面连接它。用于表达不同项目的计算，外特征不唯一。

（6）独立性：边界明确，可被独立引用的行为实体，并且有明确的接口，开发人员通过查询构件的接口来确定是否注册和使用该构件。

（7）自主性：支持局部与自身的行为控制，能够根据其内部的状态和外部事件决定和控制自身的行为。

总的来说，软件构件是可重用的用以构造系统的软件单元，可以是被封装的对象类、一些功能模块、软件框架、软件系统模型和软件文档，如可重用的分析件、设计件等。在软件系统实现级，软件构件和软件本身并没有明确的界限，一个构件在某种情况下可以作为独立的软件运行，在另一种情况下可以与其他构件构成一个新的软件系统。

构件技术与面向对象技术紧密相关。构件和对象都是对现实世界的抽象描述，通过接口封装了可复用的代码实现，不同的是：

（1）在概念层面上，对象描述客观世界实体（Identity），构件提供客观世界服务（Service）；

（2）在复用策略上，对象是通过继承实现复用，而构件是通过合成实现复用；

（3）在技术手段上，构件通过对象技术而实现，对象按规定经过适当的接口包装（Wrap）之后成为构件，一个构件通常是多个对象的集合体。

2.6.2　构件的分类

为了检索和重用构件对象时更好地了解构件的性质，构件对象可按多个侧面分类如下。

根据构件复用的方式，可分为两种构件：一种是黑匣构件，我们不知道其内部如何工作，只需要外部使用它，能够达到即插即用；另一种是白匣构件，需要对其进行适当的修改才能使用。

根据其使用范围，可分为通用构件和专用构件。

根据构件粒度的大小，分为小型构件，即基本数据结构类构件，如窗口、按钮、控件和菜单等；中型构件，即功能构件，如录入、查询、删除和报表等；大型构件，即子系统级构件，如人事管理和财务管理等。

根据功能用途，分为系统构件，是在整个构件集成环境和运行环境都使用的构件；支撑构件，是在构件集成环境、构件库管理系统中使用的构件；领域构件，是为专用领域开发的构件。

根据构件的结构，可分为原子构件和组合构件。

根据构件重用时的状态，分为动态构件，即运行时可动态嵌入、链接的构件，如应用对象的链接与嵌入（OLE）、动态链接库（DLL）等；静态构件，如源代码、系统分析构件和系统设计构件等。

此外，软件构件不是独立的技术，它与软件开发及程序设计方法等有密切的联系。在不同时期，不同发展阶段有不同的含义。从 20 世纪 60 年代末到 80 年代初，主要流行结构化程序设计方法学，因此软件构件是指构成软件的函数包或过程模块。这种构件层次比较低，而且表达依赖和运行依赖比较强，扩充和复用能力差，对模块进行应用重组较为困难。进入 80 年代，面向对象程序设计比较流行，出现以类库为中心的构件。此时构件具有封装性和继承性，数据和操作集中在一个模块中，增强了自制性。但在这一阶段，采用构件继承软件系统（如一些专有的开发平台）还有很多局限性。例如，这种源代码级的构件依赖于语言和开发平台，类库具有的实现继承性使构件之间的耦合度较高，要求构件的使用者比较熟悉面向对象程序设计语言、类库组织及其实现细节。进入 90 年代，基于对象脚本化程序设计逐渐流行。脚本是对目标码软件构件的抽象描述。这种构件的优点是封装性强，所有的数据必须通过构件对外定义的接口访问；聚合度较高，构件的实现对使用者透明，脚本语言容易学习和掌握，并有利于脚本语言的自动生成，因此使用者的使用范围更广。另外，由于构件具有动态链接的特性，因此集成后的软件可以做到局部升级或修改而不影响整个软件系统。

2.6.3　构件的构造原则与目标

为使构件系统能够具有一定的适应性、可维护性等，即构件对象能够在多个系统中重用，在一定程度上可对构件对象进行修改，在构造完应用后能够独立于构造环境运行。因此，从领域分析、设计到构件提取、描述、认证、测试、分类和入库，都必须围绕重用的目的而进行。下面提出建立软件构件对象所遵循的原则。

（1）可重用性。增强构件的可重用性需要提高抽象级别。由于对构件不做根本性改变就被用于各种系统中，因此要求它是一个通用的抽象，在设计构件系统时，应有一套对构件对象管理的标准。

（2）可视化。构件应设计成很好的与语义有关的界面，界面构件要有标准，必须完备、通用、容易替换和易于使用。构件要有统一命名标准，以利于构件的分类和检索。好的构件要有长的生命期，尽量不需要后续改动。构件对象之间易于建立联系，对构件属性、事件、操作和方法等有良好的接口。

（3）提高领域构件对象的复用程度。对于领域构件，如数据录入构件、查询构件等，需区分领域的可变和不变成分，分离功能构件，将可变的部分数据化、参数化，可适合不同的应用。构件具有一定程度的可塑性，通过界面参数调整，可将其功能在一定程度上进行取舍，数据结构可重定义，以满足多个应用系统的要求。

（4）构件的制作应支持面向对象方法。采用构件对象来开发应用系统，全面支持从面向对象分析到面向对象设计再到面向对象程序设计的软件开发环境。

（5）构件系统的版本管理要求构件向下兼容。如果改进构件系统，无论在性能或界面上，新旧版本都可以使用，但系统会给出相应的提示。

（6）构件的规模限制。根据重用和管理两者之间的关系，构件对象尺寸大小、复杂度应该适中，如果太小，重用带来的好处将小于管理；太大则难以有高质量；太复杂则难以重用，太简单则管理费用将大于重用带来的好处。

基于构件进行开发的管理目标如下：

（1）降低费用：这是所有软件开发方法学的共同目标，CBD 把成本效率提高到软件复用方法的最高境界。

（2）方便装配：CBD 的最大特征是一系列构件的装配过程。

（3）提高复用性：全面考虑构件在多个应用系统中的复用潜力。

（4）提高可定制性和适应性：开发者可以按需配置构件。

（5）提高可维护性：在系统中可以方便地添加、删除和修改构件。

基于构件进行开发的技术目标如下：

（1）降低耦合：耦合指构件之间的相关性。

（2）提高内聚：内聚指构件内元素之间的相关性。

（3）控制粒度：粒度系统中构件对应问题域的规模，包括构件数量和大小两个方面。

2.6.4 软件构件的开发

1．软件开发方法学

软件方法学是从各种不同角度、不同思路去认识软件的本质。传统的软件方法学是从面向机器、面向数据、面向过程、面向功能、面向数据流和面向对象等不断创新的观点反映问题的本质。整个软件的发展历程使人们越来越认识到应按客观世界规律去解决软件方法学问题，直到面向对象方法的出现，才使软件方法学迈进了一大步。但是，高层次上的重用、分布式异构互操作的难点还没有解决。CBD 发展到今天，才在软件方法学上为解决这个难题提供了机会，它把应用业务和实现分离，即逻辑与数据的分离，提供标准接口和框架，使软件开发方法变成构件的组合。因此，软件方法学是以接口为中心，面向行为的设计。

归纳起来，CBD 的软件开发方法学应包括下面几方面：

（1）对构件有明确的定义。

（2）基于构件的概念需要有构件的描述技术和规范，如 UML、JavaBean、EJB 和 Servlet 规范等。

（3）开发应用系统必须按构件裁剪划分组织，包括分配不同的角色。

（4）有支持检验构件特性和生成文档的工具，确保构件规范的实现和质量测试。

总之，传统的软件方法学是自顶向下进行的，对重用没有提供更多的辅助。CBD 的软件方法学要丰富得多，它是即插即用，基于体系结构，以接口为中心，将构件有机组合，它把自顶向下和自底向上方法结合起来进行开发。然而，虽然已存在了大量的基于构件开发的概念、方法和工具，但软件业并未完全迁移到 CBD 软件开发范型，一个主要原因是缺少一套成熟的 CBD 开发方法学。

2．开发过程

CBD 遵循“购买而不创建（buy, don’t build）”的开发哲学，让人们从“一切从头开始”的程序编制转向软件组装。基于构件的开发任务包括创建、检索和评价、适配、组装、测试和验证、配置和部署、维护和演进，以及遗产系统（Legacy）的再工程等主要活动，它们与传统的生命周期中的方法不尽相同。首先，CBD 采用以构件库为中心的开发模式，构件检索和评价是 CBD 的一项关键任务，这里理解的构件库不仅仅是一个独立的数据库，而是广泛的、一切可获得的构件资源，尤其是通过互联网发布的软件构件。其次，构件形成是一种在软件体系结构支持下的组装过程，也就是说，在应用领域里需要将独立的构件组装成完整的应用系统，可见构件的匹配和一致性验证也成为 CBD 的关键任务。再次，CBD 过程中需要同一些技术标准化接轨，相同的构件可能由多个软件供应商生产，被多个用户使用，所以构件接口、构件基础设施必须标准化。最后，CBD 需要配置管理，即专门处理构件的集成、配置和发布的有关事宜。

特别地，通过购买获得的第三方构件称为 COTS（Commercial Off-The-Shelf，COTS）构件，作为内部构件的对应概念。使用 COTS 是无源码的完全黑盒复用，既有成本低、即买即用的优点，又有不一定满足需求或误配的风险。

CBD 引导软件开发从应用系统开发转变为应用系统集成。建立一个应用系统需要重用很多已有的构件模块，这些构件模块可能是在不同的时间、由不同的人员开发的，并有各种不同的用途。在这种情况下，应用系统的开发过程就变成对构件接口、构件上下文，以及框架环境一致性的逐渐探索过程。例如，在 J2EE 平台上，用 EJB 框架开发应用系统，主要工作是将应用逻辑按 Session Bean、Entity Bean 设计开发，并利用 JTS 事务处理的服务实现应用系统。其主要难点是事务划分、构件的部署与开发环境配置。概括地说，传统的软件开发过程是串行瀑布式、流水线的过程，而 CBD 是并发进化式、不断升级完善的过程。

3．开发组织机构

传统软件的开发组织一般由分析员、设计员、程序员和测试员组成。对一个小的应用系统来说，一个熟练的开发人员，可能兼顾以上多个角色。但对 CBD 来说，因为构件开发与应用系统的集成往往是分开进行的，因此整个开发过程由六个角色来完成，分别如下。

（1）构件开发者，也是构件供货商，这些大多数是中间件构件提供者。

（2）应用构件集成者，针对某应用领域，将已有构件组合成更大的构件模块或容器，作为系统部署的基本单元。

（3）应用系统部署者，将系统部署基本单元放入选定的平台环境或基本框架中，完成软件定制的要求。

（4）开发平台服务器供应商，提供服务器、操作系统和数据库等基本软件。

（5）应用系统开发工具供应商，提供构件公共设施服务。

（6）系统管理员，配置硬件、网络和操作系统，监督和维护应用系统者。

这六个角色的工作专业性很强，要兼顾成为多面手很不容易。因此，在基于构件的开发过程中，如何组织好开发队伍尤为重要，必须按本企业所具备的人才来组织。特别重要的是：开发初期必须选好标准框架，以及统一的开发指导方针，保证在整个开发过程中，各角色能随时互相沟通。

4．应用软件构造方法

传统应用软件的构造采用白盒方法，应用系统的实现全在代码中，应用逻辑和数据黏结在一起。而 CBD 的构造是采用白盒和黑盒相结合的方法，基于构件的框架用两个概念来支持演变。

第一个概念是构件有很强的性能接口，使构件逻辑功能和构件模型的实现都隐藏起来。这样，只要接口相同，构件就可以被替换。

第二个概念是隐式调用，即在基于构件的框架中，从来不直接给构件的接口分配地址，只在识别构件用户后才分配地址。因此，构件用户只要了解接口要求和为构件接口提供引用后的返回信息即可。构件接口的信息并不存入构件内，而是存入构件仓库或注册处。这样才能保证构件替换灵活，并很容易利用隐式调用去重新部署构件。由于构件的实现对用户透明，因此也使构件能适应各种不同的个性化要求。为此，构件提供自检和规范化两个机制。自检保证在不了解构件的具体实现时，就能获得构件接口信息。例如，JavaBean 提供的自检机制是 Reflection 和 BeanInfo，通过 Reflection 可直接获得 Bean 构件的全部方法，通过 BeanInfo 可直接获得构件的许多复杂信息。

2.7　面向服务方法

现代企业因解决变动问题而对 IT 基础架构提出了繁重的维护和频繁的更新需求。然而由于业务机构与 IT 机构所关注的领域范畴不尽相同，缺乏连接双方领域的共同抽象概念，使得业务机构与 IT 机构能够运用这一共同概念在各自原有领域内处理问题。因此在面对急迫的变革压力时，常常出现双方不能很好地进行快速、一致沟通的问题，遇到技术与业务概念之间的错位，降低了 IT 基础对新业务需求的及时支持。

而服务这一概念普遍地存在于人们的生产生活中、企业的业务活动中，同样也存在于 IT 知识域。虽然企业业务中的服务概念内容与 IT 中的不一样，但它为双方提供了一个共同的语汇，而更重要的是它为双方提供了认识、分析问题的一个共同视角。因此服务比传统的对象提供了更适合于填补业务领域与 IT 技术领域之间概念鸿沟的中介。

接下来的问题是，由于之前企业在构建系统的时候往往购买第三方开发的定制系统或者自己开发特定的系统应用，这些系统和应用采用了专有的接口，紧密耦合的方式给企业的系统扩展和互操作的实现带来了困难。而面向对象中的对象、类以及基于组件中的组件仍不能提供合适的抽象粒度，供 IT 人员更好地实现系统复用及新系统的设计。

显然，以往的认识和分析方法已不能提供更适用于业务机构和 IT 机构双方的解决途径，细粒度、紧耦合和专有接口的设计也极大地限制了集成工作和企业新旧系统的复用、扩展和互操作。为此有必要引入建立于服务这一更高抽象层次概念之上的新的分析设计方法。

2.7.1　面向服务概述

面向服务（Servcie-Oreinted，SO）是一种新的架构范例，其思想来源于软件工程领域中的“关系分离”理论。这一理论基于这样的观点，即将一个大的复杂问题细分为一系列子独立问题是有益的。这样一来，需要解决问题的逻辑被分解为小而相互关联的子集合，每一子集合只关注问题的某一个特定方面。

回顾软件开发的演化过程，可以看出面向服务开发方法的出现有其必然性：从最初面向机器语言的开发模式到面向过程的开发模式，软件开发通过独立于机器的程序语言到不再依赖于不同平台的机器语言，实现了代码的重用；随后面向对象开发模式的出现使人们可以以更接近现实的对象来表述完整的事物，即进行对象的重用；此后随着软件开发规模的扩大，在涉及分布式、异构等复杂特征的环境中，出现了面向组件模式，软件开发的重用也上升到组件的级别；进入 21 世纪，当软件的开发面对更加复杂的环境和更加灵活多变的需求时，人们开始将应用程序以服务的形式公布出来供别人使用，而完全不需要去考虑这些业务服务运行在哪一个架构体系上。

面向服务这一理论方法可以由不同的开发平台以不同的方式实现。面向对象的编程与基于组件的编程，通过使用对象、类和组件的概念实现了这种分离思想。而面向服务可被视为实现这一分离的又一独特方法。面向服务的思想原则提供了支持这一理论的方法，同时又获得了一种可被当前技术实现的基本范例。

在面向服务的思想方法中，服务构成了其核心概念。服务是一组封装好了的应用逻辑，提供对外规范一致的接口，能够互相通信，并且互相关联。从业务角度看服务是一种业务工作流中操作的抽象封装；从 IT 角度看，服务是系统或者系统功能的某种形式的特定封装。服务的定义有以下几点核心内容：

（1）服务是封装的逻辑。

服务作为一个个体概念，需要保持其独立性。服务是针对某一业务任务、业务实体或一些其他逻辑或大或小的逻辑功能所进行的封装，同时服务可以代表的语义范围和颗粒度也是可变的。其中，粗颗粒度的服务逻辑往往包含其他服务提供的逻辑。对于封装逻辑的服务而言，他们可以参与各个级别的企业业务活动。在一种清晰的关系下，这些服务被其使用者所调用。

（2）服务是交互的。

作为调用服务的基础，服务之间必须通过特定的服务合同（服务描述）相互知晓，并且达成理解上的一致。最基本的服务合同描述了服务的名称和服务的位置，以及要求交互的数据。服务用服务描述的方式导致了松散耦合的分类关系。

（3）服务有特定的通信方式。

服务为了相互作用并完成一些有意义的任务而必须交互信息。因此需要一个可以保留其松散耦合关系的通信框架。在这个框架下，服务进行消息传递。服务以自己的方式发送一个消息后，他对消息此后发生的一切都将失去控制。这意味着，消息和服务一样有自治性——其中要具备足够的智能以自控其处理逻辑部分。在现有的实现中，服务通信采用和过去分布式系统类似的架构，即由消息和处理其逻辑的接口所构成。

以上总结了服务的三个核心概念：设计实现、描述和消息。服务将其控制的逻辑进行封装，对外遵循一个通信协议，只保持了最少服务特定信息的接口。使其即维护了最小的依赖关系，又能够反复地被使用，以形成组合服务。

2.7.2　面向服务的原则

面向服务思想方法着力解决分布式异构环境下系统设计问题。为了提供分布式环境下异构系统的互操作，并为业务提供良好的灵活性和敏捷性，提供基于开放标准的松散耦合模式，面向服务的分析设计方法遵从如下原则：

（1）服务是可重用的。服务既要提供当前的复用能力，还要被设计为能够支持未来潜在的复用需求。

（2）服务使用正式契约。对于服务交互来讲，它们不需要共享每一样信息，但是一份正式的服务契约是必需的。这一契约描述了每一个参与交互的服务，并定义了交换信息的规格。

（3）服务是松散耦合的。服务必须按照不依赖紧密的交叉依赖的交互来设计。

（4）服务抽象底层逻辑。服务对于外部环境唯一可见的是通过服务契约定义的部分。凡是超出了构成契约中的描述部分的底层逻辑对于服务的请求者都是不可见的，而且也没有任何联系。

（5）服务是可被编合的。服务可以编合其他的服务。这样，逻辑就可以以不同层次的抽象粒度表示，并提升复用性和促进抽象层的创建。

（6）服务是自治的。服务管辖的逻辑存在于一个显式的边界中。存在于此边界中的服务享有治理权，并不依赖于其他服务便可以执行它的管辖。

（7）服务是无状态的。服务不应该被要求进行状态信息的管理，否则会降低其维持其松散耦合的能力。服务应该被设计成最大程度的无状态，即使这意味着延迟了别处的状态管理。

（8）服务可被发现。服务应该能够让自己的描述被那些可能要使用它们逻辑或功能的服务请求方发现和理解。

在上述的原则中，自治性、松散耦合、抽象性和需要正式契约可以被认为是构建由面向服务思想方法指导的 IT 基础架构实现的核心原则。

2.7.3　面向服务中的服务模型

类似于现实生活，服务的存在必定有服务的提供者，而服务的使用则必须存在服务的消费者，同时也会存在服务提供的机制。根据内向服务的原则，在内向服务的服务模型中存在三种基本角色（如图 2.4 所示）。

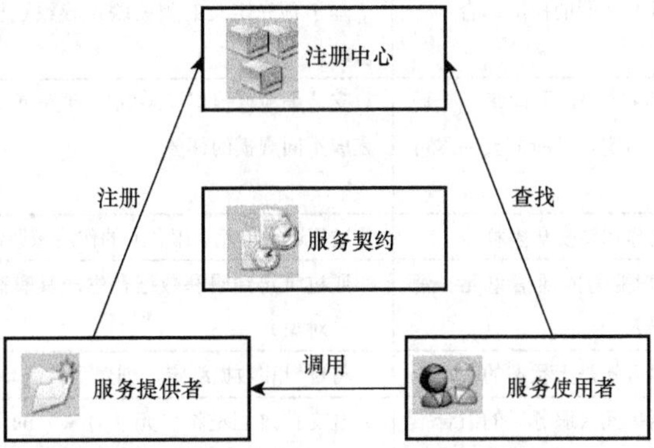

图 2.4　面向服务中的基本服务模型

（1）服务提供者（Service Provdier）。发布自己的服务，并且对使用自身服务的请求进行响应。

（2）服务代理（Service Broker）。注册已经发布的服务提供者，对其进行分类并提供搜索服务。

（3）服务请求者（Servcie Requester）。利用服务代理查找所需的服务，然后使用该服务。

而在这些角色之间使用了三种基本操作：

（1）发布（Publish）。使服务提供者可以向服务代理注册自己的功能及访问接口。

（2）查找（Fnid）。使服务请求者可以通过服务代理查找特定种类的服务。

（3）绑定（Bind）。使服务请求者能够真正使用服务提供者。

构成面向服务的服务模型最必要的因素就是上述介绍的内容。当然，企业可以根据实际的需要对上述基本模型和基本操作进行扩充。

2.7.4　面向服务与面向对象关系

面向服务的思想和设计方法有别于传统面向对象的思想和设计方法。虽然存在着区别，但是并不意味着前者将取代后者，也不意味着两者中的哪一方存在着统治地位。为了说明这一点，面向对象开发、基于组件开发和面向服务开发之间的纵向比较如表 2.1 所示，它从不同的方面对比了面向服务的思想方法和面向对象的思想方法。

表 2.1　面向对象开发、基于组件开发、面向服务开发之间的纵向比较

范　例	年　代	特　性
面向对象（Object Oreinted）	1980	多态性，封装性，子类化
基于组件（Compnent Based）	1990	接口化，动态加载，元数据
面向服务（Servcie-Oreinetd）	2000	基于消息，基于 Policy 实现绑定，基于 Schema+Conrtact

面向服务思想方法与面向对象思想方法的差异如表 2.2 所示。

表 2.2　面向服务思想方法与面向对象思想方法差异

面向服务	面向对象
强调过程逻辑单元（服务）之间的松散耦合	基于预先定义的类关联，导致过程逻辑单元（服务）之间的紧密耦合
提倡粗粒度的接口（服务描述），因此每一个通信单元（消息）都含有完成给定任务所需要的尽可能多的信息	支持细粒度接口（APIs）、通信单元（RPC 或者 API 调用）可以完成不同规模的任务
过程逻辑单元（服务）的作用域变化多样	过程逻辑单元（服务）的作用域通常较小，并且特定于某一范围
通过具有数据存储和处理能力的通信单元（消息）创建活动的逻辑处理单元	通过绑定逻辑和数据，生成具有高度数据存储和处理能力的单元（对象）
过程逻辑单元（服务）尽可能是无状态的	将逻辑和数据绑定，创建了状态单元（对象）
支持松散耦合的过程逻辑单元（服务）的组合	既支持过程逻辑单元（对象）的组合，但更提倡过程逻辑单元（服务）之间的继承，这样会产生紧密耦合的依赖关系
边界被显式定义	边界很难被分离
共享 Schema 和 Contract，而不是 Types	共享 Types，而不是 Schema 和 Contract
基于策略的服务兼容性	基于平台的服务兼容性

面向对象方法和面向服务方法并不是截然分离的，实际上面向服务更因面向对象的概念和理论而产生。表 2.3 从几个方面揭示了面向对象原则与面向服务原则之间的联系。

表 2.3 面向对象原则与面向服务原则的联系

面向服务原则	相关的面向对象原则
服务可复用性	面向对象大部分是为了适合可复用的类的创建。模块性的面向对象原则将解耦分解的方法标准化为应用程序设计的一种方法 与之相关的原则有诸如抽象和封装，通过显著分离的接口和执行逻辑来进一步支持复用
服务契约	服务契约的需要与构建面向对象应用时接口使用的需要非常类似。尤其像 WSDL 定义，接口提供了对类的描述的抽象方法。而且，像在 SOA 中提倡的 WSDL 第一的方法一样，接口第一的方法被认为是面向对象中的最优方法
服务松散耦合	尽管接口的创建或多或少将类从它的使用者中解耦出来，但是解耦一般还是看作是面向服务的主要特质，从而区别于面向对象 继承和其他面向对象原则的使用在处理逻辑单元之间形成了更加紧密的耦合关系，这与面向服务的设计方法是截然相反的
服务抽象	面向对象的抽象原则需要类向外部环境提供一个接口，由此它可以通过这个接口访问。封装通过建立信息封装的概念来支持抽象，在此，类中的任何不在接口暴露之中的逻辑都将不能通过接口访问到。服务中的抽象概念实现了对象抽象和封装的大部分内容。它的目的是隐藏服务的底层细节，从而仅有服务契约是外部可见的，也是请求者所关心的
服务组合性	面向对象支持缔合的概念，诸如聚合（aggregation）和组合（composition）。在松散耦合的环境下，这些同样被面向服务所支持 例如，具有层次结构的对象可以被组合，同样的方法，具有层次结构的服务可以通过服务组合而聚合
服务自治	自治的特质在面向服务设计中比在面向对象的方法中更多的被强调。在面向服务方法中，处理逻辑单元之间的一定独立性可以通过提供服务之间松散耦合的关系来实现 面向对象设计中跨对象的参照引用和相关继承依赖仅支持较低层次的对象级的自治
服务无状态	对象是由类和数据的组合构成的，本质上是有状态的。提倡服务的无状态有别于典型的面向对象的设计方法 尽管也可以创建具有状态的服务和无状态的对象，但是无状态的原则一般在面向服务的设计中被更多的强调
服务可发现性	设计相容一致的和自描述的类接口是面向对象中另一个最优方法。它改善了识别和区分处理逻辑单元的方法。这种品质通过允许类被更容易的发现来支持复用 可发现性是被面向服务范例强调的另一个原则。服务契约在设计时和运行时要尽可能的适合通信使用，从而支持服务的可发现性

面向服务的思想和方法作为适应互联网时代分布式异构环境下的新工具，具有如下优势：

（1）对于架构的设计及其架构开发来讲，反映了新的应用模型；松散的耦合方式，使新能力的组合成为了可能；提供了基于标准的互操作性。

（2）对于企业业务来讲，提供了业务敏捷性，并减少了企业对市场变化的反应时间；通过复用获得了高效率和高投资收益率。

（3）对于 IT 设计来讲，提供了分布式系统中的拓扑独立性；提升了异构资源的利用价值；提供了独立的开发、版本控制和管理功能。

2.8 敏捷开发方法

每一位软件开发人员、每一个开发团队的职业目标，都想要开发出尽可能让用户满意的系统。可是，我们的项目以令人沮丧的速度失败，或者未能交付任何价值。虽然在项目中采用过程方法是出于好意的，但是膨胀的过程方法对于失败是应该负有责任的。敏捷（Agile）软件开发的原则和价值观构成了一个可以帮助团队打破过程膨胀循环的方法，这个方法关注的是可以实现团队目标的一些简单的技术。

敏捷软件开发方法与其他软件开发方法相比的不同之处在于以下几个方面：

（1）传统的软件工程强调的是过程和工具，而敏捷软件开发方法却重视以人为本，这显得与众不同，让人重新理解人和编程的关系。

（2）敏捷软件开发方法强调软件开发的产品是软件本身，而不是相关的文档资料等，因此，重点应放在尽快发布可工作的软件上。

（3）敏捷软件开发方法认为客户和开发者的关系是协作，而不是合约，这个观点很适合现代商业观念，因为合约强调的是各自的责任，而协作则是所有成员间的共同责任。

（4）以往的软件管理着重在计划，仿佛计划越详细，软件项目成功的机会就越高，却没有意识到事物不会总像我们的计划一成不变，而事实上，环境和条件是不断变化的。敏捷软件开发认为变化是不可避免的，意识不到这一点就无法应对真实世界。

2.8.1 敏捷联盟宣言

在 2001 年 2 月，分别代表着极限编程、Scrum、特征驱动开发、动态系统开发方法、自适应软件开发、水晶方法、实用编程等软件开发方法的 17 位编程大师（他们称自己为敏捷联盟），聚集到美国犹他州瓦萨茨山的雪鸟度假村，寻求达成一个共识。该会议最终通过并发布了一个敏捷联盟宣言（The Manifesto of the agile Alliance），它是集中了不同软件开发的长处而得出的基本原则，敏捷软件开发是一个开发软件方案，用来代替以文件驱动的方式来开发软件，由于文件驱动常与正式化过程如修改程序、审批授权等相关，故被视为“重量级”的软件开发过程。简单地理解，“量”的轻重是指用于软件过程管理和控制的、除程序量以外的“文档量”的多少。该宣言的主要内容如下：

（1）个体和交互胜过过程和工具。人是获得成功的最为重要的因素。如果团队中没有优秀的成员，那么就是使用好的过程也不能从失败中挽救项目，但是，不好的过程却可以使最优秀的团队成员失去效用。合作、沟通以及交互能力要比单纯的编程能力更为重要。一个由平均水平程序员组成的团队，如果具有良好的沟通能力，将会比那些虽然拥有一批高水平程序员，但是成员之间却不能进行交流的团队更有可能获得成功。

（2）可以工作的软件胜过面面俱到的文档。没有文档的软件是一种灾难，团队更需要编制易于阅读的文档，来对系统及其设计决策的依据进行描述。然而，过多的文档比过少的文档更糟。编制众多的文档需要花费大量的时间，并且要使这些文档和代码保持同步，就要花费更多的时间。如果文档与代码之间失去同步，那么文档就会变成庞大的、复杂的谎言，会造成重大的误导。

（3）客户合作胜过合同谈判。不能像订购日用品一样来订购软件。你不能够仅仅写下一份关于你想要的软件的描述，然后就让人在固定的时间内以固定的价格去开发它。成功的项目需要有序、频繁的客户反馈。不是依赖于合同或者关于工作的陈述，而是让软件的客户和开发团队密切地在一起工作，并尽量经常地提供反馈。

（4）响应变化胜过遵循计划。响应变化的能力常常决定着一个软件项目的成败，构建计划时，应该确保计划是灵活的并且易于适应商务和技术方面的变化。

计划不能考虑得过远。首先，商务环境很可能会变化，这会引起需求的变动。其次，一旦客户看到系统开始运作，很可能会改变需求。再次，即使开发者熟悉需求，并且确信它们不会改变，仍然不能很好地估算出开发它们需要的时间。

2.8.2　敏捷开发的原则

敏捷软件开发有不少指导性的原则，指导软件开发者怎样开发软件，它们是敏捷开发区别于重量级过程的特征所在，主要包括以下几点。

（1）最优先要做的是通过尽早的、持续的交付有价值的软件来使客户满意。

MIT Sloan 在管理评论杂志发表过一篇论文，分析了对于公司构建高质量产品方面有帮助的软件开发实践。该论文发现了很多对于最终系统质量有重要影响的实践。其中一个实践表明，尽早地交付具有部分功能的系统与系统质量之间具有很强的相关性。该论文指出，初期交付的系统中所包含的功能越少，最终交付的系统的质量就越高。

该论文的另一项发现是，以逐渐增加功能的方式经常性地交付系统与最终质量之间有非常强的相关件。交付得越频繁，最终产品的质量就越高。

敏捷实践会尽早地、经常地进行交付。他们在项目刚开始的几周内就交付一个极有基本功能的系统。然后，努力坚持每两周就交付一个功能渐增的系统。

如果客户认为目前的功能已经足够了，客户可以选择把这些系统加入到产品中。或者，他们可以简单地选择再检查一遍已有的功能，并指出他们想要做的改变。

（2）即使到了开发的后期，也欢迎改变需求。敏捷过程利用变化来为客户创造竞争优势。

这是一个关于态度的声明。敏捷过程的参与不惧怕变化。他们认为改变需求是好的事情，因为那些改变意味着团队已经学到了很多如何满足市场需要的知识。

敏捷团队会非常努力地保持软件结构的灵活性，这样当需求变化时，对于系统造成的影响是最小的。

（3）经常性地交付可以工作的软件，交付的间隔可以从几周到几个月，交付的时间间隔越短越好。

交付可以工作的软件（Working Software），一般是尽早地（项目刚开始很少的几周后）、经常性地（此后每隔很少的几周）交付它，他们不赞成交付大量的文档或者计划，并认为那些不是真正要交付的东西。他们关注的目标是交付满足客户需要的软件。

（4）在整个项目开发期间，业务人员和开发人员必须天天都在一起工作。

为了能够以敏捷的方式进行项目的开发，客户、开发人员以及涉众之间必须要进行有意义的、频繁的交互。软件项目不像发射出去就能自动导航的武器，必须要对软件项目进行持续不断的引导。

（5）围绕被激励起来的个人构建项目。给这些人提供所需要的环境和支持，并且信任他们能够完成工作。在敏捷项目中，人被认为是项目取得成功的最重要的因素。所有其他的因素，如过程、环境和管理等，都被认为是次要的，并且当它们对于人有负面的影响时，就要对它们进行改变。例如，如果办公环境对团队的工作造成阻碍，就必须对办公环境进行改变。如果某些过程步骤对团队的工作造成阻碍，就必须对那些过程步骤进行改变。

（6）在团队内部，最具有效果并且富有效率的传递信息的方法，就是面对面的交谈。

在敏捷项目中，人们之间相互进行交谈，首要的沟通方式就是交谈。也许会编写文档，但是不会企图在文档中包含所有的项目信息。敏捷团队不需要书面的规范、书面的计划或者书面的设计。

团队成员可以去编写文档，如果对于这些文档的需求是迫切并且意义重大的，但是文档不是默认的沟通方式，默认的沟通方式是交谈。

（7）工作的软件是首要的进度度量标准。敏捷项目通过度量当前软件满足客户需求的数量来度量开发进度。它们不是根据所处的开发阶段、已经编写的文档的多少或者已经创建的基础结构（Infrastructure）代码的数量来度量开发进度的。只有当 30%的必需功能可以工作时，才可以确定进度完成了 30%。

（8）敏捷过程提倡可持续的开发速度。责任人、开发者和用户应该能够保持一个长期的、恒定的开发速度。敏捷项目不是 50 米短跑，而是马拉松长跑。团队不是以全速启动并试图在项目开发期间维持那个速度；相反，他们以快速但是可持续的速度行进。跑得过快会导致团队精力耗尽、出现短期行为以致崩溃。敏捷团队会测量他们自己的速度。他们不允许自己过于疲惫，也不会借用明天的精力来在今天多完成一点工作。他们工作在一个可以使在整个项目开发期间保持最高质量标准的速度上。

（9）不断地关注优秀的技能和好的设计会增强敏捷能力。高的产品质量是获取高的开发速度的关键。保持软件尽可能的简洁、健壮是快速开发软件的途径。因而，所有的敏捷团队成员都致力于只编写他们能够编写的最高质量的代码。他们不会制造混乱然后告诉自己，等到有更多的时间时再来清理它们。如果他们在今天制造了混乱，会在今天把混乱清理干净。

（10）简单。敏捷团队不会试图去构建那些华而不实的系统，他们总是更愿意采用与目标一致的最简单的方法，并不看重对于明天会出现问题的预测，也不会在今天就对那些问题进行防卫。相反，他们在今天以最高的质量完成最简单的工作，深信如果在明天发生了问题，也会很容易进行处理。

（11）最好的架构、需求和设计出自于自组织的团队。敏捷团队是自组织的团队。任务不是从外部分配给单个团队成员，而是分配给整个团队，然后再由团队来确定完成任务的最好方法。敏捷团队的成员共同来解决项目中所有方面的问题。每一个成员都具有项目中所有方面的参与权力。不存在单一的团队成员对系统架构、需求或者测试负责的情况。整个团队共同承担那些责任，每一个团队成员都能够影响它们。

（12）每隔一定时间，团队会在如何才能更有效地工作方面进行反省，然后相应的对自己的行为进行调整。

敏捷团队会不断地对团队的组织方式、规则、规范和关系等进行调整。敏捷团队知道团队所处的环境在不断地变化，并且知道为了保持团队的敏捷性，就必须要随环境一起变化。

2.8.3　极限编程简介

极限编程（XP）是敏捷方法中最著名的一个。它是由一系列简单却互相依赖的实践组成。这些实践结合在一起形成了一个胜于部分结合的整体。

XP 是一门针对业务和软件开发的规则，它的作用在于将两者的力量集中在共同的、可以达到的目标上。它是以符合客户需要的软件为目标而产生的一种方法论，XP 使开发者能够更有效的响应客户的需求变化，哪怕是在软件生命周期的后期。它强调，软件开发是人与人合作进行的过程，因此成功的软件开发过程应该充分利用人的优势，而弱化人的缺点，突出了人在软件开发过程中的作用。极端编程属于轻量级的方法，认为文档、架构不如直接编程直接。

XP 实际上是一种经历过很多实践考验的一种软件开发的方法，它已经被成功地应用在许多大型的公司，如 Bayeris che Landesbank、Credit Swiss Life、Daimler Chrysler（戴姆勒-克莱斯勒）、First Union National Bank　Ford Motor Company 和 UBS。XP 的成功得益于它对客户满意度的特别强调，XP 是以开发符合客户需要的软件为目标而产生的一种方法论，XP 使开发者能够更有效地响应客户的需求变化，哪怕在软件生命周期的后期。

同时，XP 也很强调团队合作。团队包括：项目经理、客户和开发者。他们团结在一起来保证高质量的软件。XP 其实是一种保证成功的团队开发的简单而有效的方法。

XP 强调交流、简易、回馈和勇气四种价值。XP 程序员之间紧密地相互交流，并且也与客户紧密地交流。他们总是保持他们的设计简单明了。项目一开始，XP 就强调通过对软件的不断测试来获得反馈，程序员尽可能早的把软件交给客户，并实现客户对软件需求提出的变化，有了这些基础，XP 程序员就可以自信的面对需求和软件技术的变化。

XP 是与众不同的，它有点像快步的舞蹈。XP 开发过程包括许多的小卡片，独立来看，这些小卡片没有什么意义，但是当它们组合在一起，一幅完整的美丽的图片就可以看见，XP 方法有别于传统软件开发，它是软件开发的一种新的、重要的发展。它改变了开发程序的传统思维方式。

XP 属于轻量开发方法中较有影响的一种方法。轻量开发方法是相对于传统的重量开发方法而言的。XP 等轻量开发方法认识到，在当前很多情况下，按传统观念建立的大量文档，一方面需要消耗大量的开发资源，另一方面也已失去帮助“预见、管理、决策和控制”的作用。因此必须重新审视开发环节，去除臃肿累赘，轻装上阵。

下面是极限编程的有效实践。

（1）完整团队。XP 项目的所有参与者（开发人员、客户和测试人员等）一起工作在一个开放的场所中，他们是同一个团队的成员。这个场所的墙壁上随意悬挂着大幅的、显著的图表以及其他一些显示他们进度的东西。

（2）计划游戏。计划是持续的、循序渐进的。每两周，开发人员就为下两周估算候选特性的成本，而客户则根据成本和商务价值来选择要实现的特性。

（3）客户测试。作为选择每个所期望的特性的一部分，客户可以根据脚本语言来定义出自动验收测试以表明该特性可以工作。

（4）简单设计。团队保持设计恰好和当前的系统功能相匹配。它通过了所有的测试，不包含任何重复，表达出了编写者想表达的所有东西，并且包含尽可能少的代码。

（5）结对编程。所有的产品软件都是由两个程序员、并排坐在一起，在同一台机器上构建的。

（6）测试驱动开发。编写单元测试是一个验证行为，更是一个设计行为。同样，它更是一种编写文档的行为。编写单元测试避免了相当数量的反馈循环，尤其是功能验证方面的反馈循环。程序员以非常短的循环周期工作，他们先增加一个失败的测试，然后使之通过。

（7）改进设计。随时利用重构方法改进已经腐化的代码，保持代码尽可能干净、具有表达力。

（8）持续集成。团队总是使系统完整地被集成。一个人提交（Check in）后，其他所有人负责代码集成。

（9）集体代码所有权。任何结对的程序员都可以在任何时候改进任何代码。没有程序员对任何一个特定的模块或技术单独负责，每个人都可以参与任何其他方面的开发。

（10）编码标准。系统中所有的代码看起来就好像是被单独一人编写的。

（11）隐喻。隐喻是将整个系统联系在一起的全局视图。它是系统的未来影像，可使所有单独模块的位置和外观变得明显直观。如果模块的外观与整个隐喻不符，那么你就知道该模块是错误的。

（12）可持续的速度。团队只有持久才有获胜的希望。他们以能够长期维持的速度努力工作，并保存精力，把项目看作是马拉松长跑，而不是全速短跑。

极限编程是一组简单、具体的实践，这些实践结合在一起形成了一个敏捷开发过程。极限编程是一种优良的、通用的软件开发方法，项目团队可以拿来直接采用，也可以增加一些实践，或者对其中的一些实践进行修改后再采用。

本章小结

建设一个工程需要科学的方法来支持，同样构建信息系统也需要与之特性相适应的科学方法。目前，普遍认为信息系统的开发过程由需求分析、系统分析、系统设计、系统实现等步骤组成。其开发方法有生命周期法、原型法、结构化方法、面向对象方法、构件法和敏捷开发方法。在开发信息系统之初，必须首先确定采用什么样的开发方法来指导信息系统的开发，它对信息系统开发工作有着重要的意义。

问题讨论

1. 试比较生命周期法与原型法的优劣。
2. 简述原型法的开发过程。
3. 结合实例，讨论面向对象分析方法的具体使用。
4. 结合设计实例，比较面向对象设计方法与结构化设计方法的优劣。
5. 结合实例，讨论面向服务法的具体使用。
6. 试比较基于构件开发与传统软件开发模式的优劣。

第3章 信息系统规划

引言

规划通常指关于一个组织的发展方向、环境条件、长期目标、重大政策与策略等方面的规划。任何组织的规划都在动态中发展，而且在不同时期，可能需要根据环境条件和政策策略进行调整。目前，信息资源的开发和利用已经摆脱了传统的迟缓与分散的方式，逐步走上了高效率、专业化、多样化的开发利用阶段。信息系统的规划逐渐成为信息系统开发的重要环节。

本章主要讲述信息系统规划的概念、目标、作用、内容和组织；制定信息系统规划的主要内容；信息系统规划的常用方法，以及信息工程与战略数据规划。

通过本章学习，可以了解（或掌握）：

- ◆ 信息系统规划的概念、目标、作用和组织；
- ◆ 信息系统规划的主要内容；
- ◆ 信息系统规划的诺兰模型和三阶段模型；
- ◆ 关键成功因素法；
- ◆ 战略目标集转换法；
- ◆ 企业流程再造法；
- ◆ 战略数据规划法；
- ◆ 企业系统规划法。

3.1 信息系统规划概述

在美国和德国的调查统计结果表明，管理信息系统项目的失败差不多有 70%是由规划不当造成的。在管理信息系统中，一个操作错误如果造成几万元损失的话，一个设计错误就会损失几十万元，一个计划错误会损失几百万元，而一个规划错误能损失几千万元甚至上亿元。信息系统规划的损失不仅仅是巨大的，而且还是隐性的、长远的，往往要到系统全面推广实施后才能在实践中慢慢显现出来。

自 20 世纪 60 年代起，信息系统规划就受到企业界和学术界的高度重视，许多学者和组织在实践的基础上提出了不同的方法，但是，在信息系统规划的进行过程中经常会遇到如下问题：

（1）各种信息系统规划方法的规划特点和规划过程各不相同。

（2）各种信息系统规划方法所解决的问题和适用范围有很大区别。

（3）正在进行信息系统规划的组织对规划的要求和侧重点也不尽相同。

特别是目前在中国有越来越多的企业正在进行信息系统的建设，而组织的特点、类型和对规划的具体需求又是多种多样，因此如何正确应用信息系统规划方法，针对组织的具体特点和规划需求来进行规划，成为中国信息系统建设中迫在眉睫的严重问题。

信息系统规划是企业和政府信息化建设之本。没有科学合理的信息化规划，就不可能有信息化建设的成功和效益。

3.1.1 信息系统规划的概念

信息系统规划是关于信息系统长远发展的规划。它既可以看成是企业规划的一个重要组成部分，也可以看成是企业规划下的一个专门性规划。

信息系统规划是将组织目标、支持组织目标所必需的信息、提供这些必需信息的信息系统，以及这些信息系统的实施等诸要素集成的信息系统方案，是面向组织中信息系统发展远景的系统开发计划，信息系统规划可帮助组织充分利用信息系统及其潜能来规范组织内部管理，提高组织工作效率和顾客满意度，为组织获取竞争优势，实现组织的宗旨、目标和战略。

信息系统规划主要解决四个问题：①如何保证信息系统规划与它所服务的组织和总体战略上的一致？②怎样为该组织设计出一个信息系统总体结构，并在此基础上设置、开发应用系统？③对相互竞争的应用系统，应如何拟定优先开发计划和运营资源的分配计划？④面对前三个阶段的工作，应怎样选择并应用行之有效的设计方法论？

信息系统的规划是信息系统生命周期中的第一个阶段，也是系统开发过程的第一步，其质量直接影响着系统开发的成败。正是由于信息系统是一项耗资巨大、技术复杂、开发周期长的系统工程，需要一个高层的规划，也就是以整个系统为分析对象，从战略上把握系统的目标和功能的框架。

在现代社会中，信息已成为企业的生命线，信息资源是企业的一项重要财富，信息管理是企业管理的重要组成部分，信息系统的运行与企业的运营方式息息相关，所以，不仅要在资源上、经费上、时间上给予充分考虑，而且要在观念上给予高度重视，做出全方位的规划。许多事实还证明，信息系统规划还可以直接为企业带来积极影响，如更准确地识别出哪些是实现企业目标所必须完成的任务，发现过去可能没有发现的潜在问题，为企业更合理地安排各种业务活动提供依据。

信息系统规划有狭义和广义两个概念。广义的规划是指信息系统的整个建设计划，既包括战略计划，也包括信息需求分析和资源分配。例如，包括是否对关键成功因素进行分析（组织的信息需求分析），或是否需要安装一个收费系统（资源分配）等问题。狭义的信息系统规划则不包括后者分析的内容。

在一般情况下，如果将信息系统规划看成是企业规划下的一个专门性规划，它将是在制定企业战略之后配合其结果和要求来制定的。另一种情况则将信息系统规划看成是企业规划的一个组成部分，在制定企业规划中的生产规划、市场规划等同时制定信息系统规划。由于信息系统的规划涉及生产、市场等多个部门的规划，因此，要强调信息系统规划与企业规划整体之间的协调。总之，不论信息系统规划是作为企业规划的一部分还是一个专门性规划，都应与企业规划有机地结合。正如一些信息系统规划专家所指出的：如何使一个企业中的信息系统发展战略与企业发展战略保持一致是信息系统规划工作的核心问题之一。

3.1.2 信息系统规划的目标

信息系统规划的目标是制定与组织发展战略的目标相一致的信息系统发展战略目标。

目前在信息系统规划工作中，存在着两种性质截然不同的发展战略，一种战略是希望通过更多更好的硬件和软件来增加系统的数据处理能力。另一种战略则是强调建立更好的组织模式，目的是给计划和控制提供良好的管理信息。不论哪一种战略，都必须根据以前的情况来预测规划执行期间的技术和管理上的进展，而且还要考虑将来的组织结构、产品情况和业务系统，更重要的是，要确保所制定的信息系统规划的目标与组织的规划的目标相一致。

3.1.3 信息系统规划的原则

信息系统规划应遵循以下原则。

（1）支持企业的总目标。企业的战略目标是信息系统规划的出发点。信息系统规划从企业目标出发，分析企业管理的信息需求，逐步导出信息系统的战略目标和总体结构。

（2）整体上着眼于高层管理，兼顾各管理层的要求。

（3）摆脱信息系统对组织机构的依从性。首先着眼于企业运行过程。企业最基本的活动和决策可以独立于任何管理层和管理职责。组织机构可以有变动，但最基本的活动和决策大体上是不变的。对企业过程的了解往往从现行组织机构入手，但只有摆脱对它的依从性，才能提高信息系统的应变能力。

（4）使系统结构有良好的整体性。信息系统的规划和实现过程大体如图 3.1 所示，是一个“自顶向下规划，自底向上实现”的过程。采用自上而下的规划方法，可以保证系统结构的完整性和信息的一致性。

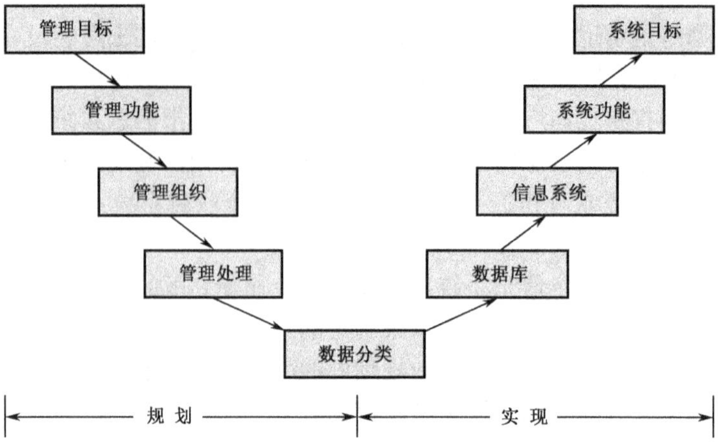

图 3.1　信息系统的规划与实现

（5）便于实施。信息系统规划应给后续工作提供指导，要便于实施。方案选择应追求时效，宜选择最经济、简单、易于实施的方案；技术手段强调实用，不片面求新。

3.1.4　信息系统规划的作用

信息资源环境的复杂性使信息系统规划工作的好坏成为信息系统成败的关键。一个有效的信息系统规划可以使信息系统和用户建立较好的关系，可以做到信息资源的合理分配和利用，从而可以节省信息系统的投资。一个有效的信息系统规划可以促进信息系统应用的深化，为企业带来更多的经济效益。一个有效的信息系统规划还可以作为一个标准，考核信息系统开发人员的工作，明确他们的努力方向。一个信息系统规划的制定过程本身也是迫使企业领导回顾过去改进工作的过程。只有进行信息系统规划才可以保证信息系统中信息的一致性，避免信息系统成为“沙滩上的房屋”。

3.1.5　信息系统规划的步骤

制定信息系统规划有如下九个步骤。

（1）确定规划性质。检查企业的规划，确定信息系统规划的年限和规划方法。

（2）收集相关信息。收集来自企业内部和环境中的与规划有关的各种信息。

（3）进行战略分析。对信息系统的战略目标、开发方法、功能结构、计划活动、信息部门情况、财务状况、所担风险的程度和政策等多方面进行分析。

（4）定义约束条件。根据财务资源、人力资源、信息设备资源等方面的限制，定义信息系统的约束条件和政策。

（5）明确战略目标。根据分析结果与约束条件，确定信息系统的战略目标，也就是在规划结束时，信息系统应具有怎样的能力，包括服务的范围、质量等多方面内容。

（6）提出未来框图。选择未来信息系统的思想，勾画出未来信息系统的框架图，产生子系统划分表等。

（7）选择开发方案。对信息系统进行分析，根据资源的限制，选择一些适宜的项目优先开发，制定出总体开发顺序。

（8）提出实施进度。在确定每个项目的优先权后，估算项目成本、制定人员要求等具体实施目标，以此作为整个时期的任务、成本与进度表。

（9）通过规划。将规划书写成文，在此过程中不断征求用户、信息系统工作者的意见。规划经企业领导批准后生效，并将它合并到企业规划中。

3.2　信息系统规划模型

信息系统规划是实施信息系统的关键步骤，以合理的模型作为指导是提高信息系统规划的重要基础。模型刻画了信息系统规划过程中的指导模式，目前使用比较多的信息系统规划模型有诺兰的阶段模型和三阶段模型。

3.2.1　诺兰的阶段模型

诺兰的阶段模型反映了信息系统的发展阶段，并使信息系统的各种特性与系统生长的不同阶段对应起来，从而成为信息系统规划工作的框架。根据这个模型，只要一个信息系统存在某些特性，便知处在哪一阶段，而这一理论的基本思想是一个组织的信息系统在能够转入下阶段之前，必须首先经过系统生长的前几个阶段。因此，如果能够诊断出一个企业目前所处的成长阶段，就能够对它的规划提出一系列的限制条件和作出针对性的规划方案。

诺兰在 1973 年首次提出的信息系统发展阶段理论确定了信息系统生长的四个不同阶段，到 1980 年，诺兰又把该模型扩展成六个阶段，参见图 3.2。

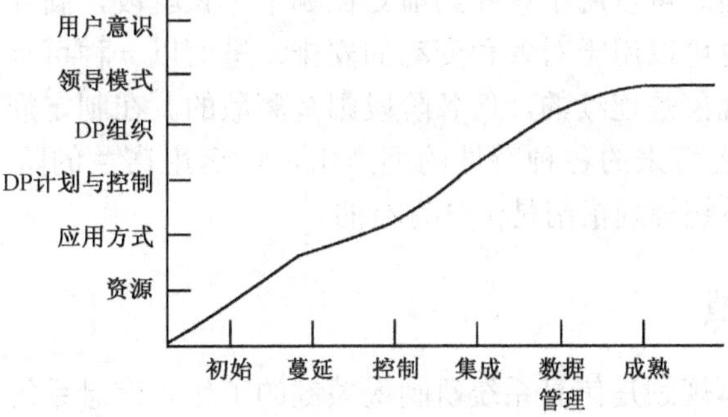

图 3.2　诺兰的阶段模型

第一阶段：初始阶段。在这一阶段，各级管理人员对信息系统从不认识到有点认识，支持、组织开发出了一两个简单的应用系统。初始阶段的计算机一般是在会计、统计等部门。这些简单的应用系统的运行所产生的效益和效率使人们对信息系统的认识大大提高，逐渐进入了蔓延阶段。

第二阶段：蔓延阶段。随着计算机应用见到效果，信息系统从最初的一些部门向各个部门扩散。这一阶段是数据处理发展最快的一个阶段，用户感到计算机在事务处理上的好处，计算机利用率不断提高，各部门都开发了大量应用程序，但这时由于缺乏综合系统开发，出现了信息冗余、代码不一致、信息难以共享等混乱局面。

第三阶段：控制阶段。由于广大管理人员都认识到了计算机信息系统的优越性，纷纷购置设备，开发支持自身管理的信息系统，使得硬件、软件投资和开发费用急剧增长，增长到一定程度便会受到控制，即进入控制阶段。于是，就出现了由企业领导和职能部门负责人参加的领导小组，对整个企业的系统建设进行统筹规划，特别是利用数据库技术解决数据共享问题。这时，严格的控制阶段便代替了蔓延阶段。诺兰认为，第三阶段将是实现从以计算机管理为主转向以数据管理为主转换的关键，一般发展较慢。

第四阶段：集成阶段。由于发现分散开发的系统不能互通、信息不能共享等一系列由分散开发所形成的问题，就产生了从全局出发，建立一个支持全企业的信息系统的需求，即进入了集成阶段。在集成阶段，信息系统的开发首先考虑总体，面向数据库建立稳定的全局数据模型，基于稳定的全局数据模型实现各子系统的功能需求，进而发挥信息"黏合剂"和"倍增剂"的作用。这种开发支持全局信息系统的需求势必带来各项投资费用的增长，但开发速度加快了。

第五阶段：数据管理阶段。诺兰认为，在集成阶段之后才会真正进入数据管理。这时，数据真正成为企业的重要资源。

第六阶段：成熟阶段。一般认为，信息系统的成熟表明它可以满足企业的各管理层次要求，从操作层的事务处理（EDP）到中间管理层的控制管理（信息系统），再到支持高级管理层的决策支持（DSS），真正实现了信息资源的管理。

诺兰的阶段模型是对计算机信息系统发展历程的总结，诺兰曲线是一种波浪式的发展过程，反映了一定的发展规律，跳跃某个或某几个阶段是不大可能的，但是，随着人们对信息系统认识的提高，可以压缩有些阶段的时间，特别是蔓延阶段的时间。

诺兰的阶段模型既可以用于诊断当前处在哪个生长阶段，向什么方向前进，怎样管理对研制最有效，也可以用于对各种变动的安排，进而以一种可行方式转至下一生长阶段。虽然系统生长现象是连续的，但各阶段则是离散的。在制定规划过程中，根据各阶段之间的转换和随之而来的各种特性的逐渐出现，运用诺兰的阶段模型辅助规划的制定，将它作为信息系统规划指南是十分有益的。

3.2.2 三阶段模型

信息系统的总体规划是信息系统研制最关键的工作。信息系统规划模型是针对信息系统规划所面临的基本问题，目前已有许多方法用于信息系统的规划工作，各种方法在规划中所起的作用和地位是不同的。由 B.Bowman、G.B.Davis 等人提出的具有普遍意义的、对规划过程和方法论进行分类研究的模型，由战略计划（或称为战略规划）、组织的信息需求分析和资源分配三个一般性的任务组成。信息系统规划的三阶段模型如图 3.3 所示，该图描述了其相应的任务及有关方法论的分类。

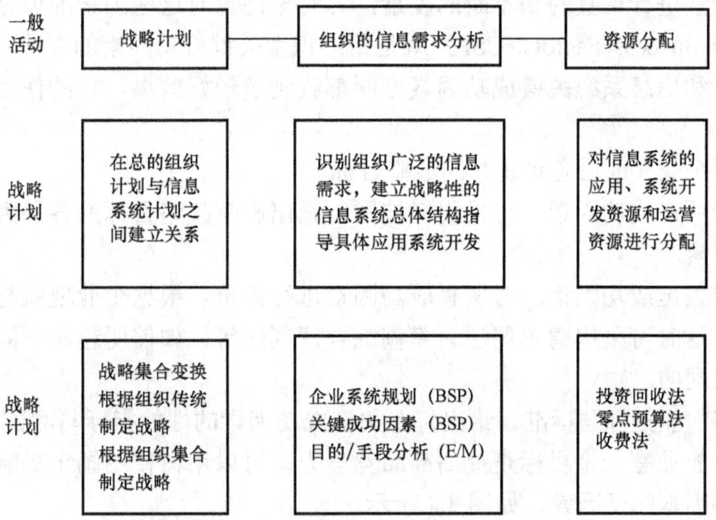

图 3.3　信息系统规划的三阶段模型

战略计划是为了在整个组织的计划和信息系统规划间建立联系，内容包括：提出组织的目标和实现目标的战略，确定信息系统的任务，估计系统开发的环境，制定出信息系统的目标和战略。其方法有战略集合变换，根据组织传统制定战略和根据组织集合制定战略等。

组织的信息需求分析是要研究广泛的组织信息需求，建立信息系统结构，并用来指导具体应用系统的开发。内容包括：确定组织在决策支持、管理控制和日常事务处理中的信息需求，制定主开发计划。主要方法有 BSP、CSF 和 E/M 等。

资源分配是为实行在组织的信息需求分析阶段中确定的主开发计划而制定计算机硬件、软件、通信、人员和资金计划，即对信息系统的应用。对系统开发资源和运营资源进行分配，主要方法有投资回收法、零点预算法和收费法等。

3.3　信息系统规划方法

信息系统规划方法描述了具体实施规划时的步骤，常用方法有关键成功因素法、战略目标集转换法、企业流程再造法、战略数据规划法、企业系统规划法等。

3.3.1　关键成功因素法

在每一个企业中都存在着对该企业成功起关键性作用的因素，称为关键成功因素。关键成功因素总是与能确保企业具有竞争能力的方面相关。在不同类型的业务活动中，关键成功因素会有很大的不同，即使在同一类型的业务活动中，在不同时间内，其关键成功因素也会不同。在多数企业中，通常有 3～6 个决定企业成功与否的因素。

关键成功因素与企业战略规划密切相关。企业战略规划要描绘企业的期望目标，关键成功因素则提供了达到目标的关键和需要的测量标准。一个企业要获得成功，就需要对关键成功因素进行认真的和不断的度量，并时刻注意对这些因素的调整。关键成功因素法（Critical Success Factor，CSF）就是帮助识别关键成功因素的方法，它在确定企业关键成功因素和信息系统关键成功因素方面都收到了较好效果，它的使用通常包含以下四个步骤：

（1）了解企业（或信息系统）的战略目标。

（2）识别所有成功因素。可采用树枝图，画出影响战略目标的各种因素以及影响这些因素的子因素。

（3）确定关键成功因素。对所有成功因素进行评价，根据企业现状与目标确定出关键成功因素，这时可采用德尔斐法、模糊综合评判法等。如前所述，不同企业的关键成功因素是不相同的。

（4）识别性能指标与标准。给出每个关键成功因素的性能指标与测试标准。

例如，某企业有一个目标是提高产品竞争力，可以用树枝图画出影响它的各种因素以及影响这些因素的子因素，如图 3.4 所示。

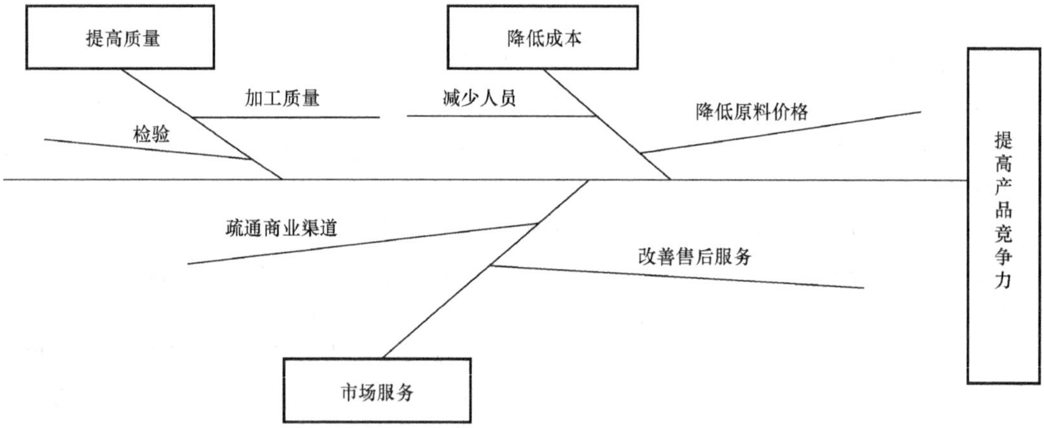

图 3.4　树枝图

关键成功因素法在高层应用效果较好，因为高层领导人员日常总在考虑什么是关键因素，对中层领导来说一般不大适合，因为中层领导所面临的决策大多数是结构化的，其自由度较小。

3.3.2　战略目标集转换法

战略目标集转换（Strategy Set Transformation，SST）法由 W. King 于 1978 年提出，它把整个战略目标看成是一个“信息集合”。由目的、目标、战略和其他战略变量（如管理的复杂性、重要的环境约束）等组成，其基本出发点是将该集合转换为信息系统的目标与战略。

战略目标集转换法是通过下面诸步骤形成信息系统战略规划的。

（1）说明企业战略集合。

说明企业战略集合具体为：说明企业相关人员的结构，如供应商、顾客、经理、雇员、股东和竞争者等；识别每类人员的目标；指出每类人员的任务及战略。

（2）请管理人员和高级领导人对形成的目标和战略进行审阅和修改，最后形成包含企业目标、战略和战略属性的企业战略集合。

（3）将企业的战略集合转化成信息系统战略规划。

具体为：针对企业战略集合中的每个战略及相关目标与属性，找出一个或多个信息系统的目标；从企业的战略和信息系统的目标中找出信息系统的约束条件；根据企业的战略属性、信息系统的目标和信息系统的约束条件，找出信息系统的设计战略。

例如，某企业相关人员结构为股东、债权人和顾客等，企业的目标之一是改善现金流通，这是来自股东和债权人的目的。为达到这个目的，战略之一是改进信贷业务，由此引导出信息系统的目标是提高开单速度，这个目标的约束主要是计算机和决策模型，其战略可能是新的设计方法。这样，企业战略就转化成为信息系统的战略规划。

3.3.3　企业流程再造法

企业流程再造（Business Process Reengineering，BPR）法最初于 1990 年由美国麻省理工学院的 Michael Hammer 提出，而后随着 ERP 应用热潮的兴起而逐渐被企业所熟悉。

目前众多企业应用了信息技术（IT），但只是作为提高工作效率和自动化程度的手段，而对作业过程则不做任何适应性改变，限制了提高企业整体绩效的空间。所有这些都要求在管理理论和方法上作出深刻的变革，使企业适应新的市场环境。企业管理信息系统的应用在很大程度上推动了企业管理方式的变革，因为在为企业设计一个采用计算机网络进行信息处理、传输的新系统时，往往要改变手工管理的方式并需重新设计企业的业务处理流程，因此基本上可以认为管理信息系统的系统规划工作和企业流程再造是异曲同工的。

企业流程再造的基本内涵就是以作业过程为中心，摆脱传统组织分工理论的束缚，提倡顾客导向、组织变通及正确地运用信息技术，使企业适应快速变动的环境，该理论的核心是“流程”观点和“再造”观点。

所谓“流程（Process）”观点，强调企业运行是集成从订单到交货或提供服务的一连串作业活动，组成企业活动的要素是一项项业务，一项项作业，而非一个个部门。企业流程再造要重新检查每一项作业活动，识别不具有价值增值的作业活动，将其剔除，并将所有具有价值增值的作业活动重新组合，优化作业过程，从而实现企业经营在成本、质量、服务和速度等方面的巨大改善。

“再造（Reengineering）”的观点强调打破旧有管理规范，再造新的管理程序，打破传统的职能型组织结构（Function-Organization），建立全新的过程型组织结构（Process-Oriented Organization），以回归原点和从头做起的新观念和思考方式，获取管理理论的重大突破和管理方式的革命性变化。“再造”要求摆脱现行系统，从零开始，展开功能分析，将企业系统所欲达到的理论功能，逐一列出，再经过综合评价和统筹考虑，筛选出最基本的、关键的功能并将其优化组合，形成企业新的运行系统。

显然，企业流程再造法强调以业务流程为改造对象和中心，以关心客户的需求和满意度为目标，对现有的业务流程进行根本的再思考和彻底的再设计，利用先进的制造技术、信息技术以及现代化的管理手段，将企业的各部门、各环节通过过程的重建组成一个有机的整体，使之成为一个具有共同目标的系统，实现资源共享以及各部门之间的高度协调，最大限度地实现技术上的功能集成和管理上的职能集成。由此可见，企业流程再造不仅涉及管理信息系统的规划工作，同时也涉及了管理信息系统的系统分析和设计，乃至管理信息系统更多的环节和阶段。

3.3.4　战略数据规划法

战略数据规划（Strategic Data Planning，SDP）法是詹姆斯·马丁提出的以战略数据为核心的信息系统规划的方法。

1．战略数据规划过程

詹姆斯·马丁认为：数据位于现代企业数据处理的中心，数据管理是系统建设的核心；数据是相对稳定的，处理是多变的。当基本数据的结构已经建立，就可以使用高级数据库语言和应用生成器，很快地建立企业的数据处理过程；全面地进行数据规划是系统建设的根本所在，进行数据规划是信息系统开发策略的需要，它关系到系统开发的整体性和一致性，也是合理制定整个系统实施计划的前提。因此战略数据规划是完成整个信息系统规划的关键。

（1）第一阶段：建立企业模型。企业模型表示了该企业在经营管理中具有的职能。不同的企业模型对企业活动表示的详细程度各异。当数据需求反映到企业模型上，其结果是该企业模型面向数据的一种变换，可把这个变换分解成需要实现的多个数据库。

（2）第二阶段：确定研究的边界。战略规划的研究范围与企业的管理方式有关。有些企业的部门相对独立和自治；另一些企业则情况相反，即使在相同的工业领域或相似的企业，其管理方式也可能大不相同。在采取分散管理方式的企业中，自顶向下的全面规划可在几个不同部门各自独立进行，而在采取集团管理方式的企业中，自顶向下的全局规划需要同时涉及所有的部门。制定全局规划的边界要适当，不要太大。

（3）第三阶段：建立业务活动过程。当以职能为单位的企业模型建立后，就应着手建立每个职能范围所包含的业务过程。通过对每个职能范围有代表性活动过程的分析，可以确定各个业务活动过程。建立业务活动过程主要依靠企业高层领导和各级管理人员，分析企业的现行业务和长远发展目标，按照企业内部各种业务的逻辑关系，将它们划分为若干职能区域，然后建立各职能区域中所包含的全部业务过程。

（4）第四阶段：实体和活动的确定。确定实体和活动的方法是培训企业中各个不同职能范围内有兴趣的用户，并最终由他们来完成对实体和活动的确定，而在前一阶段确定业务活动过程的系统分析员继续与用户一起来指导这些工作的进行。一般在信息系统规划中大量采用直观的图形或图表表示方法。

（5）第五阶段：建立主题数据模型。本阶段重点分析这些实体之间的联系，即按照管理人员的经验和一些形式化方法，对实体进行聚集分析，从而以此作为划分主题数据库的依据，建立起主题数据库模型，针对企业的职能区域和业务过程提供必要数据共享的总体数据模型。

（6）第六阶段：进行数据的分布分析。结合数据存储地点，进一步调整、确定主题数据库的内容和结构，制定数据库开发策略。分布分析要充分考虑业务数据的发生和处理地点，权衡集中式数据存储和分布式数据存储的利弊，考虑数据的安全性、保密性、运行效率和用户特殊要求等问题。

2．数据环境与战略数据规划

詹姆斯·马丁将计算机的数据环境分为四种类型。并指出，一个高效能的企业应该基本上具有三类或四类数据环境作为基础。

（1）第一类环境：数据文件。特征：没有使用数据库管理系统。当建立一个应用项目时，由系统分析员或程序员分散地根据应用需要设计各种数据文件。特点：建立过程相对容易，但当数据文件数目剧增时，将导致维护成本加大。

（2）第二类环境：应用数据库。特征：使用了数据库管理系统。分散的数据库为分散的应用而设计，且未达到数据库操作的主要优点。特点：实现起来比第三类数据环境简单，但像数据文件环境一样，随着应用的扩充，维护费用很高。

（3）第三类环境：主题数据库。特征：经过了严格的数据分析，所建立的数据库与具体的应用是独立的，数据的存储结构与使用它的处理过程是独立的。特点：这种数据环境的建立具有较低的维护成本，但需要详尽的数据分析和模式化。如果规划不善，会退化成第二类，甚至第一类。

（4）第四类环境：信息检索系统。特征：这是一类为自动信息检索、决策支持系统和办公自动化所设计的，而不是为专用计算和事务管理所设计的系统，它能保证信息检索和快速查询的需要，如新的数据项可随时动态地加入到数据库中，软件是围绕着倒排表和其他的数据检索技术设计的，并有良好的终端用户查询语言和报告生成软件工具，由此可灵活地创建用户自己的逻辑数据文件。特点：比传统的数据库系统有更大的灵活性和动态可变性。它通常与第三类数据环境并存。

对于目前只有一、二类数据环境的组织，通过战略数据规划，可尽快将现有数据环境转变到第三类和第四类，以保证高效率、高质量地利用数据资源。对于目前还没有数据环境的组织，战略数据规划是整个计算机应用发展规划的基础与核心，是制定设备购买规划、人力培训规划和应用项目开发规划的基础，通过战略数据规划，选择最适宜的数据环境。企业制定战略数据规划的主要目标就是分析、组织、建立企业稳定的数据结构，规划各种主题数据库的实施步骤和分布结构，规划各种主题数据库的实施步骤和分布策略，为企业管理计算机化打下坚实的基础。

3.3.5　企业系统规划法

企业系统规划（Business System Planning，BSP）法是一种对企业管理信息系统进行规划和设计的结构化方法，它是由美国的 IBM 公司在 20 世纪 60 年代末创造并逐步发展起来的。这里所说的“企业”，也可以是非营利性的单位或部门。BSP 方法主要基于用信息支持企业运行的思想，是把企业目标转化为信息系统战略的全过程，BSP 方法所支持的目标是企业各层次的目标，实现这种支持需要许多子系统。

BSP 方法是从企业目标开始，然后规定其处理方法，自上而下地推导出信息需求。事务处理是数据收集和分析的基础。通过与经理面谈，弄清处理过程，并询问企业成功的关键因素，明确决策方法和问题，找出逻辑上相关的数据以及事务处理的关系。这些信息可以用来定义未来的信息结构。根据当前系统和未来系统的信息结构，就可以建立应用的优先级别，并开始数据库的设计。该方法应用于中国经济信息系统规划研究当中，曾产生过很大影响。可以将 BSP 看成是一个转化过程，即把企业的战略转化成信息系统的战略。

（1）BSP 的主要目标：BSP 的主要目标是提供一个管理信息系统规划，用以支持企业短期的和长期的信息需要，而且作为整个企业规划中不可缺少的部分。

（2）BSP 方法的基本原则如下：

① 信息系统必须支持企业的战略目标；

② 信息系统的战略应当表达出企业的各个管理层次的需求；

③ 信息系统应该向整个企业提供一致信息；

④ 信息系统应该经得起组织机构和管理体制的变化；

⑤ 信息系统应是先“自上而下”识别，再“自下而上”设计。

（3）BSP 方法的核心：定义企业过程。企业过程是指为企业各类资源管理所需要的、逻辑相关的一组决策和活动。整个企业的管理活动就由一系列企业过程所组成。定义企业过程可以帮助理解企业如何完成其目标，可以有效地支持所开发的信息系统结构设计独立于组织机构，为从操作控制过程中分离出战略规划奠定基础，为定义所需的信息结构提供依据。

定义企业过程首先要识别企业过程的计划/控制、产品/服务、支持资源三类主要来源。因为任何企业的活动均与这三方面有关和由这三方面导出。定义企业过程是 BSP 方法成功的关键步骤。

（4）BSP 方法的基础：定义数据类。数据类是指支持企业过程所必要的逻辑上相关的数据。定义数据类的第一步是识别数据类，其目的主要是：了解当前支持企业过程的数据的准确性和提供的及时性；识别在建立信息总体结构中要使用的数据类；发现企业过程间的数据共享；发现各个过程所产生、使用和缺少的数据等。

BSP 方法将数据类和过程两者作为定义企业信息系统总体结构的基础，并利用过程/数据类矩阵来表达两者间的关系。

（5）BSP 方法的关键：定义信息总体结构。识别要开发的信息系统及其子系统，要用表达数据对系统所支持的过程之间的关系图来定义信息总体结构。这种结构图应勾画出每一系统的范围，产生、控制和使用的数据，系统与系统的关系，对给定过程的支持，子系统间数据的共享等，成为企业长期数据资源规划的图形表示。目前，最常用的方法是前面提到的 U/C 矩阵。

在概括地介绍了 BSP 方法的基本概念和基本内容之后，需要说明三点：①BSP 方法适合较大型信息系统的规划。②该方法本身是建立信息系统蓝图，而不是详细设计。③目前存在许多 BSP 方法的变形方法，也已取得一定应用效果。

前面介绍了五种不同的信息系统规划方法，上述方法各有侧重和特色，我们也可以把这几种方法结合起来使用。先用 CSF 方法确定企业目标，然后用 SST 方法补充完善企业目标，再用 BPR 方法规划重组企业业务流程，并将企业目标和企业业务流程转化为信息系统目标，用 BSP 方法或 SDP 方法校核两个目标，并确定信息系统结构，这样就补充了单个方法的不足。当然这也使得整个方法过于复杂，而削弱了单个方法的灵活性。可以说迄今为止信息系统规划没有一种十全十美的方法。由于规划本身的非结构性，可能永远也找不到一个唯一解。进行任何一个企业的规划均不应照搬以上方法，而应当具体情况具体分析，选择以上方法中可取的思想，灵活运用。

本章小结

信息系统规划在整个信息系统开发中占有非常主要的地位，它对整个信息系统工程的成败起到至关重要的作用。信息系统规划在战略的高度规划了信息系统的目的、环境、约束以及近期实施计划，为以后信息系统工程的实施奠定了基础。

本章主要论述了信息系统规划的概念、作用以及目标和内容等，重点介绍了信息系统规划的主要内容，包括计算环境规划、信息资源规划网络和安全规划；另外对信息系统规划模型（诺兰的阶段模型和三阶段模型），以及经常使用的规划方法，特别是应用比较成功的企业系统规划法与战略数据规划法进行了介绍。

问题讨论

1. 什么是信息系统规划？
2. 信息系统规划的作用是什么？
3. 信息系统规划的目标是什么？
4. 信息系统规划的内容是什么？
5. 信息系统规划有哪些模型？
6. 信息系统中的计算模式有哪些？
7. 如何理解战略数据规划在信息系统规划中的地位？
8. 如何实施信息系统规划？

案例分析 3.1

ERP 系统规划

ERP 是 Enterprise Resource Planning 的缩写，可以翻译成“企业资源计划”。它具有两种意思，广义上讲是指在有效利用整个企业经营资源的观点上，谋求购买、生产、物流、会计等的整体业务功能，并追求经营高效化。ERP 概念是经 1960 年诞生的生产/库存管理技法 MRP（Manufacturing Resource Planning，生产资源计划）产生的，MRP 可以作为 ERP 产生的基础。其狭义的含义是指以实现 ERP 概念为目的的“一体化业务软件包”本身。

如果企业确实有迫切的需求，且具备实施 MRP Ⅱ的条件和能力，就要周密细致地规划企业实施 MRP Ⅱ/ERP 的目标和过程。根据企业的实际需求和现实技术经济能力，规划企业是先上 MRP Ⅱ还是直接上 ERP，是以物流为核心还是以资金流为核心，是分期实施还是全面实施，哪一部分先上哪一部分后上，每一个子系统或模块的功能，要实现的具体目标，各类信息的分类、编码，数据的来源与去向，共享关系等。规划中要确定管理队伍、操作队伍、硬件系统、软件工具、执行机构等方案。目标一旦确定，实施过程中就要严格按照这个方向努力，虽然实施过程中会对方案进行调整，但要尽量避免大幅度变更或推倒重来，应尽量减少反复引起的震荡、返工和投资浪费。同时，这些具体的功能和明确的目标，也是工程竣工后鉴定验收及付款的依据。

一、ERP 系统规划的出发点

ERP 系统规划是面向未来、全局性和关键性的问题，其工作环境是组织管理环境。高层信息管理人员和高层管理人员是工作主体，他们为整个系统建设确定目标、战略、系统总体结构方案和资源计划；而规划人员对管理和技术的理解程度、对管理和技术的发展见识，以及开创精神与务实态度是规划工作的决定因素。

ERP 系统规划的几个关键问题，也是 ERP 系统规划要解决的几个问题：①组织战略计划是核心；②解决问题的有效性是关键；③应变能力是企业信息系统建设和应用的瓶颈问题；④人、管理和技术应协调发展。

ERP 系统规划的出发点：

（1）信息系统必须支持企业的目标。信息系统是一个企业的有机组成部分，对企业的总体有效性起关键性作用，一定要支持组织的企业需求并直接影响其目标。因而规划过程必须是企业战略转化的过程，即企业战略的任务、目标→规划过程→信息系统的目标、战略和总体结构。

（2）信息系统的战略应当表达企业中各管理层次（战略计划层、管理控制层和操作控制层）的需求。

（3）信息系统应向整个组织提供一致性的信息。

（4）信息系统应在组织机构和管理体制改变时保持工作能力。

二、系统规划的原则

（1）要有明确、量化的目标。不管做什么事都要有明确、量化的目标。ERP 在中国应用之所以未能取得预期效果，其中一个很重要的原因就是应用目标过于定性或空泛，难以具体实施和控制，这个问题应引起大家的重视和关注。制定一个明确、量化的 ERP 应用目标是一件难度很大的事情，整个过程需要企业厂长（经理）、各级管理人员提高思想认识，通过系统分析及借用外脑（引入管理咨询）才能有效地完成这项工作。ERP 应用目标的主要内容应充分反映企业通过 ERP 应用后，将在生产经营管理方面有哪些改进、提高和创新的效果。应用目标一旦制定后，必须按期、按质实现，同时该目标也将作为企业 ERP 项目实施绩效评价的重要依据。

（2）采用“稳扎稳打，步步为营”的方针。以下是 ASIMCO（亚洲战略投资公司）在某企业实施 ERP 项目（Fourth Shift 系统）时采用的实施步骤。

首先，实施财务系统。因为财务系统本身有章可循，使用 Fourth Shift 系统管理总账、应收账款和应付账款，稳定运行一个月后，就可得到各类财务报表，以及手工系统中需要花费大量精力才能得到的一些分析报告。但在实施过程中也发现手工系统的一些问题，如明细账和总账不一致，销售部门与财务部门的应收账款不一致等。发现并解决手工管理的问题促进了管理工作，这给合资企业领导层一个印象：实施 ERP 项目可以规范企业管理，发现和解决企业管理中的问题，提高企业的管理水平。

其次，实施经营和库存管理部分，包括销售和产成品库存管理，采购和原材料、采购件的库存管理，并分别实现与财务系统的集成。在这一步实施中，重点需要解决的问题是部门之间的协调和有效配合。使用手工系统时，各部门各自为政，不存在或很少存在部门间配合的问题。在使用 Fourth Shift 系统后，各部门共享一个数据库，有些规定要在全公司内实行，因此必然导致部门间利益的冲突。这一步实施的重点是协调部门间的关系，从提高整个企业的管理水平出发，打破部门界限，将各部门的信息孤岛统一到 Fourth Shift 系统上来。这一步实施成功后，各部门的数据来源是唯一的，所得到的结果也是相同的，实现了全厂信息的统一。

再次，实施生产部分，包括物料清单、半成品库存的管理、生产订单下达以及计划展开等。这部分实施需要将以前比较混乱的生产流程进行量化，使物流按计划进行，改变以往的粗放式管理，逐步实现以销定产、以生产驱动采购的目标。这个过程是实施 MRP II 系统的核心部分，也是最见效益的部分，但这一步的实施难度较大，它要求库存记录和物料清单的准确度达到 98%以上，物料的计划参数尽量合理并在运行过程中逐步微调，使之达到相对理想的状态。实施生产部分涉及的部门更多，特别是在建立产品的物料清单时，需要产品设计、工艺、生产等各部门的参与，在准备基础数据时常常会发现由于手工管理问题，工程的改变不能在整个企业内统一实现，使用 MRP II 系统则解决了这一问题。

最后，实施成本核算系统，实现生产、经营与财务的集成，在库存记录、物料清单的准确性及整个系统的操作规程完善以后，才能通过实施成本系统实现整个系统的集成。可以看出，前几步的实施工作是实现整个系统集成的基础，基础不牢则整个系统的集成难以成功。这一步的工作重点放在成本数据的准确性、成本差异的分析和分配上，只有成本数据准确、及时地分析和控制差异才能起到降低成本的作用。

（3）选择恰当的试点项目。实施时，试点项目的选择是一个重要因素。可以选择一个产品作为试点项目，这样就能较快地完成一个完整的过程，看到初步的效果，以利于逐步在全厂范围内推广。因此，ERP 实施方式很重要，因为它关系到实施的成功与否。一般可取的方式是选择一个封闭的具有代表性的产品，进行逐个模块的实施，然后再对全部产品进行试运行，对于产品通用件较少的生产管理可以采用以上方式进行。而对于产品通用件较多的生产管理，可以采用全部产品一起试运行的方式。在实施过程中，可以按照 ERP 系统功能要求对企业的组织机构进行调整，以使管理部门与功能要求相一致，即组织机构功能化了，在这样的组织机构中推行 ERP 容易得到成功。在许多外资企业中，正是由于其组织结构是按制造、市场、财务三大部分来划分的，因此与 ERP 系统的制造、供销、财务三大功能相对应，所以实施起来就比较容易。

（4）要有灵活的应变能力。应与后续规划有一定的连续性。信息系统应在组织机构和管理体制改变时保持工作能力。

（5）确定合理的软件配置。一般 ERP 软件总是分为：供销、制造和财务三大部分，体现了供—产—销—服务各个环节的信息集成，用财务成本系统调控经营生产活动。选购软件时，应考虑供给链各环节的信息集成，以及从销售与合同管理开始到制造系统的计划与控制（包括主计划、物料需求计划、能力需求计划、物料或库存管理、车间作业控制、采购作业以及制造数据管理等）和产品成本。软件不配套会影响实施效果和效益。

ERP 软件的财务系统与单纯的财务软件系统基本区别有两点：一是控制的对象不同，ERP 系统包括了物料和资金两方面，而单纯财务软件一般只包含一个方面；二是与其他功能的集成度不同，ERP 系统的生产计划与控制部分，是一般财务软件所没有的。如果企业财务管理比较规范，容易见成效。企业使用的软件财务系统，应得到政府财政部门的认可，并符合中国税务规定。如果企业生产系统未与财务系统集成，只能实现闭环 MRP，就不能称为 MRP II 或 ERP 系统。不要忽略向企业领导提供他们所关心的信息，配置决策支持和信息检索的功能模块。厂长、经理办公桌上的终端是不可缺少的，这是使领导关注 ERP 项目不可缺少的条件。

第4章
信息系统建模

引言

大型信息系统通常十分复杂，很难直接对它进行分析设计，人们经常借助模型来设计分析系统。模型是现实世界中的某些事物的一种抽象表示。抽象的含义是抽取事物的本质特性，忽略事物的其他次要因素。因此，模型既反映事物的原型，又不等于该原型。模型是理解、分析、开发或改造事物原型的一种常用手段。

在信息系统中，模型是开发过程中的一个不可缺少的工具。信息系统可以被看成是由一系列有序的模型构成的系统，这些有序模型通常包括：功能模型、信息模型、数据模型、控制模型和决策模型。

通过本章学习，可以了解（或掌握）：

- 模型的基本概念、组成、表示与分类；
- 信息系统建模过程与建模方法；
- 面向需求分析、面向对象的建模方法以及建模方法的发展；
- 统一建模语言 UML 和 Rational 统一过程（RUP）。

4.1　信息系统建模概述

随着信息技术的不断发展，信息系统在各个方面的应用越来越普及，其复杂程度也不断提高，信息系统建设的难度也相应的增加了。信息系统的设计者发现当他们面对越来越多的信息系统需求的时候，脑海中系统模型及其内部的联系也越发混沌和模糊。需要一种方法来描述复杂的信息系统，使信息系统的要求、结构、数据以及相互的联系变得简单。因此，有必要针对信息系统进行建模的工作。

4.1.1　模型

对于模型的看法，不同的人有不同的理解。模型可以是实际系统或过程的描述，也可以是对一切客观事物及其运动形态特征和变化规律的抽象。下面从模型的概念、组成和分类等三个方面对其进行阐述。

1．模型的概念

通常，人们把现实世界中的某些事物，大到宇宙，小到原子，称为现实原型，那么模型就是对这种现实原型的一种抽象或模拟。在抽象或模拟过程中，强调现实原型的本质，而忽略其次要因素。因此，模型能在本质上反映原型，又不完全等于原型，或者说它是原型的一种近似。例如，地球仪就是对地球这一原型的一种近似。

模型是现实系统的一个抽象，是实际系统或过程的代表或描述，是集中反映系统有关信息的实体，是对一切客观事物及其运动形态的特征和变化规律的一种定量抽象。模型的意义是很广泛的，自然科学和工程技术中的一切概念、公式、定律和理论都是某种现实原型的模型。社会科学中的学说、原理、政策乃至于小说、美术、表格和语言等，也都是某种现实原型的一种模型。例如，牛顿第二定律是物体在力的作用下，其运动规律这个原型的一种模型。

真实世界是复杂的和动态的，人类认识世界和改造世界的过程首先是建立模型和分析模型，然后根据分析的结论去指导人类的行动。

建立模型是通过对客观事物建立一种抽象的表示方法，用来表征事物并获得对事物本身的理解，从而建立现实世界的模型。建模不是简单的“原型复现”，而是根据研究目的的实际需要，对反映客观事物的模型进行简化或细化，以及对模型进行分解或组合，从而寻找一个便于进行系统研究的“替身”。模型的表达方式有多种，其中包括数学表达式、英文语句或计算机程序。图 4.1 说明了建模的过程。

模型分析是指应用模型进行计算或实验，以便研究客观事物行为的过程。建模的目的是为了用模型来描述事物，而分析的过程既检验了模型，又通过模型求解获得了对客观事物的充分理解。

2．模型的组成

模型是用来描述现实系统的，一个完整的模型由系统、目标、组成成分、约束条件、变量以及相关等几部分构成。其中，系统是模型描述的对象；目标是该对象要达到的目的；组成成分是构成系统的各种组件或子系统；约束条件是系统所处的环境及其约束；变量表述各成分的量的变化，包括内部变量（系统内部）、外部变量（系统外部及环境）及状态变量；相关表述不同变量之间的数量关系。

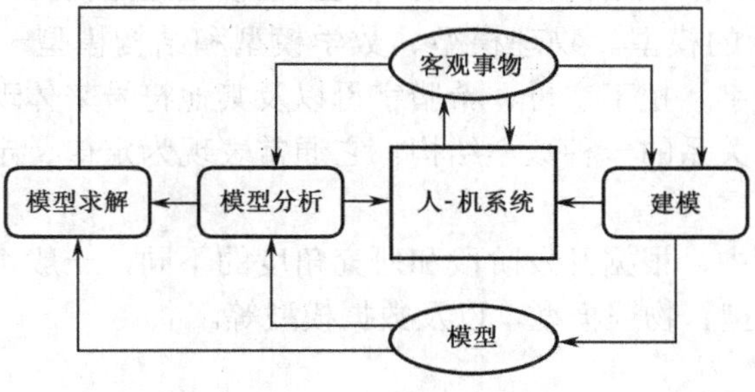

图 4.1　建模过程

如图 4.2 所示，边界内为一描述的系统，系统内有内部变量和状态变量，外部变量包括环境与约束条件以及输入的一些数据。在一定的约束条件下，当系统的外部输入发生变化时，通过模型描述的定量关系，就能求解出系统的输出结果。

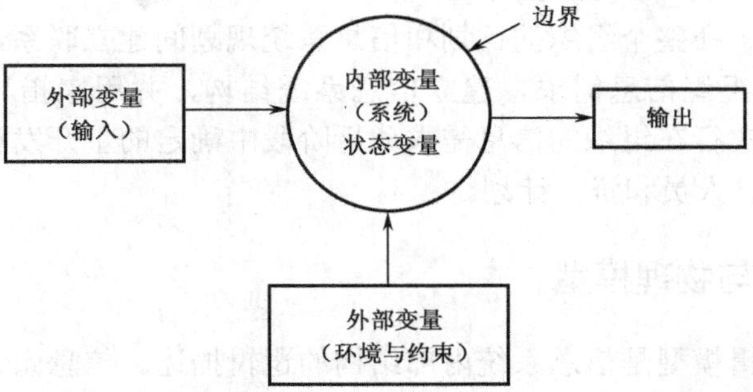

图 4.2　模型的环境

3．模型的分类

一般意义上，模型的分类有抽象分类和形式分类两种方法。

从抽象的角度，可把模型分为三类，即概念模型、逻辑模型和物理模型。概念模型是最抽象的模型，它是人们根据所要达到的目标和所具备的领域知识、经验等构造出来的。它可能很不完善，甚至无法实现，但它表述了对象系统的主要特征，描绘了其大致的轮廓，并对以后模拟、认识对象系统有深刻的意义。逻辑模型是在概念模型的基础上构造出来的，其在原理上是行得通的。它考虑了模型总体的合理性、结构的合理性和实现的可行性，但它只是在逻辑上说明对象系统，而没有具体的细节。物理模型是一个完全确定的模型，是一个可实现的、实在的模型。它在逻辑模型的基础上，经过对具体元件和具体细节的说明，构成了具有具体实现细节的合理模型。

从形式的角度，可把模型分为四类，即物理模型、结构模型、仿真模型和数学模型。物理模型也称为实体模型，是对象系统的物理再现，其抽象级别最低。物理模型可分为实物模型和类比模型：实物模型是根据相似性理论制造的按系统比例缩放的实物；类比模型的前提是在不同的物理学领域。系统中各自的变量有时服从相同的规律，根据这个共同的规律可以制定出物理意义完全不同的比拟和类推模型。结构模型主要反映系统的结构特点和因果关系。结构模型中的一类重要模型是图模型。仿真模型是通过计算机上运行程序所表示的模型。物理模型、数学模型和结构模型一般都能转化为仿真模型。数学模型是用数字、拉丁字母、希腊字母以及其他符号来体现和描述现实原型的各种因素形式以及数量关系的一种数学结构。它通常表现为定律、定理、公式、算法以及图表等。

在信息系统工程中，根据开发阶段和研究角度的不同，一般可将信息系统抽象成系统规划模型、逻辑模型、物理模型，以及数据模型等。

4.1.2 系统规划模型

信息系统的总体规划是信息系统研制最关键的工作。信息系统规划模型是针对信息系统规划所面临的基本问题，由 B.Bowman 等人提出的具有普遍意义的、对规划过程和方法论进行分类研究的模型。这个模型由战略计划（或称为战略规划）、组织的信息需求分析和资源分配三个一般性的任务组成。

战略计划是为了在整个组织的计划和信息系统规划间建立联系，组织的信息需求分析是要研究广泛的组织信息需求，建立信息系统结构，并用来指导具体应用系统的开发。资源分配是为实行在组织的信息需求分析阶段中确定的主开发计划而制定的计算机硬件、软件、通信、人员和资金计划。

4.1.3 逻辑模型与物理模型

信息系统的逻辑模型是信息系统内部结构的逻辑描述。信息系统为了达到其目标的要求，需要从其内部对输入、输出和处理过程进行结构性的组织，逻辑模型是这种内部结构关系的图形反映。逻辑模型反映如下内容包括：①为达到信息系统的目标应具有的最合理数据源、数据输出和处理过程；②信息处理的输入数据、中间数据和输出数据与处理过程的相互关系；③处理过程和相应数据的合理分类和组织。

物理模型是对信息系统的物理实现的描述，它是信息系统物理设计的产物。对小型的应用系统和数据库设计而言，物理设计相当于通常说的详细设计，对于大型信息系统它强调的是信息系统的物理布局。物理模型的表达通常采用系统网络结构图，物理配置结构图等。应用系统的物理设计主要是针对软件系统，事实上，对应用系统（包括数据库应用系统）可在各种具备基本条件的计算机上进行开发，因而对硬件部分无须多加设计。对于大的信息系统配置方案而言，对硬件系统的设计就成为很重要的物理设计部分。

逻辑模型着重用逻辑的过程或主要的业务任务来描述对象系统，所谓逻辑过程不是详细的计算机程序逻辑，而只是表示出在对象系统中流动的数据内容及其处理，不管使用的方法。物理模型描述的是对象系统“如何做”、“如何实现”系统的物理过程。在这一过程中可能会涉及具体的人、部门、时间、设备和算法等。表 4.1 列出两种模型的主要特点和区别。

表 4.1　逻辑模型与物理模型的区别

项　　目	逻 辑 模 型	物 理 模 型
着眼点	系统要做什么	系统、过程是如何做的
处理	通常是并行的	有序的
名称	指基本的数据和过程	指文件、人、方式和手段等
数据流	在过程中用到或产生的主要数据	很多实际的数据名、记录名
控制	只限于基本的事务和控制	包括过程之间、人-机之间、边界等控制
有效时间	相对稳定，一旦建立后物理模型改变，但逻辑模型还是原来的	受环境影响较大，过一段时间通常要变更

4.1.4　数据模型

信息系统中的数据模型是对客观事物及其联系的数据描述，即实体模型的数据化。由于实体之间存在着复杂的联系，所以描述它们的数据之间也存在复杂的联系。这样，数据模型就成了数据之间的一个整体逻辑结构图。数据模型的设计目标是使模型能清晰、准确地反映客观事物，并能用于信息系统中的数据库设计。

数据模型的设计方法主要有关系方法、层次方法和网络方法三种，较高层次上的抽象数据模型称为概念数据模型，主要有以下三种。

（1）实体—关系模型。实体—关系模型的基本思想是把客观世界看成由多个实体及其语义关系所组成。每个实体则是一个包含一个或多个函数依赖属性的集合。

（2）数据抽象模型。数据抽象模型的基本思想是找出对象或实体之间的性质继承关系，也可把它视为某种特定形式的语义网络，或者语义网络的组成部分。

（3）对象或对象模型。对象模型与面向对象的程序设计风格协调一致，其基本思想也与框架知识表达一致，具有自含描述、强类型化以及信息隐藏的特点。

4.2　信息系统建模过程

目前，信息系统建模方法主要有两个思路：一是自顶向下、逐步求精思想；二是自底向上、综合集成思想。其过程如图 4.3 所示。

4.2.1　可行性分析与调查

可行性分析和调查是系统建模的基础。事实上，在信息系统建模中最重要的一个环节是对系统可行性的论证。该阶段主要考虑的问题有：是否有必要建立这个信息系统，为了建立这个信息系统需要花多大的代价，建立这个信息系统需要多长的时间，是采用自己开发还是外包的方式来实现等。

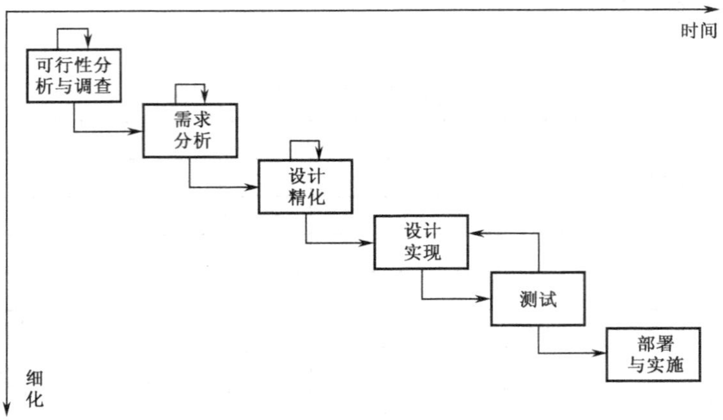

图 4.3　系统建模过程

4.2.2　需求分析

一旦项目通过了可行性分析和调查，下一步要考虑的是系统的功能模型精化。功能模型体现了一个外在的或者“黑箱”视图，一个从最终用户观点来看的系统行为。系统的功能来源于用户的需求，但获取系统的需求是一个反复的过程。需求分析阶段的主要目标是开发一个“系统将要做什么”的模型，这是一个迭代的过程，需要反复对系统的功能进行确定和细化。

采用分析级的动态建模技术，使用业务过程建模和业务过程再工程（Reengineering）对现有的业务过程建模，根据现有系统的状态（如有效性、操作、自动化程度等），为每个业务过程鉴别高级的最终用户的需求。

采用快速原型的方法让用户及早对其需求进行交互式的确认。阶段性成果包括用例模型、业务对象模型、业务过程模型、接受测试计划、人-机界面原型、需求分析说明书、任务和版本状态以及基本测试大纲等。

4.2.3　设计精化

在用户的需求分析确定后，就可以对系统的结构进行规划和设计。这也是一个逐步精化的过程，主要涉及：类与对象的不断精化、子系统划分以及分布措施、数据存储措施和开发环境等。阶段性成果包括系统结构文档、对象结构文档、数据结构文档、分解子系统、组件说明书、网络结构模型、对象级的测试大纲、子系统级的测试大纲以及系统级的测试大纲等。

4.2.4　设计实现

由设计精化阶段创建的模型按照给定的语言转换为源代码。转化过程可以借助建模工具来自动地生成代码的框架。此外，当系统被配置用于数据库管理系统时，由设计时定义的数据模型生成物理数据库模式。

实现阶段要对源代码进行充实和完善，以完全地实现系统的全部功能。同时，要对系统进行编译和调试。在生成源代码的过程中，必须在各个级别上进行单元测试，阶段性成果包括源代码、物理码（执行程序、组件和动态链接库等）、数据库模式以及单元级测试报告等。

4.2.5　测试

测试阶段的测试与实现阶段的测试目的是完全不一样的。实现阶段的测试是对内的，主要是测试系统是否完善，是否排除了不应有的错误；而测试阶段的测试是对外的，它对系统进行测试以检验系统是否满足全部的需求和产生期望的结果，这个时期的主要工作有系统测试和接受测试。

4.2.6　部署与实施

对当前的产品说明进行实现，并将系统交付到用户的手中使用。提交产品说明和文档，并在目标环境下对系统进行部署和运行。对用户提供必要的培训。需要时，对信息系统进行支持和维护。

本阶段的主要成果是最终用户文档和产品说明书。

4.3　信息系统建模方法

在信息系统设计的各个阶段，必须运用不同的方法，对系统建立不同的模型，通过不同的模型，形成对整个系统的完整设计。这样才可能使信息系统的设计，从需求分析到精化设计，并到实现和测试的过程能有一个从始至终的一体化的方法支持。

4.3.1　面向需求分析的建模方法

在需求分析阶段，采用结构化的分析方法或用例驱动的分析方法对系统的功能和目标需求进行分析，并通过界面工程建立快速原型与用户及早交互。

在结构化分析方法中，数据流图和 IDEF0 是两种被广泛使用的方法。数据流图是建立系统功能模型的方法，它从系统中数据流动的角度来刻画系统的功能，系统中的数据从进入系统以后，经过处理、加工得到另一形式的数据，再经多次这样的处理工作，直到数据最终流出系统或将其保存。数据流图分析方法采用自顶向下，逐步分解的方法。IDEF 是 ICAM DEFinition Method 的缩写，是美国空军在 20 世纪 70 年代末研制 ICAM（Integrated Computer Aided Manufacturing）工程时，在结构化分析和设计方法基础上发展的一套系统分析和设计方法。IDEF0 方法是其中结构化分析的一个重要方面。IDEF0 能同时表达系统的活动和数据流以及它们之间的联系，从而能全面描述信息系统。

用例驱动的分析方法是 Ivar Jacobson 提出的用例驱动的信息系统方法，既非从数据模型开始，亦非从建立实体对象联系的模型着手，而是从组成系统的实际操作入手。首先分析系统是如何使用的，从用例出发分析系统使用时与各种不同类型的用户交互时的状况。得到用例模型后，提出一套规范化的方法寻找类、对象并进行建模、设计等一系列工作，而过去的其他面向对象方法是很难规范地做到这一点的。在用例的基础上，Ivar Jacobson 又提出了面向对象的信息系统工程（OOSE）。这是一个针对完整的信息系统生命周期过程的方法，包括需求分析、设计、实现及测试。目前，用例方法已在许多大型系统的开发中取得实效，并表现出很好的适应变动的能力。

4.3.2　面向对象的逻辑建模方法

通过需求分析建立好一个系统基本功能需求后，下一步要做的工作是对系统的内部逻辑进行逐步的精化。面向对象的分析方法由于具有非常显著的优点，已成为现代逻辑建模的主流，其主要的优点是在人类思维的三个基本方法的框架（即对象和属性、分类结构、组装结构）之内定义并表达需求，主要集中于对问题空间的分析与理解，把属性和服务作为一个整体看待，使对象之间的依赖达到最小。另外，面向对象技术具有较好的适应性及伸缩性，程序组件的复用导致更快的软件开发和高质量的程序。

面向对象的建模过程中，主要包含如下五种模型。

1）对象与类的建模

对象是面向对象系统运行过程中的基本实体，它既包括属性，也包括作用于属性的行为。对象是类的实例，而类是属性和操作的封装。类是一个封装了描述某些现实世界实体的内容和行为所需的数据和过程抽象。通过定义类，可以抽象出某类对象所具有的属性和用于操纵属性的操作。

2）对象间关系的建模

类（对象）与类（对象）之间有继承、关联和聚合的关系。继承是类之间的一种关系，即在定义一个新类（子类）的时候，可以在一个已经存在类（父类）的基础上进行，将父类所定义的内容作为子类的一部分内容，并且子类还可以扩充其他属于自己的内容。关联用于描述类与类之间的一般性的关系，一般是双向的，即关联对象双方彼此都能与对方通信。聚合是关联的特例，如果类与类之间的关系具有“整体与部分”的特点，则把这样的关联称为聚合。除此之外，还有依赖关系和精化关系等。

3）动态模型

动态模型描述一特定类型（类）对象的生存历史，它描述发生操作的结果，不考虑操作做什么，做哪方面或如何执行。在许多面向对象的方法中，都采用状态图作为描述对象行为的基本手段，状态图包括状态和转移。状态是对象的生命周期中满足某种条件、执行某些行动或等待某些事件发生的一个阶段，它能持续一段时间；转移是从一个状态节点（源状态）到另一个状态节点（目标状态）的变化。

4）组件模型

组件由实际源代码组成或二进制代码构成，它也包括物理数据库模式以及测试脚本，这些测试脚本用在单个应用组件中执行单元或子系统级的测试。

5）配置模型

配置模型描述了信息系统将要运行的环境，包括各种计算资源、设备和这些设备之间的连接。配置模型还描述信息系统的各个进程在这些资源和设备上的分布情况。

4.3.3　面向数据的建模

面向对象的逻辑建模完成后，就面临着如何将这些逻辑对象放入数据库永久保存的问题。数据的存储涉及数据模型的建立和优化，同时必须考虑数据模型如何形成 SQL 方案来支持各种关系数据库。而且，由于物理的存储可能是面向联机事务处理或联机分析处理，因此数据模型的建立必须面向信息系统的应用。

面向数据建模是信息系统建模的一个重要环节，面向数据的建模方法也在不断地发展。除了基于实体关系模型的语义建模方法外，还有强制性更强的 IDE1X 建模方法。

4.4　面向需求分析的建模

在对用户的需求进行获取时，通常采用结构化的分析方法或用例驱动的分析方法对系统的功能和目标需求进行分析。

4.4.1　结构化分析方法

常用的结构化分析方法主要包括数据流图（DFD）和 IDEF0 方法。

1．数据流图（DFD）

数据流图（DFD）作为软件系统建模中主要的结构化分析工具，其建立从系统的功能需求开始，分析系统中的数据流并且确定主要的变换。数据流图强调数据的流动，不太强调控制信号的流动，对于确定并发性很有用。

数据流图以直观的图形方式，清晰地描述了系统中数据的流动和数据的变化（即系统所执行的工作或处理），图中没有任何具体的物理元素，只是数据在系统中的流动和处理，强调的是数据流和处理过程。其基本元素包括处理、数据流、实体以及数据存储等。

处理是对数据进行的操作，表示要执行的一个功能，用圆圈表示。如图 4.4 中的“生产”和“统计”。每个处理都要有一个确定的名称来命名，还必须有一个编号，编号说明该处理在层次分解中的位置。

数据流是带有箭头的数据流向，表示数据元素的运动方向。数据流可以从“处理”流向“处理”，从“处理”流向“数据存储”或“从数据存储”流向“处理”，也可从“源点”流向“处理”或从“处理”流向“终点”。两个“处理”之间可以有几股数据流，如图 4.4 所示的“日报表”和“月报表”两个数据流。

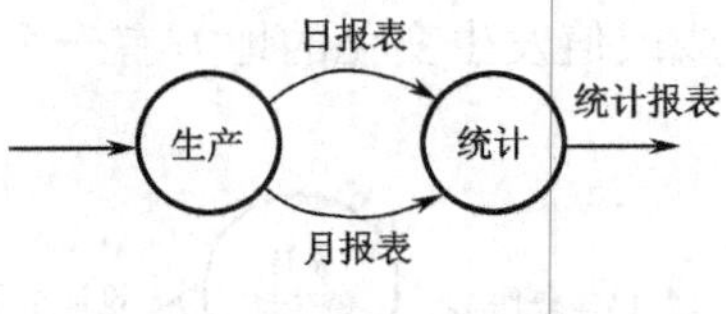

图 4.4　数据流图

实体既可作为数据流的源，也可作为它的终点，用方框表示。实体有外部实体和内部实体之分。外部实体定义了系统的边界，它们向系统提供输入，接收由系统所产生的输出，分别称为源点和终点。源点和终点通常是存在于系统之外的人员或组织，为了帮助理解，起注释作用。

“数据存储”表示数据的存储位置，包括光盘、磁盘和文件等，用右边开口的长方形表示（参见图 4.5）。“数据存储”和“处理”之间的箭头有指向“数据存储”、背离“数据存储”和“双向”三种。如果“处理”要读数据，则数据流是从“数据存储”流出的；如果“处理”要写或修改数据（虽然修改数据一般要先读数据，但其本质是要写），则数据流是流向文件的；如果“处理”要读（修改除外）数据又要写数据，则数据流是“双向”的。

对于一个大型复杂的系统，通常采用层次或自顶向下分解的方法，构成分层的 DFD。一套分层的 DFD 由顶层、底层和中间层组成。顶层图说明系统的边界，即系统的输入和输出数据流；底层图由一些不可再分解的处理组成，这些处理称为基本处理；在顶层和底层之间是中间层，中间层的 DFD 描述了某个处理的分解，而它的组成部分又要进一步分解。

在构造 DFD 时，通常采用“由外向里、由顶向下”的绘图方式。

采用由外向里绘制 DFD，首先应画出系统的输入数据流和输出数据流，也就是先决定系统的范围，然后再考虑系统的内部。同样，对每个处理来说，也是先画出它们的输入/输出数据流，然后再考虑该处理内部，其基本步骤分为三步。

（1）画出系统的输入/输出数据流。刚开始分析时，系统究竟包括哪些功能并不一定很清楚，此时应该向用户了解“系统从外界接收什么数据”、“系统向外界送出什么数据”等情况。然后，根据他们的回答，绘制 DFD 的外围，如图 4.6 所示。

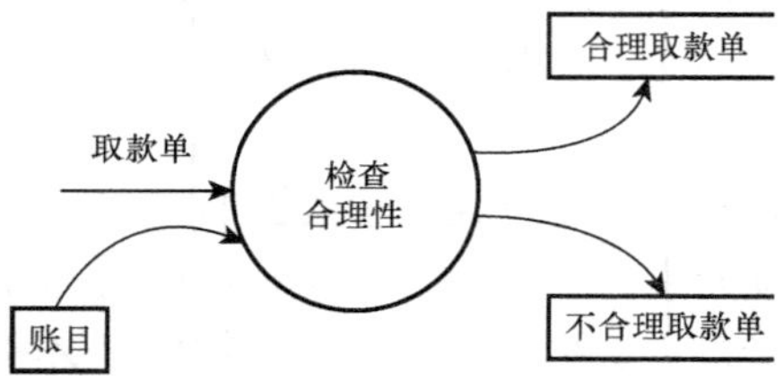

图 4.5　数据存储

图 4.6　系统的输入/输出

（2）画出系统的内部。此时需将系统的输入数据流和输出数据流用一连串“处理”连接起来。一般从输入数据流端逐步画到输出数据流端，也可以反过来。在数据流的组成或值发生变化的地方有一个“处理”，如图 4.7 所示。对每一个数据流，还应该了解其组成、组成项来自何处、组成项如何组成该数据流，以及实现该组合还需要的相关“处理”和数据等，并为每个数据流命名。

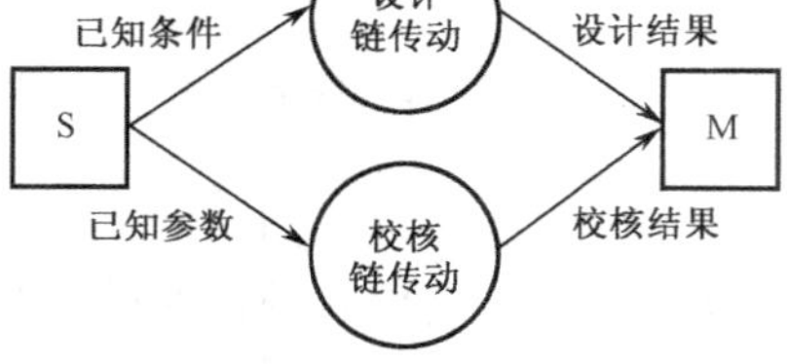

图 4.7　系统内部

（3）画出“处理”的内部。继续分析每个“处理”的内部，如果“处理”的内部还有数据流，可将这个“处理”用几个“子处理”代替，并在“子处理”之间画出这些数据流。例如，图 4.7 中的“校核链传动”处理的内部如图 4.8 所示。

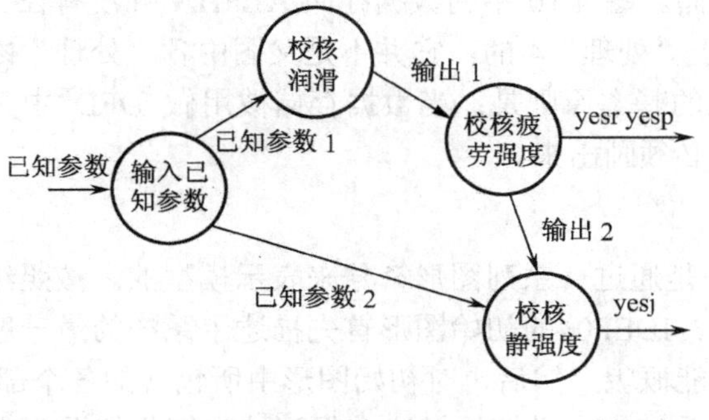

图 4.8　处理

采用由顶向下绘制 DFD，应该注意编号、父图与子图的平衡、局部数据存储以及分解的程度等几个方面的问题。

（1）编号。为了便于管理，需按以下规则为数据流图和其中的“处理”编号：子图的编号就是父图中“处理”的编号、子图中“处理”的编号由子图号、小数点和局部号构成。为简单起见，在一张图的内部，每个“处理”往往只用它们在该图中的局部编号表示，而不必重复标出子图的编号，如图 4.9 所示。

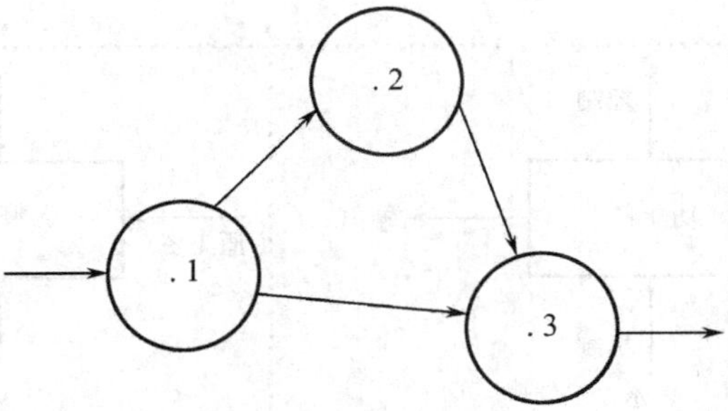

图 4.9　自顶向下

（2）父图与子图的平衡。父图中某个“处理”的输入/输出数据流应该与相应子图的输入/输出数据流相同。例如，图 4.10 中的“处理”4 被分解成子图中的三个“子处理”，所有子图中的输入和输出数据流与父图中“处理”4 的输入/输出完全一致。

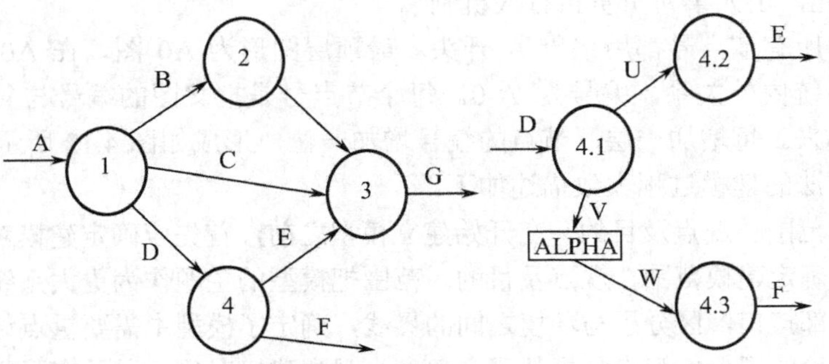

图 4.10　平衡

（3）局部数据存储。图 4.10 中的数据存储 ALPHA 并没有在父图中出现，这是因为 ALPHA 是完全局部于“处理”4 的，它并不是父图中各“处理”之间的界面。一个数据存储在哪一层画出来的基本原则是：当数据存储被用做 DFD 中某个“处理”之间的界面时，该数据存储就必须画出来。

2. IDEF0 方法

IDEF0 建模方法是通过一系列图形符号来表示模型的。按照结构化方法自顶向下、逐步求精的分析原则，IDEF0 的初始图形首先描述了系统的最一般、最抽象的特征，确定了系统的边界和功能概貌。然后，对初始图形中所包含的各个部分按照 IDEF0 方法进行逐步分解，形成对系统较为详细的描述并得到较为细化的图形表示，这样经过多次分解，最终得到的图形细致到足以描述整个系统的功能为止。

每个详细图是其较抽象图的一个分解图，把较抽象图称为父图，详细图称为子图。图形由盒子和箭头组成。其中盒子表示系统的功能（活动），一般用动词短语描述，标注在盒子的内部；箭头表示数据（对象或信息），这些数据可以是信息、对象或任意用名词或短语描述的任何事物，用名词短语标注在箭头旁边。父图中的一个盒子（活动）可以由子图中的多个盒子（活动）和箭头来描述，并且父图中进入和离开的箭头必须与子图中进入和离开的箭头相一致。活动的一般表示及示例如图 4.11 所示。

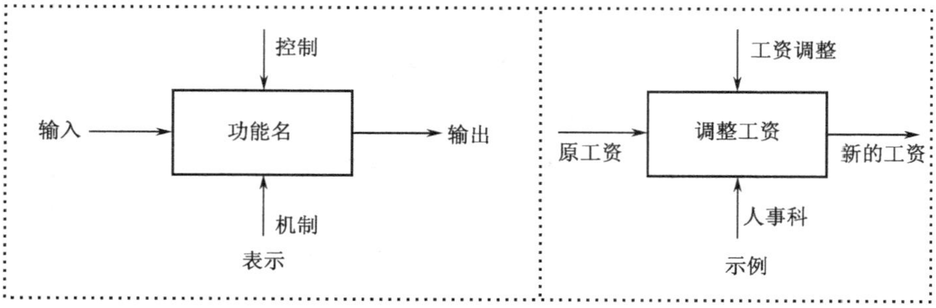

图 4.11　活动的一般表示及示例

作用于活动的箭头可以分为输入、输出、控制和机制四类。在图 4.11 中，示例表示的含义是：工资调整活动将输入的原工资调整以后得到新的工资，其中约束（控制）条件是增加 20 元，由人事科负责执行（机制）。

活动图的所有节点号都用字母 A 开头。最顶层图形为 A0 图，在 A0 以上只用一个盒子来代表系统内外关系，编号为 A-0。每个节点号是把父图的编号与父模块在父图中的编号组合起来。每增加一层，节点的编号增加一位，形成如图 4.12 所示的节点树。

IDEF0 方法的建模过程大致描述如下。

（1）选择范围、观点及目的。在开始建立模型之前，首先应确定建模对象的立足点。它主要包括要确定建模范围、观点及目的。范围把模型的主题作为更大系统的一部分来看待，描述了外部接口，区分了与环境之间的界线，确定了模型中需要重点讨论的问题与不应在模型中讨论的问题；观点是指从哪个角度去观察建模对象，以及在限定范围所涉及的各个不同组成部分；目的是指确定模型的意图或明确其交流的目标，说明建模的原因，如功能说明、实现设计以及操作等。这三个概念指导并约束了整个建模过程。

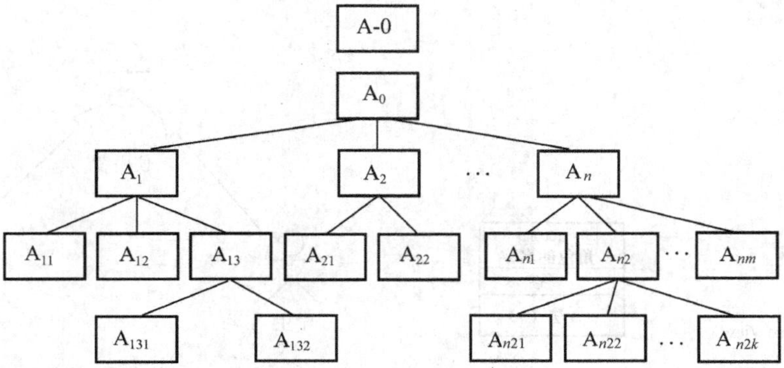

图 4.12　节点树

（2）建立内外关系图——A-0 图。建模的第一步通常是建立内外关系图——A-0 图。画一个单个的盒子，里面放上活动的名字。名字要概括所描述系统的全部内容。再用进入及离开盒子的箭头表示系统与环境的数据接口。这个图形确定了整个模型的内外关系，确定了系统的边界，构成进一步分解的基础。

（3）画出顶层图。把 A-0 图分解为 3～6 个主要部分，得到 A0 图，A0 图表示了 A-0 图同样的信息范围。A-0 图是模型真正的顶层图，它是第一个也是最重要的一个，从结构上反映了模型的观点。A-0 图的结构，清楚地表示了 A-0 盒子的名字所要说明的含义。比 A-0 图更低级的图形，用以说明 A-0 中各个盒子所要说明的内容。

（4）建立一系列图形。为了形成图形结构，把 A-0 图中每个盒子处理得跟 A-0 盒子一样。即把它们分解成几个主要部分来形成一张新图。分解的次序可采用以下原则：①保持在同一水平上进行分解——均匀的模型深度；②按困难程度进行选择。从最困难部分开始，选择某一盒子分解。

（5）写文字说明。最后每张图将带有叙述性文字说明的附页，文字说明一般包括说明文本和词汇表。

4.4.2　用例驱动的需求分析

用例驱动的需求分析采用用例模型，主要涉及角色和用例两个概念。

一旦划定信息系统的边界，则将所有处于系统外部、要同系统交互的实体定义为角色。角色代表了用户所能起的某种作用，是描述一类用户的行为，与系统的交互通过消息机制触发。角色是一个抽象概念，代表的是一类能使用某个功能的人或事，而不是指某个个体。

角色可以用两种方式表示：一种用一个人形图形表示，下面写着角色的名字；另一种是具有子类型〈actor〉的类，该类的名字用角色的名字命名。角色类包含有属性、行为和描述角色的文档性质，如图 4.13 所示。

在用例方法中，为了突出主题，一般只考虑角色之间的继承关系而不考虑角色之间其他的关系，如图 4.14 所示。使用者是超类，它描述了使用者的基本属性和行为，比如年龄、性别等。

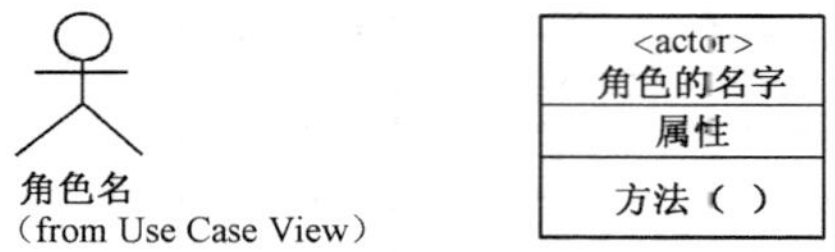

图 4.13　角色

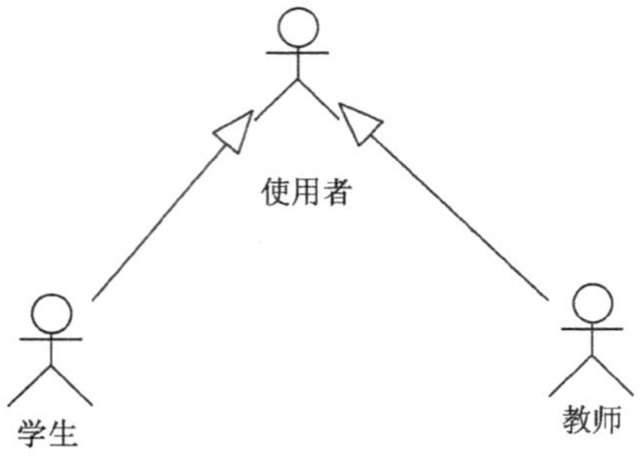

图 4.14　角色间的继承关系

用例是指通过利用系统中的某些功能来使用系统的过程。它是指用户与系统间的对话中，为了使用应用系统的某一部分功能而执行的动作序列。用例代表的是一个完整的功能，并且通过一个完整的动作步骤来执行。

用例用椭圆形表示，用例的名字写在椭圆形的内部或下方。用例与系统边界外的角色与系统边界内的用例之间的交互用直线或带箭头的直线表示，如图 4.15 所示。

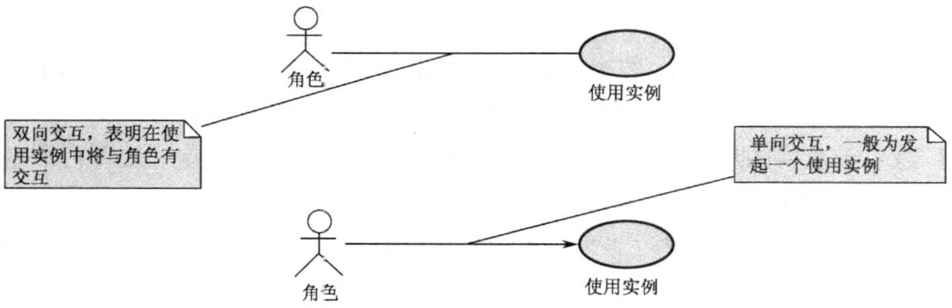

图 4.15　用例的图示

角色与用例的关系可以是触发的关系或是通知的关系。触发的关系是由一个角色启动一个用例，而通知的关系是由用例在完成一定的功能后向角色发送消息，其关系如图 4.16 所示。

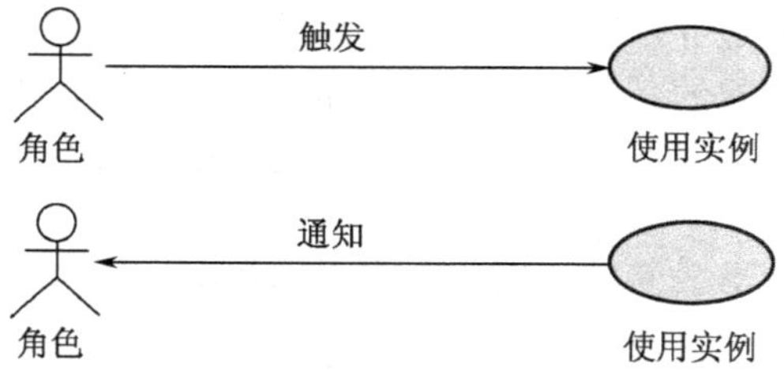

图 4.16　角色与用例的关系

在用例之间有两种特殊的依赖关系。一种是扩展关系，用<extend>表示，它表示被扩展的用例是原用例的一种特殊情况，如图 4.17 所示。另一种是使用关系，它表明被使用的用例是一个可重用的用例，可以被其他的用例使用，用<use>来表示，如图 4.18 所示。

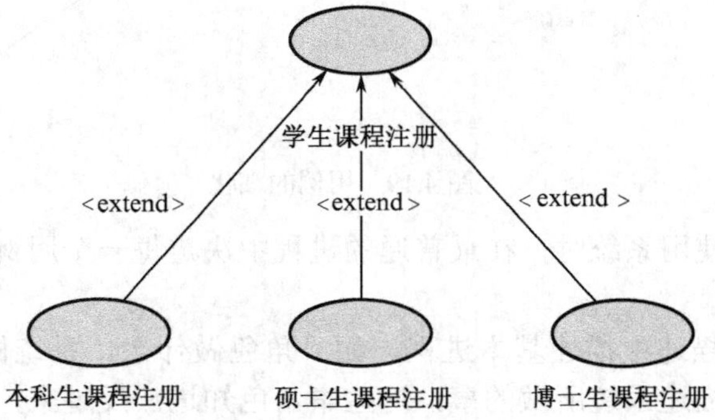

图 4.17　用例的 extend 关系

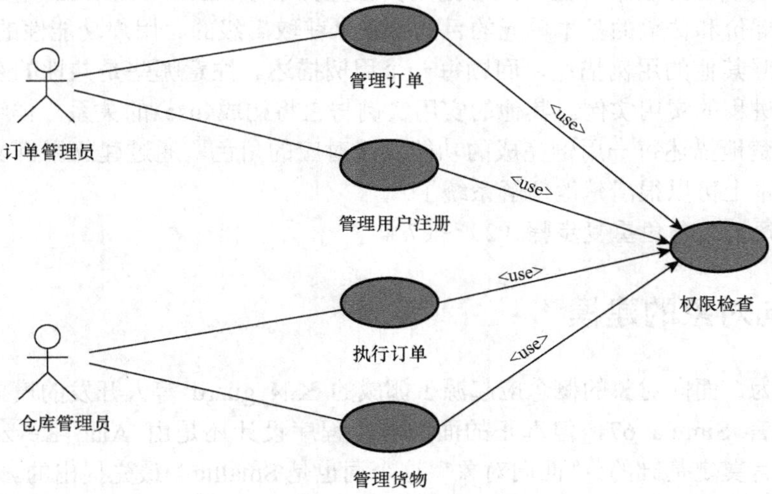

图 4.18　用例的 use 关系

对于用例，也可采用层次化建模的方法。在定义系统的用例时，可以先定义总的用例，而将细节用例隐蔽。在以后逐步精化的过程中，再继续对用例进行细化，如图 4.19 所示。

用例驱动的需求分析方法，主要为八个步骤：

（1）识别出谁将直接使用系统，如操作员等，并识别出外部与本系统相关的其他系统，如数据库等，他们将作为角色。

（2）从这些角色中挑选一个并开始考虑其与系统交互的情况。

（3）定义该角色想利用系统干些什么，角色想利用系统干的每一件事情就变成用例。

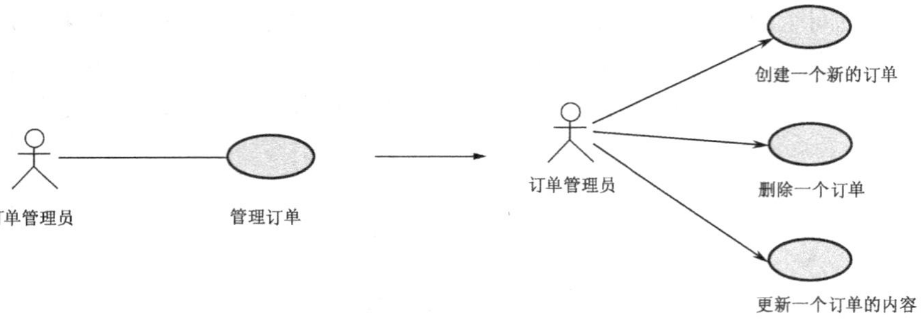

图 4.19 用例的细化

（4）当该角色使用系统时，在最普通的进程中决定每一个用例。通常所发生的即为基本进程。

（5）在用例的描述中描述基本进程，如“角色做什么，系统做什么”。具体细节不作为用例。可以只描述系统所做的事，这些事角色知道；反过来，角色所做的事，系统也知道。

（6）一旦设计好基本进程，注意把用例模型分解成〈use〉和〈extend〉用例。从观察项目、服务于评价和传输的基本单元的目的出发来获取高级的、用户功能性的需求。

（7）对照其他的用例描述，回顾每一个用例描述。注意哪些是共性的东西。将其抽象成为公共进程的实用实例。其他的实用实例与它将构成〈use〉的关系。详细地设计用例的文档，清楚地描述每一用例完成的功能及其对应的角色。通过建立用例文档，设计和开发人员基本上可以很清楚地理解系统了。

（8）对每一个角色重复步骤（2）～（7）。

4.5 面向对象的建模

一般认为，面向对象的概念应起源于挪威的 K.Nyguard 等人开发的模拟离散事件的程序设计语言 Simula 67，但真正的面向对象程序设计还是由 Alan Keyz 主持设计的 Smalltalk 语言奠定基础的，“面向对象”这个词也是 Smalltalk 最先提出的。

4.5.1 面向对象建模方法

在传统结构化的设计方法中，用的是面向过程的观点。系统被分解后，用过程来实现系统的基础构造，把对问题域的分析转化为对求解域的设计，分析的结果是设计阶段的输入。而面向对象的方法是采用构造模型的观点。在系统的开发过程中，各个步骤的共同目标是建造一个问题域的模型，在分析阶段把系统分解成实体及其关系，设计则是解决这些实体和关系如何实现的问题。

在面向对象的设计中，初始元素是对象，然后将具有共同特征的对象归纳成类，组织类之间的等级关系，构造类库。在应用时，在类库中选择相应的类，实例化为对象，针对某种应用，可以将若干类组合在一起的类库构成框架，其过程可以用图 4.20 表示。

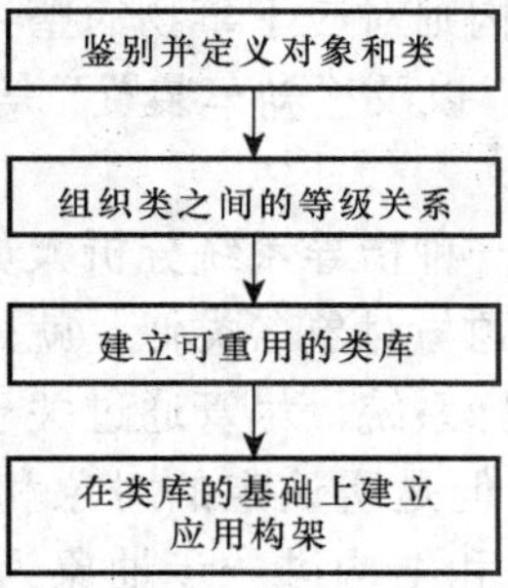

图 4.20　面向对象设计的基本过程

为实现上述步骤，还要做一系列工作，包括抽象、密封、模块化、层次化、类型化、并发化和持久化。根据这些概念已经提出了不少的设计方法，其中，Coad/Yourdon、OMT、Booch 和 Jacobson 的 OOSE 方法得到了广泛的认可。

4.5.2　Coad 与 Yourdon 方法

Coad 与 Yourdon 方法严格区分了面向对象分析（OOA）和面向对象设计（OOD），对后来面向对象的发展具有很重要的影响。

1．面向对象的分析

Coad 认为，采用 OOA 的系统分析方法，可使得在人类的基本思维组织模式的框架内，来定义和传递系统的需求，即对象和属性、分类结构（类的组织）以及组装结构（整体与组件）。OOA 本质上是把焦点集中在对问题空间的理解上，将对象的属性与关于这些属性的专有方法，作为一个实质整体来对待，可以用自治划分（对象之间的依赖最小）的方式来进行分析，并通过共有特性的显式表示来得到系统的层次。

OOA 的具体过程包括对象认定、结构认定、主题认定、属性认定，以及方法认定五个主要步骤。

1）对象认定

面向对象系统的核心是对象，在一个复杂的系统中，找出描述系统所需要的对象是其中的关键。首先，寻找对象的范围，包括问题域、文本以及图形等。问题域是用户的世界，用户一般在问题域中给出某种形式的需求。文本和图形指所能收集到的一切文字资料以及诸如结构图、接口图或者系统组件图等图形。其次，确定哪些可以作为对象，需要确定问题域的结构、有关系统、设备、事件、作用、位置以及组织机构等。再次，对于一个已经找到的候选对象，根据其是否为系统必要的记录对象，其方法、属性以及系统基本需求等因素，综合考虑是否将其确定为一个对象。最后，对确定的对象进行命名。

2）结构认定

在面向对象的分析方法中，结构指的是多种对象的组织方式，用来反映问题域中的复杂事物和复杂关系。这里的结构包含分类结构和组装结构两种。分类结构针对的是事物类别之间的组织关系，如“交通工具”对象和“汽车”、“轮船”、“火车”以及“飞机”等对象之间的关系；组装结构则对应于事物的整体与组件之间的组合关系，如“汽车”对象与“发动机”、“变速箱”以及“刹车装置”等对象的关系。

3）主题认定

在面向对象分析中，主题是一种指导系统分析人员等阅读系统分析结果、研究大型复杂模型的机制。直观地看，主题与对象名类似，就是一个名词或名词短语，只是抽象的程度不同。对于一个实际的目标系统，尽管通过关于对象和结构的认定，对问题域中的事物已经进行了抽象和概括，但是所认定的对象和结构的数目可能有几十种乃至几百种。因此，需要对众多的对象和结构进一步抽象为主题，以避免对分析结果产生理解上的混乱。

4）属性认定

属性是用来反映问题域和系统任务的数据，它在每个对象的实例中均有自己的值。认定一个属性时，首先，要确认它相对于相应对象或分类结构的每一个实例都是适用的。其次，即使一个属性对某种对象的实例都是适用的，也还要考察在现实世界中它与这种事物的关系是不是最密切。再次，认定的属性在理解时不依赖于并列的其他属性。

5）方法认定

OOA 的最后一步是考虑方法和消息关联。与传统分析方法的考虑顺序不同，这些关于加工、加工步骤以及控制结构的考虑，在认定了对象、结构、属性实例关联之后才进行。方法的定义是指在接收到一条消息后所要进行的加工。定义方法，首先，要定义每一种对象和分类结构为应用所要求的行为。其次，还要定义对象的实例之间必要的通信，即消息传递。

2．面向对象的设计

面向对象的设计首先涉及的是实体。实体可以是现实中的对象，如椅子、飞机和人等，也可以是抽象的概念，如作用、相互影响或事故。实体之间的关系指发生在问题域中对象间的相互作用。例如，飞行员“驾驶”飞机，“驾驶”就是飞行员与飞机之间的一种关系，这种关系是应用级关系并且用问题域术语来表示。两个实体之间的关系可能不止一种，一个实体也可能与其他几个实体都有关系。

面向对象的一种重要设计关系是继承关系。为了描述类 Pilot（飞行员），设计者可能希望从类 Person（人）的描述开始，利用继承机制可把 Person 的所有行为和属性都加到 Pilot 的定义中去。通过继承关系连接两个类，这意味着对类 Person 的进一步改进将自动地变成对类 Pilot 的修改。面向对象范式的另一种设计关系是成分关系。有关 Person 的描述可能包含名字属性，通过声明一个字符串类实例就可在 Person 中定义这个属性。这种字符串的实例就是 Person 定义的成分。

面向对象的设计包括类设计和应用设计两个部分，并且被融合在应用开发中。类设计可以隐含在应用设计中，而应用设计包括确定问题域中的各种实体以及实现求解的一些特定实体。每个实体的类型都引出类描述，一旦开发出概念上完整的类描述，就可设计出应用系统。通过连接类实例（包括现实世界建模），利用它们相互间的作用，从而产生问题的解。

类描述包括三个部分：属性定义、类接口描述和类实例的可能状态之间的有效变换集。

类实例间相互作用是类与类之间的关系模型。可以用几种方法为这些关系建模，但它们都应包括消息在内。消息用于两个对象间的通信，传递消息可以是同步的，也可以是异步的，这依赖于执行模式的选择。一个对象可以发送消息给任何其他表明是可用的对象。

面向对象设计支持良好的设计风格，如模块化、信息隐藏、低耦合度、高聚合度、抽象、可扩充性以及可集成性等。同时，面向对象范式为软件模块的重用提供了很强的支持。

4.5.3 OMT 方法

对象模型技术（OMT）是 J.Rumbaugh 在面向对象技术开发实践的基础上提出的一套系统开发方法学。它以面向对象思想为基础，通过构造一组相关模型（对象模型、动态模型和功能模型）来获得关于对问题的全面认识。

对象模型描述了系统中对象的结构，即对象的标识、与其他对象之间的关系、对象的属性以及操作。主要概念涉及类、属性、操作、继承、关联（即关系）和聚合；类的对象模型用对象及对象的关系图表示，类用层次结构表示公共的结构和行为，并和别的类发生联系。类定义了属性和操作，这些属性和操作在类的实例中被使用和执行。对象图提供了为对象、类和它的关系建模相关的图形符号，它包括类图和实例图两种类型。类之间的联系称为关系，在 OMT 符号中用一条线表示。对象模型之间存在关联关系、包容关系和继承关系三种基本关系。

动态模型描述系统中与时间有关的方面以及操作执行的顺序，包括引起变化的事件、事件的序列、定义事件序列上下文的状态，以及事件和状态的主次。动态模型抓住了“控制流”特性，即系统中的各个操作发生的顺序。动态模型中的主要概念是状态和事件。状态是指对象所拥有的属性值和连接关系，从一个对象到另一个对象的单个消息叫做一个事件。其主要描述方法是状态图和事件跟踪图，其中，状态图的节点是状态，标有事件名的线是转移。转移的箭头指向接收事件后的目标状态。

功能模型描述系统内部数据值的转换，表示怎样从输入值得到输出值，包括函数、映射、约束和功能性依赖。其主要概念有加工、数据存储、数据流、控制流以及角色等。功能模型由多个数据流图组成，它们表示从外部输入，通过操作和内部数据存储，到外部输出这样一个过程。

对象模型、动态模型和功能模型都包含了同样的概念、数据、序列和操作，但它们从不同的视角描述了系统的不同方面，同时也互相引用。对象模型描述了动态模型、功能模型所操作的数据结构，对象模型中的操作对应于动态模型中事件和功能模型中的函数；动态模型描述了对象的控制结构，告诉人们哪些决策是依赖于对象值，哪些引起对象的变化并激活了功能；功能模型描述了由对象模型中操作和动态模型中动作所激活的功能，而功能作用在对象模型说明的数据上，功能模型还表示了对对象值的约束。

OMT 的开发过程分为分析阶段、系统设计阶段和对象设计阶段三个阶段。其中，分析阶段关心和理解要处理的应用和领域并进行建模，首先输入的是问题陈述，它主要描述了需要处理的问题，并提供了将要产生的系统概况。分析后的输出是一个描述了系统三个重要方面的形式化模型：对象与对象之间的关系、动态的控制流以及根据约束数据的函数性转换。系统设计阶段决定系统的整个体系结构和设计风格，为以后的设计阶段中更详细的决定提供依据。该阶段以对象模型为依据，把系统分解为子系统，并通过把对象组织成并发的任务来实现并发，同时还决定处理器之间的通信、数据存储和动态模型的实现等。在最后的对象设计阶段，分析模型被不断地提炼、求精和优化，产生出一个较为实用的设计。该阶段决定实现中所用的类和关系的全部定义，包括接口和用于实现操作的算法等。

4.5.4　Booch 方法

Booch 是面向对象方法最早的倡导者之一，他认为软件开发是一个螺旋上升的过程。在这个螺旋上升的每个周期中，有以下几个步骤：发现类和对象，确定它们的含义，找出它们之间的相互关系以及说明每一个界面及实现类与对象。Booch 方法的面向对象的开发模型分为逻辑设计和物理设计两个部分。逻辑设计部分包括类图和对象图两个模型，着重于类和对象的定义；物理设计部分包括模块图和进程图两个模型，针对软件系统的结构。Booch 方法还区分静态模型和动态模型，静态模型侧重于系统的构成和结构，而动态模型则侧重于系统在执行过程中的行为。

Booch 方法具有丰富的符号体系，包括类图、对象图、状态转移图、时态图、模块图和进程图等。

类图用于表示类的存在以及类与类之间的相互关系，是从构成的角度来描述正在开发的系统。图 4.21 中给出的以虚线为边界的云状图符表示一个类，它的名字、属性和操作则可以列于其中。类之间的联系称为关系，类之间的关系在 Booch 方法也用一条线表示。对象图在关系线的端点用特定的符号表示多元性，多元性是指一个类的多少个实例可能与相关类的一个实例有关。对象模型中类之间存在关联关系、包容关系和继承关系三种基本关系。

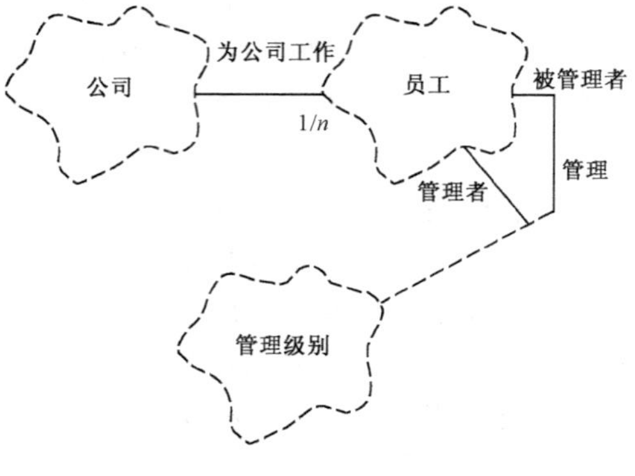

图 4.21　类之间的关系

对象图用于表示对象的存在以及它们之间的相互关系。在一个系统的生命期内，类的存在基本上是稳定的，而对象则不断地从产生到消灭，经历着一系列的变化。一个对象图则是描述在这个过程中某一时刻的场景，也可以说是用来说明决定系统行为的基本结构。

状态迁移图用来说明每一类的状态空间、触发状态迁移的事件以及当状态迁移时所执行的操作，它提供了描述一个类的动态行为的手段。Booch 的表示方法非常类似于 OMT 的表示方法。同样地，Booch 也主张采用类似 Harel 提出的结构化的方法来减少状态迁移图的复杂性。

交互作用图在概念和表示方法上都与 OMT 的事件顺序图十分相似，不同的是 Booch 方法的交互作用图主要表示操作而不是事件。交互作用图用于追踪系统执行过程中的一个可能的场景，也就是几个对象在共同完成某一系统功能中所表现出来的交互关系。

模块图在系统的物理设计中说明如何将类和对象分配到不同的软件模块中，具体方法与最后进行代码编写时所采用的程序设计语言有关。在多数语言中，文件就是基本模块，而有些语言，如 C++，文件还分为声明文件和定义文件。除了文件层的模块图以外，Booch 方法还建议用子系统层的模块图来描述系统的主要部分之间、与外部系统（如数据库）之间的关系。

进程图在系统的物理设计中说明如何将可以同时执行的进程分配到不同的处理机上。即使对于运行于单处理机之上的系统，进程图也是有用的，因为它可以一边表示同时处于活动状态的对象，一边决定进程调度方法。

Booch 方法的过程包括：①在给定的抽象层次上识别类和对象；②识别这些对象和类的语义；③识别这些类与对象之间的关系；④实现类和对象。这四种活动不仅仅是一个简单的步骤序列，而是对系统的逻辑和物理视图不断细化的迭代和渐增的开发过程。

4.6　信息系统建模方法的发展

随着理论与实践的不断深入，信息系统建模方法也在不断发展，主要形成了基于体系结构、基于本体和基于形式概念分析的建模方法理论。

4.6.1　基于体系结构的信息系统建模理论

结构化信息系统建模方法和面向对象信息系统建模方法不能很好地解决信息系统建模理论的挑战和新需求，在此情形下，产生了基于体系结构的信息系统建模方法。基于体系结构的信息系统建模理论的提出，最初的作用是为了解决从信息系统需求向系统实现的平坦过渡问题，认为信息系统体系结构是信息系统的抽象描述，是从需求到实践的桥梁，主要集中于生命周期的设计阶段。后来，基于体系结构的信息系统建模理论超越了设计阶段，逐步扩展到需求、设计、实现、部署和后开发等整个生命周期，发展成一整套的建模理论。

从体系结构内涵发展上看，开始只有单一的要素，并没有信息系统组成构件，后来出现组成构件，相继出现构件间关系，构件与环境之间的关系，接着出现相关设计规划和演化原则，使得信息系统体系结构现在成为包括构件、构件间关系、构件与环境之间的关系以及相关的设计和演化原理的有机整体。体系结构内涵发展体现出了基于体系结构的信息系统建模理论的不断成熟。

基于体系结构的建模理论中，具有代表思想的是模型驱动的体系结构（Model Driven Architecture，MDA）理论。该理论认为，信息系统的开发应着眼于一系列不同抽象层次的系统模型，这种模型被划分为两个较大的抽象层次：平台无关模型（Platform Independent Model，PIM）和平台相关模型（Platform Specific Model，PSM）。PIM 描述了待开发系统的行为需求，但是不涉及如何在具体的平台上实现这个系统；PSM 包含了所有在 PIM 中表示的功能，并添加了针对实现平台的设计因素。

基于体系结构的信息系统建模理论的优点：提出体系结构是信息系统的抽象描述，从更高的层次上解决了信息系统需求问题，在系统需求和系统设计之间起到了桥梁作用，并借助一定的中间技术和总线技术，使得信息系统体系结构更易于映射成相应的现实。另外，基于体系结构的信息系统建模理论允许从更高、更抽象的层次来对系统结构进行整体把握，使得系统各部分的关系更和谐。

但是，基于体系结构的信息系统建模理论表达概念模型语义的能力差，不能有效消除不同应用系统中概念的语义差异，仍然不能解决好模型复用和共享的问题。

4.6.2 基于本体的信息系统建模理论

传统的建模理论并没有把模型的复用、共享作为理论研究的出发点，所以传统建模理论为了实现复用，往往是从描述应用系统之间的信息接口和交换标准着手，这直接导致共享的局限性。在构造模型时，传统建模方法没有足够的表达能力反映不同应用系统中概念的语义差异，这也是信息系统建模理论需要解决的一个重要问题。

这种形势下，基于本体的信息系统建模理论成为研究的热点。本体作为共享概念模型的明确的形式化规范，其本质是概念模型，表达的是概念及概念之间的关系，本体理论可以有效地解决传统建模理论所存在的低复用、低共享、语义表达能力差的缺点，给信息系统建模理论带来了新的生机。随着本体相关理论的发展成熟，基于本体的系统建模理论应运而生。

基于本体建模的本质就是要找出信息系统的“元”模型，但抽象层面不一样，本体的表现也有较大差别。一般来讲，基于本体的信息系统建模思路是：对静态的领域本体和动态的任务本体两个部分进行分析描述，并结合用户需求分析，获得语义层面上的概念模型；借助本体描述语言及建模工具将概念化的实体与过程图形化表达，形成具体的功能模型。在此思路下，基于本体的信息系统建模步骤可以具体化为六步：①确定表示本体；②确定知识域；③选取或者构建领域本体；④确定问题域；⑤构建任务本体；⑥构建应用层本体。其中，①是信息系统建模的准备阶段。②和③属于构建信息系统的逻辑模型，在这一阶段建立的领域本体发挥了逻辑模型的作用。④、⑤和⑥属于构建信息系统的功能模型，在这一阶段建立的任务本体发挥了功能模型的作用。

基于本体的信息系统建模理论的优点是它可以从概念上抽象地描述信息系统模型，增强了系统模型的语义表达能力，提高信息系统模型的可重用性，同时能够实现各信息系统之间的知识共享和语义互操作。该理论有效提高了信息系统的信息处理能力，不仅可以有效解决计算问题，实现核心商务计算化、办公自动化和业务流程自动化，而且使得信息系统向着商务协作和语义互操作的更高与更智能的极端发展。

但基于本体的信息系统建模理论仍存在着不足，一是本体的粒度不易控制，二是本体所表达概念的深度不够，对概念的内涵和外延两方面揭示得不够，而且本体的形式化程度、一般化程度都不高。

4.6.3　基于形式概念分析的信息系统建模理论

形式概念分析（FCA）理论是 20 世纪 80 年代初由德国 Wille 教授提出的，是应用数学的一个分支。该理论提供了一种支持数据分析的有效工具，即其核心的数据结构是概念格。概念格的每个节点是一个形式概念，它由外延和内涵两部分组成。外延是概念所覆盖的所有对象，内涵是概念的描述，是该概念覆盖对象的共同特征。概念格通过 Hasse 图生动简洁的体现概念之间的泛化和特化关系。由于概念格是进行数据分析的有力工具，所以可以将之引入到信息系统建模当中，来帮助解决信息系统建模中的相关问题。

基于形式概念分析的信息系统建模理论的优点主要包括：通过对概念的内涵和外延分别进行形式化表示，丰富了概念的语义表达能力，并使得概念形式化程度更高。形式概念分析能有效地发现信息系统问题域中隐式概念间的关系。通过 Hasse 图使得概念关系在一定程度上可视化。增强了用户对问题域的深入理解。概念格作为有力的分析工具可以更好地确立模型层次关系，可用于理解概念模型拓扑结构和用来改善概念模型的层次结构。

由于基于形式概念分析的信息系统建模理论在应用和实践上的不足，其缺点尚未暴露出来。综上所述，尽管将形式概念分析用于信息系统建模的相关研究尚在萌芽阶段，尚未研究出一套较为完善的理论，但形式概念分析对信息系统建模过程的重要作用是显而易见、毋庸置疑的。笔者认为，将形式概念分析引入信息系统建模理论，必能开启系统建模理论的新视角，必将能不断完善旧的建模理论，基于形式概念分析的信息系统建模理论的实现不再遥远。

4.7　统一建模语言 UML

统一建模语言 UML 是一种用于对软件密集型系统的制品进行可视化、详述、构造和文档化的图形语言。UML 给出了一种描绘系统蓝图的标准方法，其中既包括概念性的事物，如业务过程和系统功能，也包括了具体的事物，如用特定编程语言编写的类、数据库模式和可复用的软件构件。UML 融合了 Booch、OMT 和 OOSE 方法中的基本概念，而且这些基本概念与其他面向对象技术中的基本概念大多相同，正逐渐成为被广泛采用的一种建模语言。

4.7.1　UML 概述

UML 是一种定义良好、易于表达、功能强大且普遍适用的建模语言。它溶入了信息系统建模领域的新思想、新方法和新技术。它的作用域不仅限于支持面向对象的分析与设计，还支持从需求分析开始的软件开发的全过程。

UML 的主要内容可以由用例图、静态图、行为图、交互图和实现图五种类型的图来定义。

1．用例图

用例图包括用例和角色。用例是一连串有顺序的描述，它描述了使用者向软件系统提出需求后，软件系统达成这个需求的始末和过程。而角色是存在于软件系统外部的对象，它启动软件系统中的“用例”以达到目的。

用例图记录了系统与其使用者之间的信息交换情况。图中包括了用例和角色以及它们之间的交互和依赖关系。图 4.22 表明了角色、用例和它们之间的交互关系。

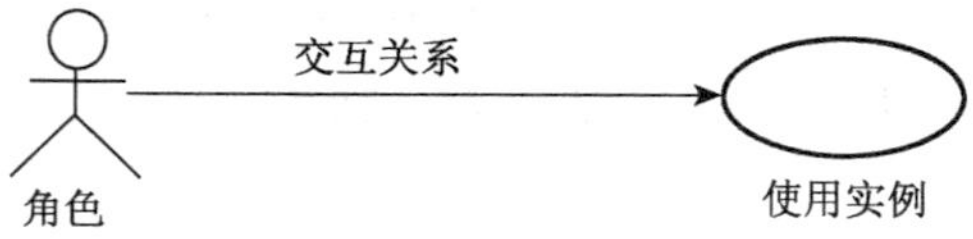

图 4.22　角色、用例和它们之间的交互关系

用例以黑盒方式描述目标系统与角色的交互行为。这样，面向对象分析的目的精化为标识相关对象以完成用例描述的行为。一个用例是系统体现给外界的一个连贯的功能单元，系统外部的人员或者其他系统角色通过与用例交换一系列消息来使用系统的功能。

2．静态图

静态图包括类图、对象图和包图。

类图是对系统对象的静态描述，是模型的核心部分。类图描述了类的组成以及类与类之间的关系。每个类由类名、类属性和类的操作组成。类的表示如图 4.23 所示。

采用带箭头的线段表示类之间的继承关系，如图 4.24 所示。

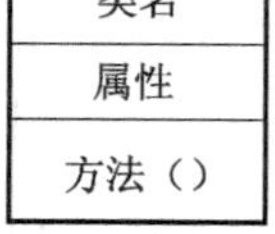

图 4.23　类的表示

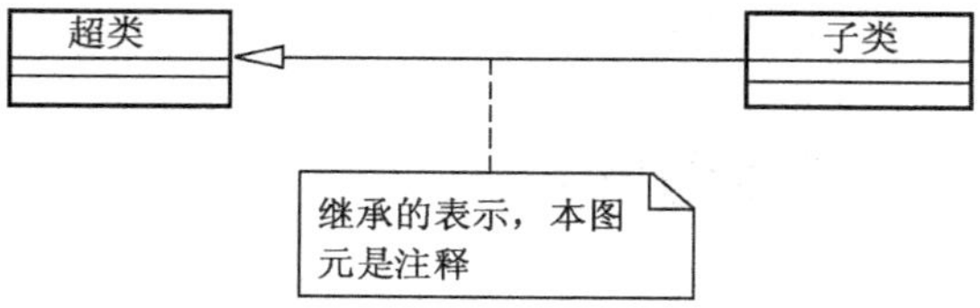

图 4.24　类之间继承关系的表示

类之间的聚合和组合关系都表明一种整体与部分之间的关系，采用带菱形箭头的线段表示。其中，组合关系表示部分类是静态定义的，它的生存空间在组合类之中，并且它的生命周期受组合类的限制，一旦组合类的生命周期结束，则部分类的生命周期也结

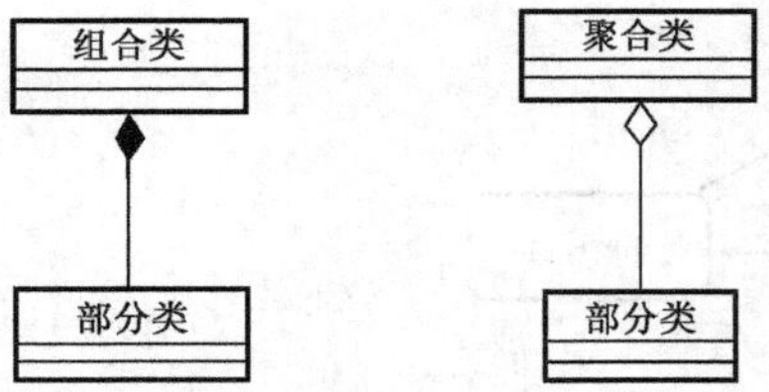

图 4.25　聚合和组合关系的图形建模方法

束。聚合关系表示部分类在聚合类中是一种引用（Reference），它的生存空间在聚合类之外，并且它的生命周期不受聚合类的限制。图 4.25 是聚合和组合关系的图形建模方法，实心菱形表示组合。

关联关系表示两个类之间有联系。例如，对于自治对象类而言，其关联关系是通过端口间消息传递来实现的，类之间的关联关系必须是单向的。这里定义限定词为输入端口名或输出端口名，用基数表示可以与输出类关联的输入类的实例对象的数目，如图 4.26 所示。

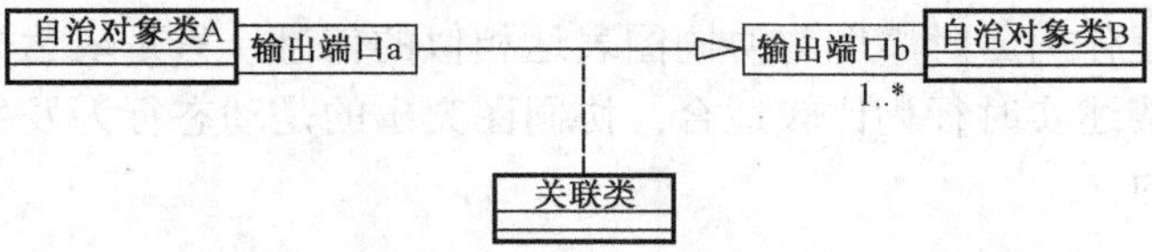

图 4.26　两个类之间的关联

对象图是类图的实例，几乎使用与类图完全相同的标识。它们的不同点在于对象图显示类的多个对象实例，而不是实际的类，一个对象图是类图的一个实例。由于对象存在生命周期，因此对象图只能在系统的某一时间段存在。

包是其他包或类的集合，并包含类与类之间的关系。包图（参见图 4.27）用于描述系统中的包和包之间的关系。UML 用包把相关元素封装在一起。包有包容（子包）和继承关系（新包可以继承所有指名旧包的描述）。系统和模型均按包的形式提供，即一个包可以封装一个模型，若干子包聚合为一系统包。用户可以在系统提供的包的基础上定义自己的系统和各模型（以包的形式）。

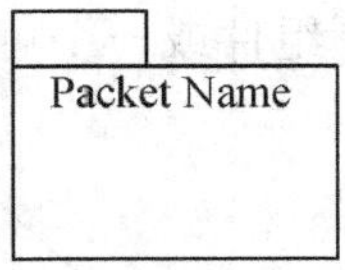

图 4.27　包的图示

3. 行为图

行为图描述系统的动态模型和组成对象间的交互关系，包括状态图、活动图。

状态图描述类的对象所有可能的状态以及事件发生时状态的转移条件，由状态和状态转换组成。状态转换的发生有三个系统条件：①什么事件的发生导致了状态转换（原因）；②状态转换发生的条件（条件）；③状态转换发生后导致了对象的什么动作（结果）。图 4.28 表示一个中断处理的状态变化。

活动图（参见图 4.29）描述满足用例要求所要进行的活动以及活动间的约束关系，它有利于识别并行活动。

4. 交互图

交互图描述对象间的交互关系，主要用于表现对象之间的信息传递关系。交互图分为时序图和协同图两种。

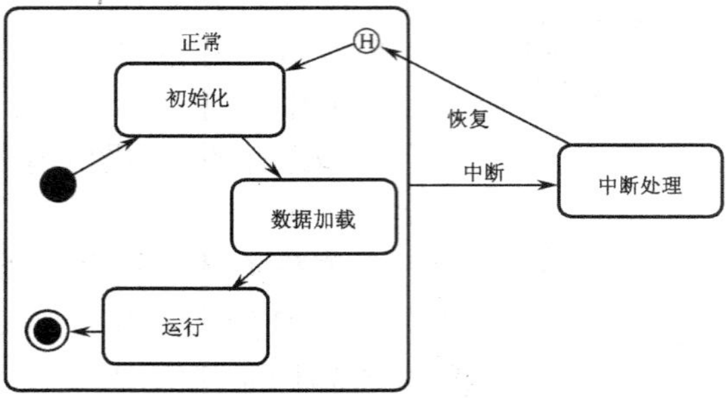

图 4.28　状态机

时序图从时间的角度描述系统对象之间的交互作用，而协同图是从对象之间协同的观点描述对象交互作用。时序图与协同图表达相似的信息，只是表达方式不同。时序图强调时间，用来描述实时行为比较适合；协同图突出的是动态行为发生的语境，时间在其中是隐式描述的。

5．实现图

实现图包括组件图和配置图。

组件模型是源代码的执行单元，也就是组成应用程序的可执行单元。类被分配到组件中，以提供可重复使用的应用程序结构组件，组件是系统执行的实际单元。在类图为系统建好类后，每个类分别要映射到相应的组件上。组件图（参见图 4.30）描述代码组件的物理结构及各组件之间的依赖关系。一个组件可能是一个资源代码组件、一个二进制组件或一个可执行组件。与包不同，包是类的逻辑集合，而组件是类的物理组合。

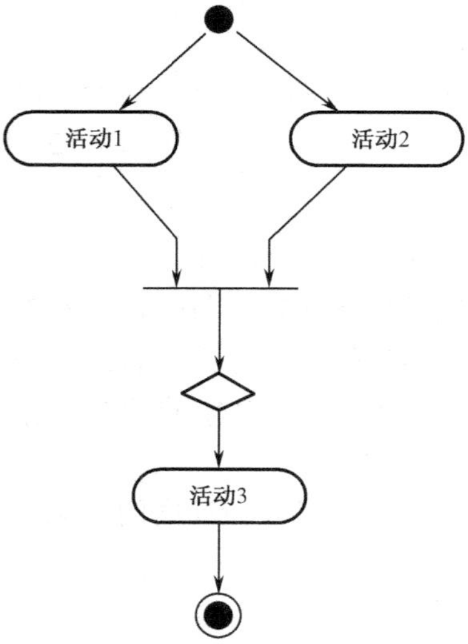

图 4.29　活动图

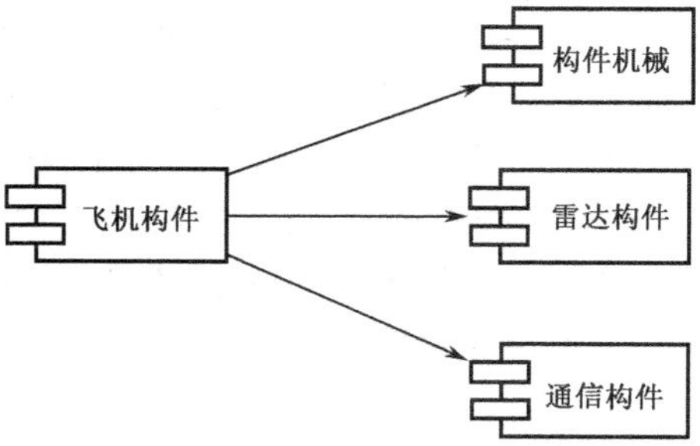

图 4.30　组件图

配置图描述了被仿真系统将要运行的环境，包括各种计算资源、设备和这些设备之间的连接。配置图还描述被仿真系统的各个进程在这些资源和设备上的分布情况。

4.7.2　Rational 统一过程

UML 是标准的建模语言，其表示和规则能够用来为系统进行面向对象的建模，但是并没有指定运用 UML 的过程和方法。要想成功地运用 UML，必须遵循科学的过程方法，这在设计一些团队合作的大型系统时尤为必要。合理的过程能够有效地衡量工作进度，控制和提高工作效率。目前比较流行的几种重要的过程包括 Rational 的统一过程（RUP）、Open 过程和面向对象软件过程（OOSP）。

RUP 是由提出 UML 方法的 Booch 和 Jacobson 以 Rational 的 Objectory 为核心提出来的。RUP 是一种特别适应于 UML 的生命周期方法，其目标是能够在预定的进度和预算中，提供最高质量的、满足最终用户需求的软件。RUP 提供了一套关于在软件开发组织中如何分配任务和职责的严格的管理方法。

RUP 的基本特征主要体现在以下三个方面。

（1）以架构为中心。架构是系统的映射，它定义了系统的不同组成部分，它们之间的关系和交互、通信机制以及一些整体规则，如何修改系统组件和如何添加新组件等。使用 UML 的过程是以架构为中心的一个过程，即有一个确定的基本系统架构是非常重要的，并且在过程的早期就要建立这个架构。系统架构是由不同模型的一组视图表达的，一般包括逻辑视图、并发视图、组件视图和部署视图，而用例视图则把这四种视图联系在一起。

（2）用例驱动。在进行一个大型面向对象项目时，从收集需求的用例技术开始，然后分析和设计类图技术，最后主要的工作是编写代码。过程中的每个小步骤都是迭代的，但总体来看，又遵循需求、分析、设计和编码这几个主要步骤。由于 UML 包含了对系统功能的描述，所以它们影响了所有的阶段和视图。如图 4.31 所示，用例把需求、分析、设计、实现（开发）和测试这些工作流程绑定在一起。

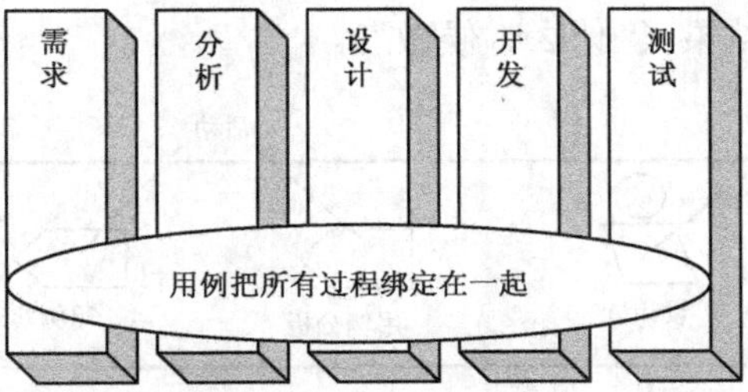

图 4.31　用例将工作流程绑定在一起

（3）支持迭代开发。图 4.32 从迭代的角度构造了 UML 建模技术，画出了 UML 主要视图之间的关系，箭头表示“输入”关系。该图从更深一层表明了面向对象建模的基础，UML 的不同模型之间的关系反映了面向对象建模的迭代特性，迭代的开发过程同样由用例进行驱动。图 4.33 给出了另一种不同的构造过程，即一种顺序的过程。其中，矩形之间的线代表“由……建档”关系。例如，状态图是用来为对象图建档的。该图还表明源代码是用来为类图中的类建档的。图 4.32 和图 4.33 显示了面向对象建模过程的一个有趣的性质：从大的角度来看是一个顺序的过程，而从一个小的角度来看是一个迭代的过程。

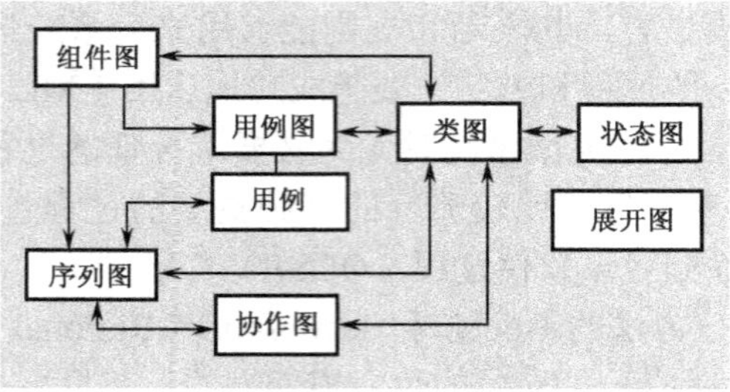

图 4.32　从迭代的角度理解 UML 的建模技术

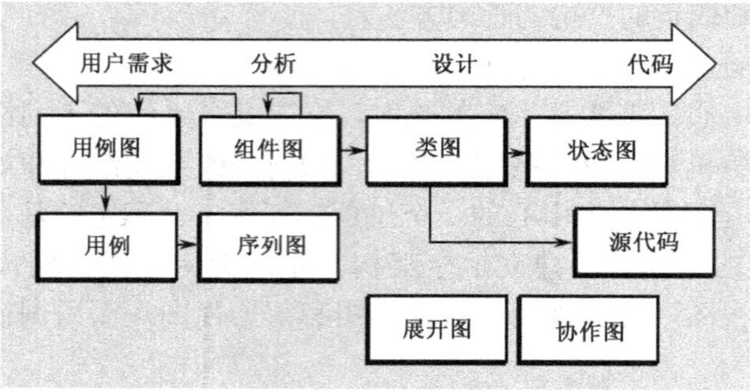

图 4.33　从顺序的角度理解 UML 的建模技术

统一过程是用四个主要的建模元素来描述的，如图 4.34 所示。其中，工人定义了个体或一个团队工作小组的行为和责任（“谁”）；活动是承担这一角色的人必须完成的一组工作（“怎么做”）；产品是一个过程所生产、修改或使用的信息，是工人为了完成一个活动而用的输入，也是活动的输出或成果（“做什么”）；工作流程是一个活动序列，产生一个可观察到值的结果（“什么时候做”）。

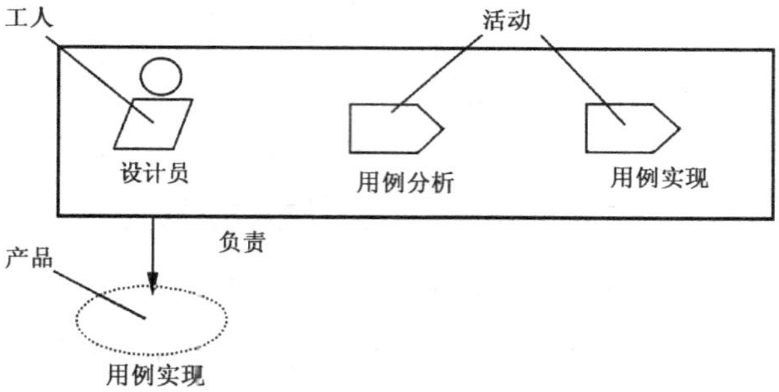

图 4.34　活动、产品和工人

本章小结

信息系统的建模与开发逐步从单一的管理信息系统向决策支持系统、智能决策支持系统、执行者信息系统以及分布式、组件化、智能化和多主体方向发展。随着面向对象方法逐渐成为分析和设计的主流，面向对象的建模技术越来越得到大家的重视，并得到越来越广泛的应用。尤其是UML语言和RUP统一过程的出现，对信息系统建模和开发起到巨大的推动作用。

问题讨论

1. 结合一个具体的信息系统开发问题，讨论绘制数据流图的方法与步骤。
2. 分组讨论，在信息系统建模过程中，如何有效地应用面向对象方法？
3. 试比较结构化分析方法与面向对象分析方法的优缺点，并讨论如何在实际工程中灵活应用。

案例分析 4.1

"结账与支付系统"需求捕获

结合UML和RUP，我们讨论在一个"结账与支付系统"开发过程中，如何将需求捕获为用例。

RUP将参与信息系统工程的工作人员分为系统分析人员、构架设计师、用例描述人员和用户界面设计人员四类，并用"泳道"的概念来表明每类工作人员所执行的活动（每个活动与执行它的工作人员处在同一泳道中。）图 4.35 描述了将需求捕获为用例的工作流。

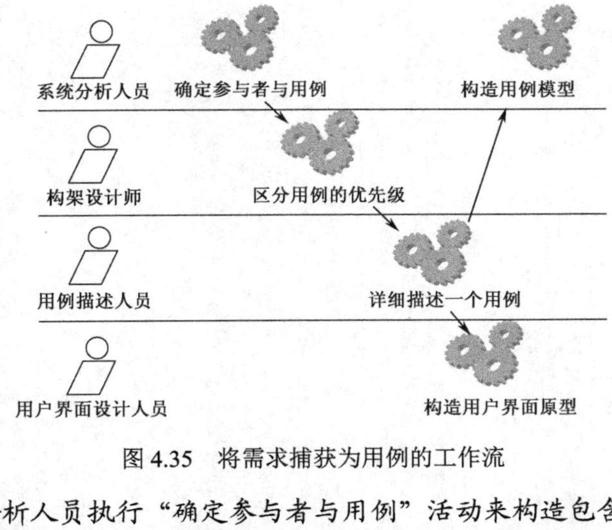

图 4.35 将需求捕获为用例的工作流

首先，系统分析人员执行"确定参与者与用例"活动来构造包含确定参与者与用例的用例模型，构架设计师确定对构架重要的用例，作为在当前迭代中输入的优先次序。其次，用例描述人员对所有确定了优先次序的用例进行描述。再次，用户界面设计人员根据用例为每个参与者设计合适的用户界面。最后，系统分析人员通过定义用例间关系重新构造用例模型，使其尽可能易于理解。

图 4.36 是“结账与支付系统”经过工作流之后产生的用例图。在图中，“买主”表示负责购买货物或请求得到服务的人，“卖主”表示出售、交付货物或提供服务的人，结账与支付系统向“记账系统”发送事务验证信息。其用例描述如下：买主使用“订购货物或服务”用例查看订单条目和价格，汇总并提交订单；稍后，货物或服务连同账单一起提交给买主；买主启动“支付账单”用例，认可收到的账单并确定支付时间；在预订的支付日期，“支付账单”用例自动将存款从买主的账户转到卖主的账户上；如果买主到期没有支付，卖主会得到通知并使用“发送提醒通知单”用例。

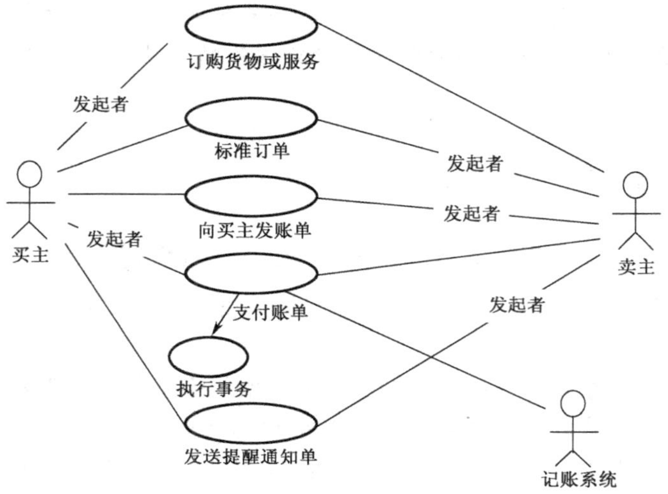

图 4.36　“结账与支付系统”用例图

第5章 信息系统的建立

引言

开放性是信息系统的时代标志。建设一个企业或一个部门乃至一个区域的信息系统，人们一般会遇到如下问题：选择哪一种服务器平台？哪一种客户机平台？哪一种网络协议？哪一种组网方式？哪一种操作系统？哪一种数据库系统？哪一种系统管理体系？哪一种开发工具？虽然每一个问题可有多种选择，但任何一个错误的选择都将导致整个系统建设的失败或延误。

信息系统的建立需要以计算机有关技术储备为基础，以可靠的产品为工具，从方案设计开始，经过产品优选、网络施工、软/硬件平台配置、应用软件开发到售后培训、咨询和技术支持等服务，使用户能得到一体化的解决方案。

通过本章学习，可以了解（或掌握）：

◆ 信息系统基础平台（硬件平台、软件平台和网络平台）的构建；
◆ 基于云计算平台的信息系统构建；
◆ 信息系统应用软件的开发；
◆ 信息系统安全保障体系。

5.1 概述

信息系统建立是将系统的设计方案转换成实际运行系统的全过程。经过系统分析和系统设计阶段，已经得到了有关系统的全部设计信息，接下来的工作就是将文档中的逻辑系统变成真正能够运行的物理系统。

信息系统建立的主要内容是对系统技术的实现过程和对这个过程的管理，包括选择合适的硬件、网络、软件开发平台，选定开发人员和方式并进行开发，同时还要考虑整个信息系统的安全体系，这都是交付前的工作。这个阶段的交付物包括软件、数据和文档资料，最终运行的软件是交付物的核心，用户手册等其他交付物也必不可少。这部分工作由开发团队完成，它着重于技术实现，完成系统覆盖需求规格，达到系统目标和指标，即从技术角度实现系统，满足用户需要。

5.2 信息系统硬件平台的构建

信息系统的硬件平台通常由信息处理设备、信息存储设备、信息传输设备、信息输出设备和信息采集设备构成。信息处理设备包括个人计算机、工作站、便携式计算机、服务器、小型及大型计算机、移动设备等；信息存储设备包括磁盘阵列、磁带机、光盘机、IC 卡及移动存储设备等；信息传输设备包括电话、传真机、计算机局域网及广域网等；信息输出设备包括显示器、打印机、绘图仪、投影机、音响、激光照排机、数控机床、数控机器人及专用信息输出设备等；信息采集设备包括扫描仪、数字化仪、数码相机、数码摄像机、条形码阅读器、指纹仪、触摸屏、光电检测设备及专用信息采集设备等。本节仅对比较关键的信息处理设备和信息存储设备的作用和性能进行简单介绍，信息传输设备将放到网络平台部分介绍，其他类设备请读者阅读有关参考书籍。

5.2.1 个人计算机及工作站

1. 个人计算机

个人计算机又称为微型计算机，即通常说的 PC，是信息系统中最常用也是使用最多的硬件设备之一，一般作为终端用于数据处理和人-机交互。一台 PC 至少由主机、显示器、键盘和鼠标等组成。

2. 便携式计算机

便携式计算机是和个人计算机功能相同的计算机（简称微机），只是各部分体积做得更小（相对造价更高），显示器用平面的液晶显示器，从而减少体积和重量，便于携带。便携式计算机有时也称为笔记本计算机。

3. 工作站

工作站是一种主要面向专业应用领域，具备强大的数据运算与图形、图像处理能力，为满足工程设计、动画制作、科学研究、软件开发、金融管理、信息服务、模拟仿真等专业领域需要而设计开发的高性能计算机。

工作站根据软/硬件平台的不同，一般分为基于 RISC/UNIX 系统的传统工作站和基于 Windows、Intel 的 PC 工作站。UNIX 工作站是一种高性能的专业工作站，具有强大的处理器（以前多采用 RISC 芯片）和优化的内存、输入/输出（I/O）、图形子系统，使用专有的处理器（Alpha、Mips 和 Power 等）、内存以及图形等硬件系统，专有的 UNIX 操作系统，针对特定硬件平台的应用软件，彼此互不兼容。而 PC 工作站则是基于高性能的 X86 处理器，采用符合专业图形标准（OpenGL）的图形系统，再加上高性能的存储、I/O、网络等子系统，来满足专业软件运行的要求。

5.2.2 服务器

1. 服务器

服务器是计算机的一种，它是网络上一种为客户端计算机提供各种服务的高性能计算机，它在网络操作系统的控制下，将与其相连的硬盘、磁带、打印机及各种专用通信设备提供给网络上的客户共享，也能为网络用户提供集中计算、信息发布及数据管理等服务。它的高性能主要体现在高速度的运算能力、长时间的可靠运行、强大的外部数据吞吐能力等方面。

目前，按照体系架构来区分，服务器主要分为 RISC（精简指令集）架构服务器和 IA 架构服务器两类。从当前的网络发展状况看，以"小、巧、稳"为特点的 IA 架构的 PC 服务器得到了广泛的应用。

服务器的双机热备份技术常用来提高服务器的可靠性。服务器集群技术用来扩充服务器的处理能力和响应速度。

服务器也可以由小型或大型计算机来充当。

2. 磁盘阵列

磁盘阵列是信息系统中提供可靠存储的重要设备，往往与服务器配合使用。磁盘阵列中针对不同应用使用的不同技术，称为 RAID level，RAID 是 Redundant Array of Inexpensive Disks 的缩写，而每一个 level 代表一种技术。

RAID 0 将同一阵列的多个磁盘视为单一的虚拟磁盘（Virtual Disk），其数据是以分段的方式顺序存放在磁盘阵列中。它可以同时执行多个输入/输出的要求，因为阵列中的每一个磁盘都能独立动作，不同的磁盘可同时做读/写。

RAID 1 是使用磁盘镜像（Disk Mirroring）的磁盘阵列技术。但 RAID 1 无工作磁盘和备份磁盘之分，RAID 1 的磁盘是以磁盘延伸的方式形成阵列，而数据是以数据分段的方式交叉存储，因而在读取时，它几乎与 RAID 0 有同样的性能。RAID 1 完全实现容错包括不停机更换磁盘，当某一磁盘发生故障，可将此磁盘拆下来而不影响其他磁盘的操作；待新的磁盘换上去之后，系统即时做镜像，将数据重新复制上去，RAID 1 在容错及存/取的性能上是所有 RAID level 之冠。虽然 RAID 1 要增加一倍的磁盘做镜像，但作为采用磁盘阵列的进入点，它是最便宜的一个方案，是新设磁盘阵列用户的最佳选择。

RAID 5 把数据分散为块（Block）或称分段，加入奇偶校验，在磁盘阵列中作间隔写入到每个磁盘，将校验数据以循环的方式放在每一个磁盘中，校验值由各磁盘同一位置的分段数据所计算出来。存/取数据时，整个磁盘阵列一起动作，在各个磁盘的相同位置进行平行存/取，所以有最好的存/取时间。RAID 5 在不停机更换磁盘及容错的表现都很好。

总而言之，RAID 0 及 RAID 1 最适合 PC 及图形工作站的用户，可提供最佳的性能及最便宜的价格，所以 RAID 0 及 RAID 1 多是使用 IDE 界面，以其低成本符合 PC 市场的需求。RAID 5 则适用于银行、金融、股市和数据库等大型数据处理中心的在线事务处理（OLTP）应用。

3．磁带机

由于数据备份的需要，磁带机被广泛应用在文件的下载存储留档、视频数据存储、数据灾难恢复、图像艺术资料存储等行业中。

磁带存储系统是所有存储媒体中单位存储信息成本最低、容量最大、标准化程度最高的常用存储介质之一。它互换性好、易于保存，近年来由于采用了具有高纠错能力的编码技术和即写即读的通道技术，大大提高了磁带存储的可靠性和读/写速度。

DAT（Digital Audio Tape，数字音频磁带）的磁带又叫 4mm 磁带。该磁带存储系统采用了螺旋扫描技术，具有很高的存储容量。DAT 的磁带系统一般都采用了即写即读和压缩技术，既提高了系统的可靠性和数据传输率，又提高了存储容量。目前一盒 DAT 的磁带的存储容量可达到 12GB，同时 DAT 的磁带和驱动器的生产厂商较多，是一种很有前途的数据备份产品。

1/2 英寸磁带，该类磁带又分为 DLT（数字线性磁带）和 IBM 3480/3490/3590 系列磁带两类。由于 DLT 的磁带技术发展较快，因而已成为网络备份磁带机和磁带库系统的重要标准，又因为容量大、速度快和独一无二的发展潜力，使其在中高备份系统中独占鳌头。DLT 的磁带每盒容量高达 35GB，单位容量成本较低。

5.2.3　移动设备

随着硬件技术不断发展，硬件集成能力不断提高，硬件设备朝小型化与便携式方向发展，移动设备也成为信息系统的一大重要硬件平台，主要包含智能手机与平板电脑。

1．智能手机

智能手机，是指像个人电脑（个人计算机）一样，具有独立操作系统，独立运行空间，可以由用户自行安装软件、游戏、导航等第三方服务商提供的程序，并可以通过移动通信网络实现无线网络接入的手机的总称。目前，智能手机的应用范围已经布满全世界，主要具有以下五大特点：

（1）具备无线接入互联网的能力，在 GSM 网络的 GPRS 以及 CDMA 网络的 CDMA1X 或 3G（WCDMA、CDMA-2000、TD-CDMA）网络，甚至 4G（HSPA+、FDD-LTE、TDD-LTE）支持下，能够无线接入互联网；

（2）具有 PDA 的功能，包括 PIM（个人信息管理）、日程记事、任务安排、多媒体应用、浏览网页等；

（3）具有开放性的操作系统，拥有独立的核心处理器（CPU）和内存，可以安装更多的应用程序，使智能手机的功能可以得到无限扩展；

（4）人性化，可以根据用户需要扩展机器功能，如实时扩展机器内置功能以及软件升级等，实现软件市场同步的人性化功能；

（5）功能强大，扩展性能强，第三方软件支持多。

2. 平板电脑

平板电脑也叫平板计算机，是一种小型、方便携带的个人电脑，以触摸屏作为基本的输入设备。用户通过触控笔或数字笔在触摸屏上操作，以及内建的手写识别、屏幕上的软键盘、语音识别等功能进行交互，相比鼠标、键盘等传统输入方式是更方便实用的人-机交互方式。

5.3 信息系统软件平台的构建

信息系统软件平台是指支持软件开发和运行的软件平台。信息系统软件平台的选择对于系统的开发、运行和维护有着重要的意义。一个好的软件平台不但使得系统的开发维护简单易行，而且能保证开发出的系统运行高效可靠，这往往是信息系统建设成功，并可以生存、发展的重要因素之一。反之，错误或不当的软件平台会增加开发维护工作的困难，致使系统因运行环境不好而运行效率极低和难于维护；或者因环境封闭落后无法支持新技术发展，使系统难于生存发展。

5.3.1 系统软件平台

系统软件平台即操作系统平台。自 20 世纪 80 年代以来，开放式操作系统平台已经成为技术和发展的主流。由于该平台要支持客户/服务器操作方式，因此几乎所有的系统平台都包含了标准的通信功能。在当前日益激烈的操作系统大战中，作为信息系统的系统软件环境，要特别注意 UNIX、Windows NT/2000 和 Linux 三大操作系统平台。

1. UNIX 系统

UNIX 操作系统自 1969 年在 AT&T 贝尔实验室诞生以来，经过 30 多年的发展已成为一种功能强大、技术成熟的主流操作系统。它具有标准化、可移植性、兼容性等优点的系统，被公认为是开放系统的典型。它是一个多用户、多任务的操作系统，支持 TCP/IP、OSF、DEC、NFS、NOVELL 和 LANMANAGER 等多种网络，有标准的多窗口图形用户界面 XWindows。UNIX 的高版本在安全性方面已达到 B2 级，可以进入具有较高安全要求的非一般性使用。特别是该系统能在多平台运行的特点使其在信息系统应用中具有极大的选择余地及适应性。

2. Windows 系统

Windows 系统是 Microsoft 推出的多任务操作系统，是现在市场占有率较高的操作系统。Windows 版本很多，常见的家用版本是 Windows 7 和 Windows 8，服务器版本是 Windows 2003/2012 等。它支持客户/服务器结构，具有对 LAN MANAGER、TCP/IP 和 NFS 等网络支持的功能，目前版本技术可达 C2 安全级。

Windows 与 MS-DOS 各版本的特点如表 5.1 所示。

表 5.1　Windows 与 MS-DOS 各版本的特点

功能特点	DOS 3	95	98	ME	NT	2000	XP	2003	Vista	7	8
GUI 界面	×	√	√	√	√	√	√	√	√	√	√
支援 DOS	√	√	√	√	×	×	×	×	×	×	×
系统核心	DOS	DOS	DOS	DOS	NT 4.0	NT 5.0	NT 5.1	NT 5.2	NT 6.0	NT 6.1	NT 6.2

3. Linux 系统

1991 年，芬兰赫尔辛基的学生 Linus Torvalds 为了自己使用和学习的需要，开发了类 UNIX 且运行在 80386 平台上的操作系统，命名为 Linux。为了使每个需要它的人都能够容易地得到它，Linus Torvalds 把它变成了“自由”软件。Linux 在几年后发展成了一个完整的操作系统，它的能量得到了释放，变得非常可靠，并且每天都会有新的改进。

Linux 的特性包括：①邮件服务器。SendMail 是世界上大部分 UNIX 和 UNIX clone 所采用的服务器，它可处理数以万计的邮件而不会死机。②Web 服务器。Apache 这个 GPL 计划是一个多平台的网站服务器（Web Server）。有测试指出，Apache 的性能已经超越 Microsoft IIS 和 Netscape SuiteSpot。③FTP 服务器。WU-FTP 和 NCFTP 差不多包罗 UNIX 世界 99%的占有率，稳定和安全性毋庸置疑。④文件服务器及打印机服务器（Print Server）。Samba 是 Linux 和其他操作系统跨平台共享文件和打印机的重要环节，而且是免费的。⑤数据库系统。在 Linux 平台上，较多人使用 MySQL 及 ODBC driver 软件。除此以外，世界上最成熟的数据库系统，包括 IBM db2、Oracle 和 Sybase 都有 Linux 版本。

系统软件的以上三个主流平台除了可以分别选用外，还可以通过 TCP/IP 网络环境联合使用，特别是以 UNIX 和 Linux 为服务器，Windows 或 Windows NT/2000 为客户机系统的平台环境应用更为普遍。

4. 移动设备系统软件

1）Android 系统

Android（安卓）系统是一种基于 Linux 的自由及开放源代码的操作系统，主要用于移动设备，如智能手机和平板电脑。最初 Android 系统由 Andy Rubin 开发，主要支持手机。2005 年 8 月由 Google 收购注资。2007 年 11 月，Google 与 84 家硬件制造商、软件开发商及电信营运商组建开放手机联盟共同研发改良 Android 系统。随后 Google 以 Apache 开源许可证的授权方式，发布了 Android 的源代码。第一部 Android 智能手机发布于 2008 年 10 月。随后，Android 逐渐扩展到平板电脑及其他领域上，如电视、数码相机和游戏机等。2011 年第一季度，Android 系统在全球的市场份额跃居全球第一。2012 年 11 月数据显示，Android 系统占据全球智能手机操作系统市场 76%的份额。2013

年 9 月，全世界采用这款系统的设备数量已经达到 10 亿台。

Android 系统架构分为四层，从高层到低层分别是应用程序层、应用程序框架层、系统运行库层和 Linux 内核层。

（1）Android 系统的应用程序层。该层由一系列核心应用程序包开发完成，应用程序包包括客户端、SMS 短消息程序、日历、地图、浏览器和联系人管理程序等。所有的应用程序都是使用 JAVA 语言编写。

（2）应用程序框架层。应用程序的框架设计简化了组件的重用，开发人员可以访问 Android 系统核心应用程序所使用的 API 框架，任何一个应用程序既可以发布它的功能块，也可以使用所有发布的功能块（不过得遵循框架的安全性）。同样，该应用程序重用机制也使用户可以方便地替换程序组件。

（3）系统运行库。Android 系统包含一些 C/C++库，这些库能被 Android 系统中不同的组件使用。它们通过 Android 系统应用程序框架为开发者提供服务。

（4）Android 系统的核心系统服务依赖于 Linux 2.6 内核，如安全性、内存管理、进程管理、网络协议栈和驱动模型。Linux 内核同时也是硬件和软件栈之间的抽象层。

2）iOS 系统

iOS 系统是由苹果公司开发的移动操作系统，具有简单易用的界面和较丰富的功能，以及较强的稳定性。苹果公司最早于 2007 年 1 月 9 日的 Macworld 大会上公布了这个系统，最初是设计给 iPhone 手机使用的，后来陆续套用到 iPod touch、iPad 以及 Apple TV 等产品上。iOS 与苹果的 Mac OS X 操作系统一样，也是以 Darwin 为基础，因此同样属于类 Unix 的商业操作系统。

iOS 系统兼容 Microsoft Exchange 和标准服务器，可发送无线推送的电子邮件、日历和通信录。它设计了低层级的硬件和固件功能，用以防止恶意软件和病毒；同时还设计有高层级的操作系统功能，有助于在访问个人信息和企业数据时确保安全性。iOS 系统支持加密网络通信，它可供应用程序用于保护传输过程中的敏感信息。

3）Windows 手机系统

（1）Windows Mobile（简称 WM）。

WM 是微软公司针对移动设备而开发的操作系统。该操作系统的设计初衷是尽量接近于桌面版本的 Windows。微软公司按照计算机桌面版本操作系统的模式来设计 WM，以便能使 WM 与其计算机桌面版本操作系统一模一样。WM 的应用软件以 Microsoft Win32 API 为基础。

2003 年，微软公司发布了 WM 的第一个版本 Windows Mobile2003；2005 年 9 月 5 日，推出 Windows Mobile 5.0，该版本改进了电源管理和存储模式，并且内置了.net framework 2.0，并加入 Office，以及 GPS 和 WiFi 功能；2007 年 2 月 12 日，又推出其系统操作与 Windows Vista 相似的 Windows Mobile 6.0，期望 WM 能让用户在手机上体验到计算机桌面般的操作，将大量计算机桌面操作系统的元素一次性引进 WM 中；2009 年 2 月，微软公司发布了 Windows Mobile 6.5，开始与 iPhone 一样支持电容屏技术。2010 年 10 月 11 日，微软公司正式发布了智能手机操作系统 Windows Phone，并且宣布中止对原有 Windows Mobile 系列的技术支持和开发，从而宣告了 Windows Mobile 系列的退市。

（2）Windows Phone（简称 WP）。

WP 是微软公司发布的一款手机操作系统，它将微软公司旗下的 Xbox Live 游戏、Xbox Music 音乐与独特的视频体验集成至手机中。微软公司于 2010 年 10 月 11 日正式发布了智能手机操作系统 Windows Phone，并将其使用接口称为“Modern”接口。2011 年 2 月，“诺基亚”与微软公司结成全球战略同盟并开始深度合作共同研发。2011 年 9 月 27 日，微软公司发布了 Windows Phone 7.5；并于 2012 年 6 月 21 日，正式发布了 Windows Phone 8，该系统采用与 Windows 8 相同的 Windows NT 内核。

Windows Phone 力图打破人们与信息和应用之间的隔阂，其主界面通过提供类似仪表盘的图形来显示新的电子邮件、短信、未接来电和日历约会等，具有桌面定制、图标拖拽、滑动控制等操作功能。它还包括一个增强的触摸屏界面，更方便手指操作，以及配置 IE Mobile 浏览器。

4）BlackBerry OS。

BlackBerry OS 是由 Research In Motion 为其智能手机产品 BlackBerry 开发的专用操作系统。这一操作系统具有多任务处理能力，并支持特定的输入装置，如滚轮、轨迹球、触摸板以及触摸屏等。BlackBerry 平台具有功能较强的邮件处理能力。该平台通过 MIDP 1.0 以及 MIDP 2.0 的子集，在与 BlackBerry Enterprise Server 连接时，以无线的方式激活并与 Microsoft Exchange、Lotus Domino 或 Novell GroupWise 同步邮件、任务、日程、备忘录和联系人。该操作系统还支持 WAP1.2。

5.3.2　通用支撑软件平台

通用支撑软件平台包括数据库及工具软件。信息系统的数据库就选择采用 SQL 标准查询语言的关系数据库系统的主流产品。例如，MS SQLSERVER、Oracle、SYBASE 和 INFORMIX 等数据库。这些数据库都是符合客户/服务器结构的分布式数据库，支持多硬件平台和多操作系统平台。数据库是信息系统运行的核心，数据库系统的选择对信息系统的成功与否起着重要的作用，比较和选择数据库时需慎重，一般应进行系统模拟。

数据库管理系统（DBMS）作为一种大型的系统软件，都有知名的数据库系统软件厂商负责提供，需要认证选择。它必须在信息系统所选择的操作系统下运行，是关系型数据库，采用 SQL 方式，并满足下列要求：

（1）支持客户/服务器结构。

（2）支持多种通信协议，如 TCP/IP、SPX/IPX 和 X.25 等。

（3）提供常用语言编程接口，支持 4GL 等开发工具。

（4）提供 ODBC 连接能力，具有与 VB、PowerBuilder 和 Delphi 等开发工具的互连功能。

（5）能满足与其他数据库和基于微机的数据库系统的互连，如 FoxPro。

在技术指标方面，要考虑以下指标：

（1）能够支持的并行用户数。

（2）能够加载的数据量。

（3）备份和恢复机制完善，且不影响本身的运行性能。

（4）安全性方面能限制访问保密的数据，可以监测用户的操作和未授权的访问等。

（5）满足对数据库、数据表以及页面级的封锁机制。

目前，流行的 DBMS 产品有 Oracle、MS SQL SERVER、MySQL 等。

Oracle 公司的 Oracle 数据库是最早进入中国市场的开放式关系型数据库产品，目前仍保持很高的市场占有率。Oracle 公司已经推出了很多版本，最新的版本是 Oracle 11g。Oracle DBMS 的主要特点如下：

（1）允许多个用户共享程序和数据，降低硬件开销，增加吞吐量。由于高性能的行级锁，多个用户可以对一个表同时检索，更新和删除而无须等待。

（2）应用先进的快照技术，在数据更新时，应用程序仍能获得数据库的准确数据。在出现异常情况时能够对事务进行前滚和回滚，以保证数据的一致性而不牺牲其他性能。

（3）采用优化技术，通过建立索引来存/取一列或几列数据，保证了数据的安全。Oracle 的安全审计功能还可以跟踪所有的数据请求，给出详细的数据使用分析。

（4）SQL *NET 支持所有工业标准的网络协议，如 TCP/IP、IPX/SPX 和 DECnet。它将应用程序从一种协议移植到另一种协议无须改动程序。

（5）提供多种开发工具供开发人员选择，它提供的简化应用开发流程可以充分利用 Oracle 数据库的关键功能，这些关键功能包括：客户端高速缓存、提高应用速度的二进制 XML、XML 处理以及文件存储和检索。

（6）Oracle DBMS 是一种通用的数据库系统，几乎可以在所有的操作系统平台上运行。

微软公司的 SQL Server 前几年还被看做是小型的数据库系统，但随着技术的发展，尤其是 Windows NT、Windows 2000 操作系统的广泛应用，它已经能与 Oracle 这样的数据库相比，用于大中型数据库的应用。目前的 SQL Server 版本已经由 V4.2、V6.0、2000、2003 发展到 2007 年年底推出的 SQL Server 2008。SQL Server 是典型的关系数据库系统，具有如下特点：

（1）与 Xbase 等微机数据库不同，它通过使用 SQL 命令，来实现它的关系完整性。

（2）它是单进程，多线程的数据库，与多进程、单线程的数据库相比，耗用较少的系统资源。

（3）专门为客户/服务器结构设计，按照客户/服务器的模式工作，提高了系统的执行效率。

MySQL 是一个小型关系型数据库管理系统，开发者为瑞典 MySQL AB 公司。在 2008 年 1 月 16 号被 Sun 公司收购。目前 MySQL 被广泛地应用在 Internet 上的中小型网站中。由于其体积小、速度快、总体拥有成本低，尤其是开放源码这一特点，许多中小型网站为了降低网站总体拥有成本而选择了 MySQL 作为网站数据库。其特性如下：

（1）支持 AIX、FreeBSD、HP-UX、Linux、Mac OS、Novell Netware、OpenBSD、OS/2 Wrap、Solaris 和 Windows 等多种操作系统。

（2）为多种编程语言提供了 API。这些编程语言包括 C、C++、Eiffel、Java、Perl、PHP、Python、Ruby 和 Tcl 等。

（3）支持多线程，充分利用 CPU 资源。

（4）优化的 SQL 查询算法，有效地提高查询速度。

（5）提供 TCP/IP、ODBC 和 JDBC 等多种数据库连接途径。

与其他的大型数据库如 Oracle、DB2 和 SQL Server 等相比，MySQL 自有它的不足之处，如规模小、功能有限等，但是这丝毫也没有减少它受欢迎的程度。对于一般的个人使用者和中小型企业来说，MySQL 提供的功能已经绰绰有余，而且由于 MySQL 是开放源码软件，因此可以大大降低总体拥有成本。

5.3.3 专用支撑软件平台

专用支撑软件是指那些信息系统专用的成熟软件包，如数据库开发工具、文字/文件处理软件包、商业图形软件、统计软件包和预测计划软件包等。这些是信息系统领域的通用软件，与开发工具或数据库平台可调用接口。这一平台为信息系统开发提供了专用支撑，可大大减少应用系统的重复开发工作量。

进入 20 世纪 90 年代以来，许多第四代开发工具已推向市场。这些产品不但独立于系统硬件平台，其中不少还独立于数据库系统。在选择合适的信息系统开发工具时，主要考虑以下几种因素：①环境因素。根据所选择的体系结构、系统硬件和软件平台选择开发工具，它应该支持所选择的数据库、网络通信协议、操作系统、人-机界面等。②支持系统的整个生命周期。选择开发工具进行系统开发固然重要，但是更重要的是要选择合适的信息系统辅助分析设计工具（CASE）。该工具提供了国际通用的标准系统设计方法，对于遵循标准设计准则，提高设计质量，并在与用户通信、形成系统文档方面都具有很大作用。一个好的 4GL（第四代语言）开发工具应该能进行系统开发管理，特别是能进行产品管理、产品文档生成及维护。③使用对象。开发工具应尽可能面向终端用户，使用户容易学会使用开发工具，以便维护所开发的系统；不要只是面向专职开发人员。④开放性。开发工具本身要尽可能开放，符合开放系统的标准，独立于硬件平台及系统软件平台，甚至能够独立于数据库，这样才有利于系统的扩充和连网。开发工具本身要有与高级语言的接口，有结构优良的数据字典，使各分立产品容易集成。⑤商品因素。要考虑开发工具制造厂商的技术支持、售后服务和厂商本身的稳定性等因素。

常见的工具包括数据模型构造器、流程图设计器和 C/S 开发工具等。

1. 数据库建模工具

由 CA（Computer Associates）公司提供的数据模型构造器 ERWin，基于一种典型数据建模技术—实体关系图（ER 图），提供一套设计逻辑模型的编辑器，其中包括实体属性编辑器、实体定义编辑器、实体注解/查询/样本编辑器和属性定义编辑器。ERWin 完全支持 MIS 开发过程中数据建模的工作，并且最终提供详细文档。

PowerDesigner 是由 Sybase 公司开发的数据库建模工具。它允许设计人员不仅创建和管理数据的结构，而且开发和利用数据的结构针对领先的开发工具环境快速地生成应用对象和数据敏感的组件。开发人员可以使用同样的物理数据模型查看数据库的结构和整理文档，以及生成应用对象和在开发过程中使用的组件。

2. 流程图设计器

Microsoft Visio 是 Windows 操作系统下运行的流程图软件，它现在是 Microsoft Office 软件的一个部分。它支持流程图中所用到的所有基本图形、文本提示框以及各图形、文本提示框的关系连接线，各对象可以随意拖动修改。

随着科技的发展，现在还出现了许多在线的流程图设计软件，如 Gliffy、Flowchart 和 DrawAnywhere 等，也可以满足用户的需要。

3. 开发工具

1）Visual Studio

Visual Studio 是一套完整的开发工具集，用于生成 ASP.NET Web 应用程序、XML Web Services、桌面应用程序和移动应用程序。Visual Basic、Visual C++、Visual C#和 Visual J#全都使用相同的集成开发环境（IDE），利用此 IDE 可以共享工具且有助于创建混合语言解决方案。另外，这些语言利用了.NET Framework 的功能，通过此框架可使用简化 ASP.NET Web 应用程序和 XML Web Services 开发的关键技术。Visual Studio 的最新版本是 2008 年推出的 Visual Studio 2008，其具有以下优点：

（1）快速的应用程序开发。为了帮助开发人员迅速创建先进的软件，Visual Studio 2008 提供了改进的语言和数据功能，如语言集成的查询（LINQ），各个编程人员可以利用这些功能更轻松地构建解决方案以分析和处理信息。

Visual Studio 还使开发人员能够从同一开发环境内创建面向多个.NET Framework 版本的应用程序。开发人员能够构建面向.NET Framework 2.0、3.0 或 3.5 的应用程序，意味着他们可以在同一环境中支持各种各样的项目。

（2）突破性的用户体验。Visual Studio 2008 为开发人员提供了在最新平台上加速创建紧密联系的应用程序的新工具，这些平台包括 Web、Windows Vista、Office 2007、SQL Server 2008 和 Windows Server 2008。对于 Web，ASP.NET 和 Ajax 及其他新技术使开发人员能够迅速创建更高效、交互式更强和更个性化的新一代 Web 体验。

（3）高效的团队协作。Visual Studio 2008 提供了帮助开发团队改进协作的扩展的和改进的服务项目，包括帮助将数据库专业人员和图形设计人员加入到开发流程的工具。

2）JBuilder

Java 是现在最流行的开发语言之一，在 Java IDE 的口碑和功能方面，JBuilder 的表现无疑是最好的。JBuilder 基于 Eclipse 平台，具有一个有很多创新功能且非常强大的 IDE 工具。

在 Java 编程方面，JBuilder 具有三种不同的代码监督和分析设置：开源的 PMD、Findbugs 和 Borland 自己的代码检查工具，这些方式相互配合使用，把功能发挥到了极致。同样，JBuilder 2007 也有自己的不足之处，如缺乏问题描述和体贴的推荐操作等功能。

JBuilder 还集成了一个分析评估程序，这个分析评估程序在所有 IDE 产品中也是最好的，它产生了超过 80 多种不同的评估机制，并以图表或电子表格的形式展现。令人好奇的是，它的评估程序并不包含可维护性的索引，用户可以关闭不感兴趣的机制，并设置需要跟踪的线程。

JBuilder 还可以对评估机制进行快照保存功能，因此可以把代码的当前状态和此前运行的代码进行比较，以确保程序朝着正确的方向发展。

3）Delphi

由 Borland 公司推出的 Delphi 是全新的可视化编程环境，提供了一种方便、快捷的 Windows 应用程序开发工具。它使用了 Microsoft Windows 图形用户界面的许多先进特性和设计思想，采用了弹性可重复利用的完整的面向对象程序语言（Object-Oriented Language）、最快的编辑器和最为领先的数据库技术等。

Delphi 提供了 500 多个可供使用的部件，利用这些部件，开发人员可以快速地构造出应用系统。开发人员也可以根据自己的需要修改部件或用 Delphi 本身编写自己的部件，其主要特点如下：

（1）直接编译生成可执行代码，编译速度快。由于 Delphi 编译器采用了条件编译和选择链接技术，使用它生成的执行文件更加精炼，运行速度更快。在处理速度和服务器存/取方面，Delphi 的性能远远高于其他同类产品。

（2）支持将存/取规则分别交给客户机或服务器处理的两种方案，而且允许开发人员建立一个简单的部件或部件集合，封装起所有的规则，并独立于服务器和客户机，所有的数据转移通过这些部件来完成。这样，大大减少了对服务器的请求和网络上的数据传输量，提高了应用处理的速度。

（3）提供了许多快速方便的开发方法，使开发人员能尽可能减少重复性工作，完成各种不同的应用。利用项目模板和专家生成器可以很快建立项目的构架，然后根据用户的实际需要逐步完善。

（4）具有可重用性和可扩展性。开发人员不必再对诸如标签、按钮及对话框等 Windows 的常见部件进行编程。Delphi 包含许多可以重复使用的部件，允许用户控制 Windows 的开发效果。

（5）具有强大的数据存/取功能。它的数据处理工具 BDE（Borland Database Engine）是一个标准的中介软件层，可以用来处理当前流行的数据格式，如 xBase 和 Paradox 等，也可以通过 BDE 的 SQLLink 直接与 Sybase、SQLServer、Informix 和 Oracle 等大型数据库连接。Delphi 既可用于开发系统软件，也适合于应用软件的开发。

（6）拥有强大的网络开发能力，能够快速开发 B/S 应用，它内置的 IntraWeb 和 ExpressWeb 使得对于网络的开发效率超过了其他任何的开发工具。

（7）Delphi 使用独特的 VCL 类库，使得编写出的程序显得条理清晰，而且 VCL 可以使 Delphi 在软件开发行业处于一个绝对领先的地位。用户可以按自己的需要，任意构建和扩充、甚至是删减 VCL，以满足不同的需要。

（8）从 Delphi8 开始，Delphi 也支持.NET 框架下程序的开发。

5.4　信息系统网络平台的构建

5.4.1　网络平台构建概述

信息系统的网络平台实际上就是计算机网络，是由计算机和通信设备组成的有机整体。网络选型的原则是实用性、先进性、开放性、可扩充性和经济性。目前可以供选择的网络类型很多，如光纤分布式数据接口 FDDI 和分布式铜线数据接口 CDDI、异步传输模式 ATM、交换式以太网、快速以太网等，它们都有各自的优点，也有不足之处。

网络的拓扑有总线型、环型、星型、树型以及它们的组合。网络拓扑一旦确定，光纤和电缆就会永久性或半永久性地敷设，如果网络拓扑没有选择好，则过一段时间又要改变，就可能造成前期投资的损失。

常见的网络协议有 TCP/IP 协议，NETBEUI 协议和 IPX/SPX 协议等。最广泛使用的协议是 TCP/IP，它不仅广泛用于 Internet 和 UNIX 环境下，局域网操作系统如 Netware、Windows NT/Windows 8 等也都支持该协议。

网络硬件是组成网络的基本部件，这些硬件主要包括各级网络服务器、工作站、路由器、交换机、集线器、网卡、网络线缆、光纤、收发器、无线收/发设备等。对于网络设备的选择原则为：选择先进的、成熟的技术和主流厂家的产品，产品的性能价格比和售后服务的承诺及对未来新技术的支持。

网络软件有网络操作系统软件、网络管理软件、应用软件、工具软件、支撑软件等，正确地选择能够相互配合、完成网络系统需求功能的软件组合是网络建设的关键。

总之，选择网络平台时，首先要考虑信息系统的实际应用环境及应用需求，其次要考虑作为平台的软/硬件产品的功能与性能，再次要考虑国内外发展的主流趋势，最后还要考虑项目的投资状况及专业人员的技术支持水平。根据信息系统规模、组织机构布局与系统功能关联的情况、地理环境及外部通信要求、用户对网络站点分配及连网范围要求，确定网络通信平台和网络硬件平台的选择策略。

5.4.2 局域网

局域网（Local Area Network，LAN），是指在某一区域内由多台计算机互相连成的计算机组。“某一区域”指的是同一办公室、同一建筑物、同一公司和同一学校等，一般是方圆几千米以内。局域网可以实现文件管理、应用软件共享、打印机共享、扫描仪共享、工作组内的日程安排、电子邮件和传真通信服务等功能。局域网是封闭型的，可以由办公室内的两台计算机组成，也可以由一个公司内的上千台计算机组成。常见的形式是以太网，如图 5.1 所示。

常用的局域网设备如下所述。

1. 传输介质

双绞线（Twisted Pair）是最常用的一种传输介质，它由两根具有绝缘保护层的铜导线组成。把一对或多对双绞线放在一个绝缘套管中便成了双绞线电缆。它可以分为非屏蔽双绞线（UTP）和屏蔽双绞线（STP），又可以分为 3 类、4 类、5 类和超 5 类。

同轴电缆（Coaxial Cable）由内外两个导体组成。内导体是芯线，外导体是一系列以内导体为轴的金属丝组成的圆柱纺织面。内外导体之间有填充支持物以保持同轴。同轴电缆连在同轴电缆接插件（Bayonet Nut Connector，BNC）上，然后再由 BNC 与 T 型接头连接。

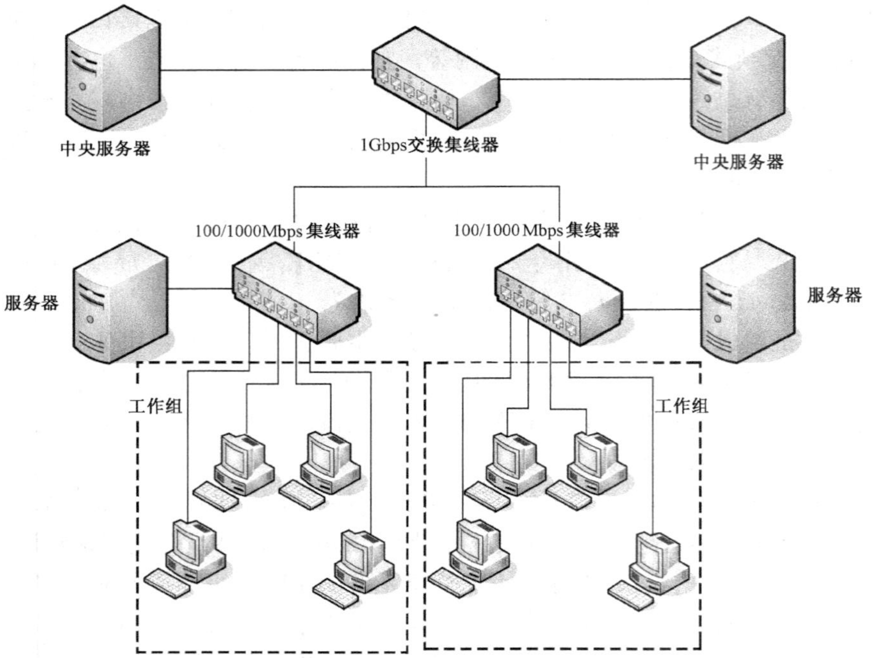

图 5.1　以太网

光纤（Optical Fiber）是一种能够传输光束的细而又柔软的通信媒质，通常由非常透明的石英玻璃拉成细丝，由纤芯和包层构成双层通信圆柱体。一根或多根光导纤维组合在一起就形成光缆，光缆还包括能吸引光线的外壳。光纤的特点包括频带宽，传输速率高，传输距离远，抗干扰性能好，数据保密性高，损耗和误码率低等；缺点是衔接和分支比较困难。

无线传输通过大气或空间传输，如无线电波、微波、红外线和激光等。在使用电缆非常困难或者说根本不可能时，无线通信可以出色地代替电缆。无线通信的缺陷就是不适合高速通信，容易受干扰，受天气影响大。红外线和激光频率太高，波长太短，不能穿透固体，在室内和近距离较多使用。

2. 网卡

网络接口卡又称为网络适配器，简称网卡，作为一种 I/O 接口卡插入在计算机主机板和数据总线的扩展槽上。它的主要功能是提供与网站主机的接口电路，实现数据缓存器的管理、数据链路管理、编码和译码及网内收/发功能。

3. 集线器

集线器是以星形拓扑结构连接网络节点（如工作站、服务器等）的一种中枢网络设备。通过其上的 RJ-45 插座，可与带水晶头的双绞线连接。通过其上的 BNC 插座可与带 T 型头的细同轴电缆连接。集线器通过逻辑的以太网总线网络或令牌环网提供中央网络连接，在物理上构成星形或级联的星形（即树形）网络结构。

4．网桥

网桥是将一个 LAN 段与另一个 LAN 段连接起来的网络设备，如图 5.1 所示。它在数据链路层对帧进行存储转发，与高层协议无关。网桥提供了对网络流量分段的能力，可以限制流向网络某段的信息流，从而提高网络的整体吞吐能力。网桥中还可以包含网络管理员输入的指令，以防来自某些特定源地址帧的泛滥，或者不将其转发而是将其丢弃。这种过滤能力意味着网桥具有防火墙功能，可防止网络黑客入侵。

5.4.3　广域网

广域网（参见图 5.2）是通过远程通信信道以及路由器、交换机、网关把若干个局域网或单机连接在一起的网络，其地域范围在 1km 以上。广域网绝大多数都是采用分组交换技术进行数据传输的，常用的有 ATM 网、X.25 分组交换网和帧中继网（FR）等。

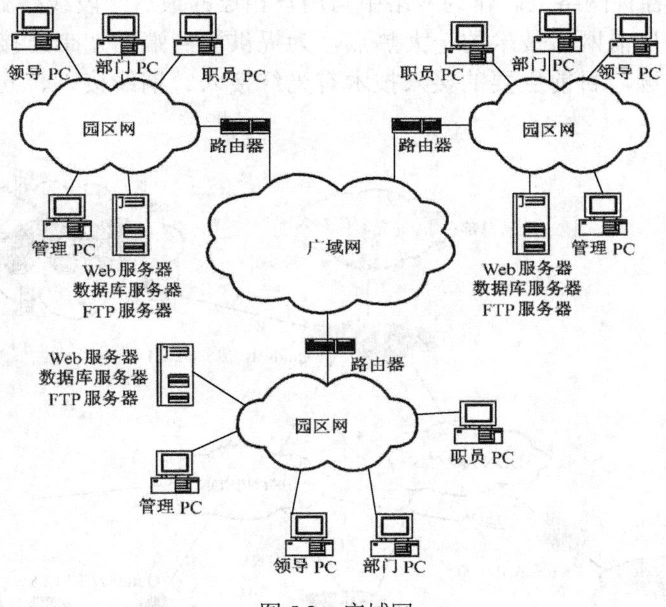

图 5.2　广域网

交换机是工作在链路层的网络设备，具有多个端口，每个端口都具有桥接功能，可以连接一个 LAN 或者一台高性能网站或服务器。所有端口由专用的处理器进行控制，并经过控制管理总线转发信息。传统的交换机本质上是具有流量控制能力的多端口网桥，即二层交换机。把路由技术引入到交换机，可以完成网络层路由选择，称为三层或多层交换。

交换机最常见的用途之一是在以太局域网上减少冲突并改善带宽。以太网交换机利用其 MAC（Media Access Control，介质访问控制）地址表来确定哪个端口接收特定的数据。由于每个端口都通过唯一的节点与一个段相连，并且没有其他的节点，所以节点和段享有完全的 10Mbps（或 100Mbps 或 1Gbps）带宽，这样就减少了发生冲突的可能。交换机另一个最常见的应用是在令牌环网中。令牌环网交换机在数据链路层只执行桥接功能，或者能在网络层执行源路由桥接功能。通过直接转接到接收数据的段，交换机可以极大地增加网络的带宽，而无须对现有的网络介质进行升级。

路由器是工作在网络层的设备，它集网关、桥接、交换技术于一身，其最突出的特性就是能将不同协议的网络视为子网而互连，能够跨越广域网将远程局域网互连成大网。它与网桥的根本区别在于：它是面向协议的设备，能够识别网络层地址，而网桥只能识别链路层地址或称为 MAC 地址，对网络层地址视而不见。

5.4.4　国际互联网

国际互联网的英文名字是 Internet，也称为互联网，汉译音为因特网。

Internet 及其接入点已成为国家通信基础设施建设的一部分，一般用户连接 Internet 的方式都是接入技术，图 5.3 是广域网接入 Internet 的例子。接入技术要解决的问题是如何将用户连接到各种网络上。作为网络中与用户相连的最后一段线路上所采用的技术，接入技术已成为目前网络技术的一大热点，为提供端到端的宽带连接，宽带接入是必须解决的一个问题。目前主要的接入技术有光纤接入、铜线接入、同轴电缆接入和无线接入等。

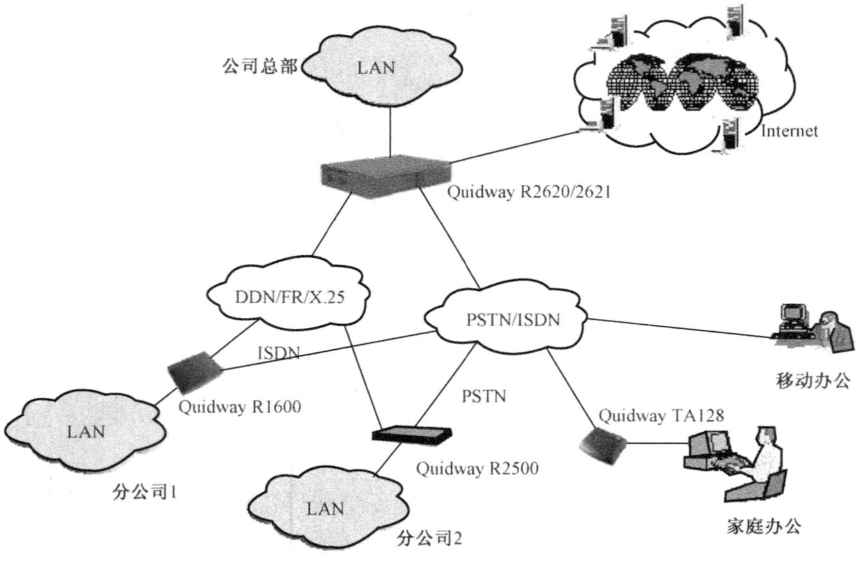

图 5.3　广域网接入 Internet

光纤接入网（OAN）又称为光纤用户环路（FITL），根据与用户的距离，FITL 又有多种方式：

（1）FTTH（Fiber To The Home）——光纤到家。

（2）FTTO（Fiber To The Office）——光纤到办公室。

（3）FTTB（Fiber To The Building）——光纤到大楼。

（4）FTTC（Fiber To The Curb）——光纤到路边。

（5）FTTZ（Fiber To The Zone）——光纤到小区。

铜线接入的常用接入技术主要有电话线调制解调器（MODEM）、高速数字用户环路（HDSL）、非对称数字用户环路（ADSL）和超高速数字用户环路（VDSL）等。

同轴电缆接入 HFC（光纤同轴电缆混合网）的网络拓扑结构也是由光纤和同轴电缆组成的。这种结构和目前有线电视的结构是完全一样的，所以 HFC 特别适用于有线电视运营公司开通宽带业务。用户端需安装电缆调制解调器（Cable MODEM）。

无线用户环路（WLL）是指利用无线技术为固定用户或移动用户提供电信业务，因此无线接入可分为固定无线接入和移动无线接入两种，采用的无线技术有微波和卫星等。GPRS 是通用分组无线业务（General Packet Radio Service）的英文简称，是在现有 GSM 系统上发展出来的一种承载业务，目的是为 GSM 手机用户提供分组形式的数据业务。

5.5　基于云计算平台的信息系统构建

随着云计算（Cloud Computing）技术的不断成熟以及云计算平台的普及，传统企业信息化环境正在发生着改变。过去信息系统建设往往要购买服务器、存储和网络设备等，而基于网络的云计算平台的出现，使得企业进行信息系统建设的费用大大降低，企业无须再购买繁杂的 IT 设备和软件，借助云计算平台可以随时获取、按需使用、随时扩展，并且使用户终端的功能大大简化。云计算平台具有的高可扩展性、超大规模、高可用性、成本低廉等特点，使得越来越多的企业开始考虑如何用云计算平台来构建自己的信息系统。

目前对云计算还没有一个严格的定义，一般来说，云计算是网格计算、分布式计算、并行计算、效用计算、网络存储、虚拟化、负载均衡等计算机技术和网络技术发展融合的产物，通常可以把它理解为一种信息技术服务的交付和使用模式，即通过网络以按需、易扩展的方式为用户提供信息技术服务，用户购买信息技术服务就可以支撑信息系统建设的需要。这种服务可以是信息技术基础设施（硬件、平台、软件），也可以是任意其他的信息技术服务。比如，云计算可以具有租用一台服务器或一千台服务器运行应用程序的能力；也可以具有租用一台虚拟服务器，在其上面加载软件、随意打开和关闭该虚拟服务器或克隆该服务器多次，以满足突发工作负荷需求的能力；云计算不但可以存储和保护巨量数据，而且只允许授权应用程序和用户访问这些数据；云计算还可以由建立包括 OS、Apache、MySQL 数据库、Perl、Python 和 PHP 在内的平台的云提供商提供支持，使得该平台能够根据不断变化的工作负荷自动扩展。可以认为云计算是一种能力，即让用户在互联网上使用存储，并提供数据保护，同时提供服务的应用程序的能力。

5.5.1 云计算基础设施模式

针对不同企业不同业务系统的需要，可以采用三种不同的云计算基础设施模式（公用云、专用云和混合云）搭建企业信息系统平台。

1. 公用云

公用云由第三方运行，而不同用户提供的应用程序可能会在云的服务器、存储系统和网络上混合在一起。公用云通常在远离用户建筑物的地方托管，能够根据需要进行伸缩，并将基础设施风险从企业转移到云提供商。

根据用户需要，也可以将公用云的部分资源划分出来供用户单独使用，从而产生一个虚拟专用数据中心。虚拟专用数据中心不仅限于在公用云中部署虚拟机映像，而且还使用户在更大程度上清楚地了解其基础设施。用户不仅可以处理虚拟机映像，而且可以处理服务器、存储系统、网络设备和网络拓扑。

2. 专用云

专用云是为用户单独使用而构建的，因而提供对数据、安全性和服务质量的最有效控制。这样不但使该用户拥有基础设施，还可以控制在此基础设施上部署应用程序的方式。专用云可部署在用户数据中心，也可以部署在一个主机托管场所。

专用云可由用户自己的 IT 机构构建，也可由云提供商进行构建。在这种“托管式专用”模式中，用户可以安装、配置和运营基础设施，以支持一个用户数据中心内的专用云。这种模式赋予用户对于云资源使用情况的极高水平的控制能力，但同时也要求用户的 IT 机构具有建立并运作专用云环境所需的专门知识。

3. 混合云

混合云把公用云模式与专用云模式结合在一起，用户部分独自拥有云资源，部分与他人共享云资源。混合云有助于提供按需的、外部供应的扩展。在工作负荷快速变化时，可以借助公用云的资源来扩充自己专用云的能力，从而维持稳定的服务水平。

混合云中的资源管理较为复杂，需要考虑数据和处理资源之间的分配关系。但对于数据量小、应用程序无状态的情形，混合云的处理效率明显优于必须把大量数据传输到公用云中进行小量处理的情形。

企业可以根据实际需要在公用云、专用云或混合云上部署其应用程序。对于中小企业来说，公用云是一个不错的选择，由于云计算服务提供商提供云计算平台，因此中小企业不需要自己建设数据中心，不用关心虚拟化、网络等方面的技术难点，只要选择一个信得过的云计算服务提供商就可以了。但是对那些想利用云计算平台特性、对安全性要求比较高、不想把应用外包的大型企业来说，构建私有的企业云计算平台（专用云）就非常合适。此外，根据企业业务系统的需要，还可选择一个由公用云和专用云组成的混合云平台来解决多种不同问题。

5.5.2　云计算的服务集合

云计算包含从硬件到应用程序的任何传统层级提供的服务。通常，云计算可划分为如下三个类别的服务：把软件当作服务（Software as a Service，SaaS）、把平台当作服务（Platform as a Service，PaaS）以及把基础设施当作服务（Infrastructure as a Service，IaaS）。

1. 把软件当作服务（SaaS）

“把软件当作服务”是根据用户需要作为服务提供的一整套应用程序。该软件的单个实例运行于云上，并为多个最终用户或客户机构提供服务，用户可以在各种设备上通过客户端界面访问相应服务。SaaS 的示例包括 Google Apps 和微软 Office 365 等。

1）Google Apps

Google Apps 是 Google 提供的一项“软件即服务”产品，用于企业消息传输、协作和安全。各种规模的企业使用 Google Apps 保持员工之间的联系，提高工作效率以及降低 IT 成本。通过 Google Apps API，开发人员可以扩展 Google Apps 的功能，与其他系统集成或为其公司和其他业务构建新的应用程序。

2）Office 365

Office 365 是微软下一代云计算产品，包括 Office SharePoint Online、Exchange Online 和 Lync Online 组件，提供基于 Web 并且与 Microsoft Office 完全兼容的服务，Office 365 还为这些组件提供实时升级服务。

2. 把平台当作服务 (PaaS)

“把平台当作服务”包含一个软件层，并作为一项服务提供此软件层，这项服务可用来构建更高水平的服务。从服务生产商或用户的观点看，PaaS 包含两个方面的内容：

（1）提供 PaaS 的生产者可能通过集成 OS、中间件、应用软件甚至是一个随后作为服务提供给用户的开发环境来生产一个平台。例如，开发 PaaS 的生产者可能会使其以一组 Sun™ xVM 管理程序虚拟机为基础，这组虚拟机包括一个 NetBeans™ 集成化开发环境、一个 Sun GlassFish™ Web 栈，并支持像 Perl 或 Ruby 这样的其他编程语言。

（2）使用 PaaS 的用户会看到一个封装式服务，该服务通过 API 提供给用户。用户通过 API 与该平台互动，而且该平台执行一切必要的操作来管理和扩展其本身，以提供规定的服务水平。可以将虚拟设备看做是 PaaS 的实例。例如，一个内容交换设备会将其所有组成软件对用户隐藏起来，而只向用户提供用来配置和部署服务的一个 API 或 GUI。

PaaS 产品可执行各个阶段的软件开发和测试，也可以专用于某个领域，如内容管理。PaaS 的示例包括微软公司的 Azure 等。

Azure Services Platform 是微软公司于 2008 年微软开发者大会上发布的全新的 PaaS 平台，主要向开发人员提供一个在线的基于 Windows 系列产品开发、存储和服务代管等服务的环境。Azure 通过控制底层的网状控制器（Fabric Controller）将数据中心数量庞大的 Windows 服务器有效组织起来，给前端的应用提供计算和存储功能，并保证其可靠性。可以将它看做是一个在线的操作系统环境，管理了整个数据中心的运算资源，用户可以很方便地调用这些资源，来执行各种应用程序。除此之外，操作系统升级、维护等也可以在系统不宕机的情况下自动完成。此外，微软公司的 Windows Azure 还提供了一套基于 Visual Studio 的 Azure 工具，供开发者在个人计算机上开发、模拟和测试 Azure 平台上的应用程序。

3. 把基础设施当作服务 (IaaS)

“把基础设施当作服务”通过网络作为标准化服务提供基本存储和计算能力。服务器、存储系统、交换机、路由器和其他系统都是合用的，并可用来处理从应用程序组件到高性能计算应用程序的工作负荷。IaaS 的示例包括 EC2 和 OpenStack 等。

1）EC2

亚马逊是互联网上最大的在线零售商，每天负担着大量的网络交易，同时亚马逊也为独立软件开发人员以及开发商提供云计算服务平台。亚马逊弹性计算云（EC2，Elastic Compute Cloud）建立在公司内部的大规模集群计算的平台上，而用户可以通过弹性计算云的网络界面去操作在云计算平台上运行的各个实例（instance）。用户使用实例的付费方式由用户的使用状况决定，即用户只需为自己所使用的计算平台实例付费，运行结束后计费也随之结束。这里所说的实例即是由用户控制的完整的虚拟机运行实例。通过这种方式，用户不必自己去建立云计算平台，节省了设备与维护费用。

2）OpenStack

OpenStack 是一个美国国家航空航天局和 Rackspace 合作研发，以 Apache 许可证授权的自由软件和开放源代码项目。OpenStack 旨在为公用云及专用云的建设与管理提供良好可扩展性的平台。它的社区拥有超过 130 家企业及 1350 位开发者，这些机构与个人都将 OpenStack 作为基础设施即服务资源的通用前端。OpenStack 包含 Nova 和 Swift 两个主要模块，前者是 NASA 开发的虚拟服务器部署和业务计算模块；后者是 Rackspace 开发的分布式云存储模块，两者可以一起用，也可以分开单独用。

5.6 信息系统应用软件的开发

5.6.1 应用软件的开发方式

所谓开发方式，是指企业进行信息系统应用软件开发的方式，常见的有自行开发、委托开发、合作开发、咨询开发和外购软件等方式。这些方法各有特点，下面分别进行介绍。

1. 自行开发

信息系统由企业完全以自己的力量进行开发，国内很多企业采用这种方式。企业招聘或培养专业技术人员，根据本企业的实际需要，自行开发。由于自行开发是由企业直接领导，人员统一调配，易于协调，可以保证进度。开发人员熟悉企业情况，可以较好地满足用户的需求。

但是，许多企业实际上不具备自行开发的能力。而且，这种方式难以借助以前开发的成果和经验，有许多重复性劳动，系统的水平往往不高。

2. 委托开发

企业将项目完全委托给一个开发单位，系统建成后再交付企业使用。这种方式被采用的不多，因为软件项目与其他技术改造等项目不同，它与企业管理密切联系，需求经常变化，交钥匙工程的效果不理想，而系统的运行维护更存在很多问题。

3．合作开发

企业与外部的开发单位合作，双方共同开发。这种方式结合了以上两种方式的优点，更加有利于企业人员熟悉和维护系统，也能采取开发单位的经验，有利于提高系统水平。

合作开发的主要问题是企业必须选择合适的开发伙伴，它应该有技术实力，有类似企业的开发经历，熟悉行业特点。必要时可以采取招标的方式选择开发伙伴。

4．咨询开发

以企业的力量为主，请外单位的专家，主要是系统分析员进行咨询指导，比如帮助做系统的总体规划和系统分析，而系统的实施由企业自己进行。这种方式是对自行开发方式的一种补充。

5．外购软件

近年来，随着软件产业的发展，外购商品化软件是一种新型的开发方式，既节省时间，又保证软件的质量。对于财务软件、进销存软件等单项管理软件，可以直接使用；而对于大型软件，进行二次开发是关键。

5.6.2　应用软件的开发人员

在信息系统开发中，计算机专业技术人员，发挥着极为重要的作用，是系统成功的重要保证。但是，直至今日仍然有许多人认为，软件人员的工作只是编计算机程序，操作计算机，打印报表，这是很大的误解。一个应用软件的开发，需要需求分析，系统设计、编制程序、测试和审查程序，需要各种层次的专业人员参与。信息系统是一个大型、复杂的软件系统，在它的五个开发阶段，更是需要不同层次的软件开发人员发挥不同的作用。

软件人员按分工包括以下三种。

（1）系统分析员。系统分析员是应用软件的开发者，又是整个项目的技术负责人，在应用软件开发的各个阶段都担负着重要任务。系统分析员必须了解企业管理，明确企业的经营管理目标和发展方向，能够与企业领导一起确定信息系统的近期和长期目标，制定应用软件的开发策略、技术路线和开发方法，选择合适的硬件、软件环境和开发工具。他的重要工作是主持总体规划和系统分析，根据企业的现状和需求确定系统的逻辑模型和物理模型。另外，他还承担着项目全过程的组织和实施工作。系统分析员除了要对信息系统技术进行全面深入了解外，还要懂得企业管理和广泛的技术、社会知识，并具有较长时间的系统开发实践经验。

（2）高级程序员。高级程序员是应用软件分项目的负责人，是系统分析员的助手，主要负责系统设计和系统实施的工作，包括子系统模块设计、代码设计、数据库设计、输入/输出设计和程序设计等软件设计内容；同时，参加总体规划和系统分析阶段的工作。高级程序员需要对计算机硬件、软件和网络通信技术有全面的了解，熟悉软件开发的组织工作，能够按照软件需求说明书进行软件设计，并指导程序员工作。

（3）程序员。程序员是应用软件项目中的具体软件开发人员，承担软件的编制和维护任务，能够按照软件设计说明书的要求编制程序，建立和维护数据库，编制各种软件文档。程序员要具备计算机硬件、软件的基础知识，并熟悉多种程序设计语言和开发工具。

5.6.3　应用软件的开发原则

1．自顶向下的原则

一个大的信息系统可能会有上千个模块，首先实现哪些模块为好呢？至少存在自上而下和自下而上两种实现方法。若采用自下而上方法，各个下级模块容易单独实现并调试通过，而联调时却很难通过，并容易出现相互推诿责任的现象，其原因在于未先解决整体结构及模块之间的接口问题。结构化方法强调自上而下，由总到分，先调试顶层模块及各个接口，然后逐层向下，层层展开，最后调试最低层模块。

在实现上层模块时，将下层未出现的模块作为树桩模块出现，即只保留模块的名、输入/输出参数，其具体的实现过程像未发芽的树桩暂时先空着，有时仅在屏幕上提示一下已调用此模块的简单信息，以集中精力实现上层模块。待低层调试通过后，再来完成下层的树桩模块。

2．划分版本的原则

划分版本的原则为从顶向下，并不是说必须等上层模块全部实现完毕才能实现下层模块，而是根据实施计划把系统分为若干个版本（Version），系统的首版常常只是反映系统的轮廓或骨架，实现部分主要功能的版本，它仅含有顶层模块。下属各层模块中可能存在空着的树桩模块，要待后续版本来不断完善。

版本划分的基本原则是：①先上层后下层，先控制部分后执行部分，以便尽早、尽可能多地测试模块间接口，验证系统结构的正确性。②根据用户的要求，安排模块实现的顺序，用户希望先实现的功能先安排。③较复杂的模块分散在几个版本中实现。④结合文件、数据库等共享资源的建立先后顺序来划分。⑤结合用到的硬件、软件资源、人员培训和研制力量划分。这样做，不仅可以有效解决接口问题，便于验证系统的正确性，还可让用户逐步看到成果，发现和提出问题，有利于后续部分的实现。

3．标准化原则

标准化原则即程序员在实现模块编码时，一定要按照详细设计的模块说明来开发公用模块和共享数据。除非特别情况并经设计人员批准，否则不得随意改变模块的接口特性。一个统一的标准和严格的执行是信息系统成功的必要条件之一。

4．程序设计通用化

程序设计通用化包括如下三个标准化。

（1）程序处理逻辑描述标准化，如统一选用程序流程图、N-S 图、结构化语言、决策表或决策树进行逻辑描述。

（2）公共处理和程序代码标准化，即系统或子系统中所用到的公用程序模块，采用程序或程序库的形式，按标准化格式统一编码，以供公用。

（3）源程序“文体”的标准化，即要求具有良好的源程序编写“文体”以便人们阅读。

5．程序的易维护性

易维护性的要求在系统分析阶段就已经提出，在系统设计阶段安排了具体的实现办法，而系统的实现需要在程序设计中体现。

6．程序的可靠性

前面说过，保证可靠性是程序设计的基本原则，可靠性实际是程序正确性和抵御外部环境干扰能力的综合表示。正确性是程序自身应有的属性，通常是通过设计、调试、测试过程来保证，但测试只能说明程序有错，而不能证明程序无错。因此，正确性的保证还要求延伸到程序运行维护过程中。抵御外部环境干扰是多方面的，包括硬件出现故障时程序的保护与恢复，文件与数据库操作时的数据保护和断点的恢复等。

5.7　信息系统安全保障体系的建立

任何一个信息系统都是一个复合型系统，即是由拥有它的组织本身与 IT 技术系统复合构成的信息系统。而系统的安全目标与安全策略是由组织的性质与需求所决定的。因此在分析系统的安全风险、制定相应的安全保护措施时同样需要基于其“复合型”性质，即需要同时考虑其组织和技术体系以及管理过程的性质，而不是单纯地根据信息系统本身去制定。

5.7.1　技术和非技术的保护方式

安全保护方式，由技术保护和管理保护两大类方式构成。技术保护方式是根据风险产生的技术特点和安全目标的要求而采用的相应安全机制、技术措施和专用设备。管理保护方式则根据有关法律法规和安全目标的要求，针对信息系统的运行、有关人员的行为和技术过程而制定的相应管理制度。管理保护在某种意义上是更重要、更有效的安全保护方式。

（1）物理措施。例如，保护网络关键设备（如交换机和大型计算机等），制定严格的网络安全规章制度，采取防辐射、防火等措施。

（2）访问控制。对用户访问网络资源的权限进行严格的认证和控制。例如，进行用户身份认证，对口令加密、更新和鉴别，设置用户访问目录和文件的权限，控制网络设备配置的权限等。

（3）数据加密。加密是保护数据安全的重要手段。加密的作用是保障信息被人截获后不能读懂其含义。

（4）防止计算机网络病毒。计算机网络病毒对计算机网络的危害越来越严重，必须引起高度重视。

（5）其他措施。其他措施包括容错、数据镜像、数据备份和审计等。

5.7.2 信息安全的动态过程

安全并非是一件一劳永逸的事情，而是需要不断分析完善的一个动态的过程，是不断实施一反馈一维护的过程。

信息安全保障体系是一个整体网络安全体系设计和实施中必不可少的重要环节，它涉及了安全需求分析、安全层次分析、安全产品选型、安全等级设计、安全模型设计、安全体系实施、安全系统运行测试、安全管理、安全升级、安全培训教育、安全紧急响应等众多方面。其按类别可分为五个服务项目，如图 5.4 所示。

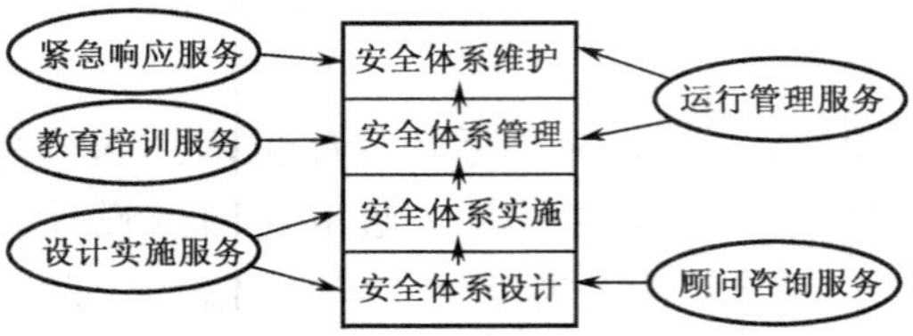

图 5.4　一个完善的信息安全体系的建立

①顾问咨询服务包括网络安全策略和规划、企业网络安全评估、安全标准及法规的遵从性审核、网络结构的分析、安全信息通报等。②设计实施服务包括网络安全结构设计、网络安全产品的选择、网络安全系统的安装、网络安全系统的运行测试、安全陷阱的设立等。③运行管理服务对网络的运行从安全的角度做日常的审计和维护管理，并提供完善的安全管理制度。④教育培训服务提供完善的教学计划和课程，课程应包括基础理论培训和认证培训。⑤紧急响应服务在网络出现安全问题时，提供完善的响应规划和现场紧急响应。

由于网络安全的复杂和动态性，所以一个全面完善的安全体系并不是单个产品或简单的系统修复所能构成的。它应是一个由服务、产品、持续三方面构成的立体、动态、延续的系统工程。一个网络安全系统工程的三维模型如图 5.5 所示。

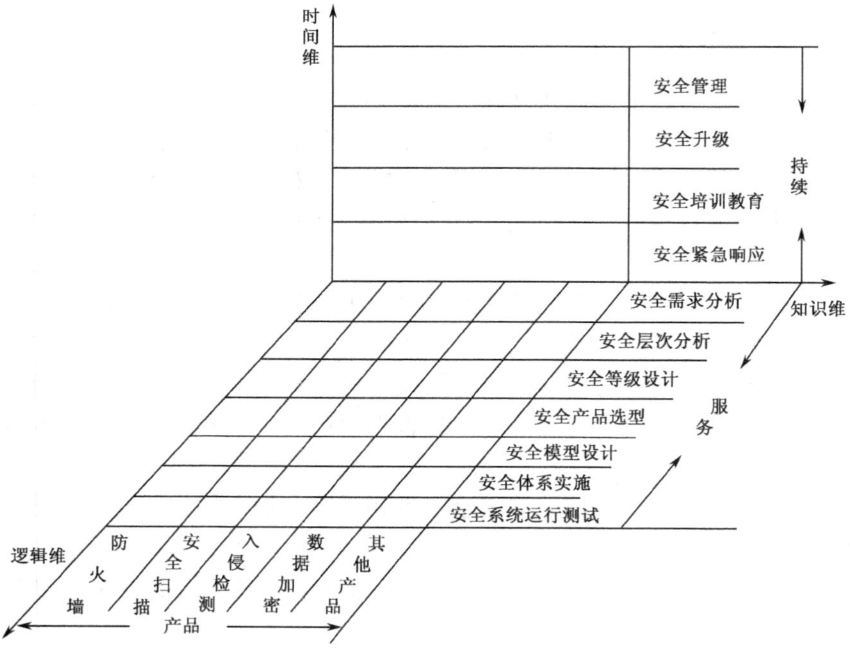

图 5.5　网络安全系统工程的三维模型

5.7.3 建立信息系统安全保障体系的原则

根据防范安全攻击的安全需求、需要达到的安全目标、对应安全机制所需的安全服务等因素，参照 SSE-CMM（“系统安全工程能力成熟模型”）和 ISO 17799（信息安全管理标准）等国际标准，综合考虑可实施性、可管理性、可扩展性、综合完备性、系统均衡性等方面，信息系统安全保障体系在整体设计过程中应遵循以下九项原则。

1）信息安全的木桶原则

信息安全的木桶原则是指对信息均衡、全面进行保护。“木桶的最大容积取决于最短的一块木板”。信息系统是一个复杂的计算机系统，它本身在物理上、操作上和管理上的种种漏洞构成了系统的安全脆弱性，尤其是多用户系统自身的复杂性、资源共享性使单纯的技术保护防不胜防。攻击者使用“最易渗透原则”，必然在系统中最薄弱的地方进行攻击。因此，充分、全面、完整地对系统的安全漏洞和安全威胁进行分析、评估和检测（包括模拟攻击），是设计信息安全系统的必要前提条件。安全机制和安全服务设计的首要目的是防止最常用的攻击手段，根本目的是提高整个系统的“安全最低点”的安全性能。

2）信息安全的整体性原则

信息安全的整体性原则要求在网络发生被攻击、破坏事件的情况下，必须尽可能地快速恢复网络信息中心的服务，减少损失。因此，信息安全系统应该包括安全防护机制、安全检测机制和安全恢复机制。安全防护机制是根据具体系统存在的各种安全威胁采取的相应的防护措施，避免非法攻击的进行。安全检测机制是为检测系统的运行情况，及时发现和制止对系统进行的各种攻击。安全恢复机制是为在安全防护机制失效的情况下，进行应急处理和尽量、及时地恢复信息，减少供给的破坏程度。

3）安全性评价与平衡原则

对任何信息系统，绝对安全难以达到，也不一定是必要的，所以需要建立合理的实用安全性与用户需求评价与平衡体系。安全体系设计要正确处理需求、风险与代价的关系，做到安全性与可用性相容，做到组织上可执行。评价信息是否安全，没有绝对的评判标准和衡量指标，只能决定于系统的用户需求和具体的应用环境，具体取决于系统的规模和范围，以及系统的性质和信息的重要程度。

4）标准化与一致性原则

信息系统是一个庞大的系统工程，其安全体系的设计必须遵循一系列的标准，这样才能确保各个分系统的一致性，使整个系统安全地互联互通、信息共享。

5）技术与管理相结合原则

安全体系是一个复杂的系统工程，涉及人、技术和操作等要素，单靠技术或单靠管理都不可能实现。因此，必须将各种安全技术与运行管理机制、人员思想教育与技术培训、安全规章制度建设相结合。

6）统筹规划，分步实施原则

由于政策规定、服务需求的不明朗，环境、条件、时间的变化，攻击手段的进步，安全防护不可能一步到位，可在一个比较全面的安全规划下，根据网络的实际需要，先建立基本的安全体系，保证基本、必须的安全性。随着今后信息规模的扩大及应用的增加，应用和复杂程度的变化，信息系统的脆弱性也会不断增加，这时调整或增强安全防护力度，保证整个信息系统的安全需求。

7）等级性原则

等级性原则是指安全层次和安全级别。良好的信息安全系统必然是分为不同等级的，包括对信息保密程度分级，对用户操作权限分级，对网络安全程度分级（安全子网和安全区域），对系统实现结构的分级（应用层、网络层和链路层等），从而针对不同级别的安全对象，提供全面、可选的安全算法和安全体制，以满足网络中不同层次的各种实际需求。

8）动态发展原则

动态发展原则是指要根据信息系统安全的变化不断调整安全措施，适应新的网络环境，满足新的安全需求。

9）易操作性原则

首先，安全措施需要人为去完成，如果措施过于复杂，对人的要求过高，本身就降低了安全性。其次，措施的采用不能影响系统的正常运行。

5.7.4　信息安全基础设施

1．防火墙

防火墙的原意是指阻止火灾蔓延的一堵墙，但在这里它是进行网络信息全权防范组件的总称，是一种有效的网络安全模型，是网络总体安全策略的一部分。防火墙根据预设的安全策略控制（允许、拒绝或监测）出入网络的信息流，阻止不符合安全策略的信息通过。防火墙本身具有较强的抗攻击能力，可以提供信息安全服务。

防火墙在逻辑上是一个隔离器、过滤器和监视器。能有效地监控内部网与 Internet 之间的任何活动，保证内部网络安全。

防火墙自诞生以来，技术上可分为五代。第一代防火墙技术几乎与路由器同时出现，采用了简单的包过滤（Packet Filter）技术；第二代和第三代防火墙是在 1989 年，由美国贝尔实验室 Dave Presotto 和 Howard Trikey 推出的电路层防火墙和应用层防火墙（代理防火墙）；1992 年，USC（University of Southern California）信息科学院的 BobBraden 开发出了基于动态包过滤（Dynamic Packet Filter）技术的防火墙，后来演变为目前所说的状态监视（Stateful Inspection）技术，即为第四代防火墙；1998 年，NAI（Network Associates，Inc）推出了一种自适应代理（Adaptive Proxy）技术，并在其产品 Gauntlet Firewall for NT 中得以实现，给代理型的防火墙赋予了全新的意义，可以称为第五代防火墙。

2．入侵检测系统

入侵检测技术是为保证计算机系统的安全而设计与配置的一种能够及时发现并报告系统中未授权或异常现象的技术，是一种用于检测计算机网络中违反安全策略行为的技术。违反安全策略的行为包括：入侵——非法用户的违规行为，滥用——用户的违规行为。

利用审计记录，入侵检测系统能够识别出任何不希望有的活动，从而达到限制这些活动，保护系统安全的目的。入侵检测系统的应用，能使入侵攻击对系统发生危害前，检测到入侵攻击，并利用报警与防护系统驱逐入侵攻击。在入侵攻击过程中，能减少入侵攻击所造成的损失；在被入侵攻击后，收集入侵攻击的相关信息，作为防范系统的知识，添入知识库内，以增强系统的防范能力。

根据检测对象的不同，入侵检测系统可分为网络型和主机型两种。

基于网络的入侵检测产品（NIDS）必须放置在比较重要的网段内，不停地监视网段中的各种数据包，对每一个数据包或可疑的数据包进行特征分析。如果数据包与产品内置的某些规则吻合，入侵检测系统就会发出警报甚至直接切断网络连接。目前，大部分入侵检测产品是基于网络的。

基于主机的入侵检测产品（HIDS）通常安装在被重点检测的主机之上，主要目的是对该主机的网络实时连接，对系统审计日志进行智能分析和判断。如果其中主体活动十分可疑（特征或违反统计规律），入侵检测系统就会采取相应措施。

由于入侵检测系统的市场在近几年中飞速发展，许多公司投入到这一领域上来，如 Internet Security System（ISS）、思科、赛门铁克等公司都推出了自己的产品。

3．虚拟专用网

虚拟专用网络（Virtual Private Network，VPN）又称为虚拟私人网络，是在公共数据网络上，通过采用数据加密技术和访问控制技术，实现两个或多个可信内部网之间的互连。VPN 的构筑通常都要求采用具有加密功能的路由器或防火墙，以实现数据在公共信道上的可信传递。

VPN 具有如下优点。

（1）使用 VPN 可降低成本。通过公用网来建立 VPN，就可以节省大量的通信费用，而不必投入大量的人力和物力去安装和维护 WAN（广域网）设备和远程访问设备。

（2）传输数据安全可靠。VPN 产品均采用加密及身份验证等安全技术，保证连接用户的可靠性及传输数据的安全和保密性。

（3）连接方便灵活。用户如果想与合作伙伴连网，如果没有 VPN，双方的信息技术部门就必须协商如何在双方之间建立租用线路或帧中继线路，有了 VPN 之后，只需双方配置安全连接信息即可。

（4）完全控制。VPN 使用户可以利用 ISP 的设施和服务，同时又完全掌握着自己网络的控制权。用户只利用 ISP 提供的网络资源，对于其他的安全设置、网络管理变化可由自己管理，在企业内部也可以自己建立 VPN。

4．蜜罐系统

蜜罐系统是一个安全资源，通过网络管理员的周密布置，故意引诱黑客前来攻击，它的价值在于被探测、攻击和损害，同时隐藏真实的服务器地址。蜜罐系统看似漏洞百出，但它收集的入侵数据十分有价值，可以了解黑客所用的种种工具，并且窃听黑客之间的联系从而掌握他们的社交网络。蜜罐系统具有的功能是：发现攻击、产生警告、强大的记录能力、欺骗和协助调查功能。从分类上来看，蜜罐系统分为实系统蜜罐和伪系统蜜罐。

实系统蜜罐运行着真实的系统，并且带着真实可入侵的漏洞，所记录下的入侵信息往往是最真实的。这种蜜罐安装的系统一般都是最初的，没有任何补丁，或者打了低版本补丁，根据管理员需要，也可能补上了一些漏洞。然后把蜜罐连接上网络，这样的蜜罐很快就能吸引到目标并接收攻击，系统运行着的记录程序会记下入侵者的一举一动，但同时它也是最危险的，因为入侵者每一个入侵都会引起系统真实的反应，如被溢出、渗透或夺取权限等。

伪系统蜜罐利用一些工具程序强大的模仿能力，伪造出不属于自己平台的“漏洞”，入侵这样的“漏洞”，只能是在一个程序框架里打转，即使成功“渗透”，也仍然是程序制造的虚拟环境。

5．运行与维护安全审计系统

运行与维护（简称运维）安全审计系统，即在一个特定的网络环境下，为了保障网络和数据不受来自内部合法用户的不合规操作而带来的系统损坏和数据泄露，而运用各种技术手段实时收集和监控网络环境中每一个组成部分的系统状态、安全事件和网络活动，以便集中报警、记录、分析和处理的一种技术手段。运维安全审计系统往往通过堡垒机实现，从功能上讲，它综合了核心系统运维和安全审计管控两大主干功能，从技术实现上讲，通过切断终端计算机对网络和服务器资源的直接访问，而采用协议代理的方式，接管了终端计算机对网络和服务器的访问。形象地说，终端计算机对目标的访问，均需要经过运维安全审计的翻译。可以把运维安全审计比喻成一个看门者，所有对网络设备和服务器的请求都要从他看守的这扇大门经过。因此运维安全审计能够有效拦截非法访问、恶意攻击等，对不合规字符命令进行输出阻断，过滤掉所有对目标设备的非法访问行为。

6．网络防病毒

在网络环境下，防范病毒问题显得尤其重要，这主要有两方面的原因：首先是网络病毒具有更大破坏力，其次是遭到病毒破坏的网络要进行恢复非常麻烦，而且有时恢复几乎不可能。因此采用高效的网络防病毒方法和技术是一项非常重要的工作。网络大都采用“Client-Server”的工作模式，需要从服务器和工作站两个结合方面解决防范病毒的问题。在网络上对付病毒有以下四种基本方法：基于网络目录和文件安全性方法，采用工作站防病毒芯片，采用 Station Lock 网络防毒方法，基于服务器的防毒技术。

7．安全服务器

安全服务器主要针对一个局域网内部信息存储、传输的安全保密问题，实现对局域网资源的管理和控制，以及对局域网内用户的管理，以及局域网中所有安全相关事件的审计和跟踪功能。

8．电子签证机构

电子签证机构（CA）作为通信的第三方，为各种服务提供可信任的认证服务。CA 可向用户发行电子签证证书，为用户提供成员身份验证和密钥管理等功能。

9. 用户认证产品

由于 IC 卡技术的日益成熟和完善，IC 卡被更为广泛地用于用户认证产品中存储用户的个人私钥，与其他技术如动态口令相结合，对用户身份进行有效的识别。同时，还可利用 IC 卡上的个人私钥与数字签名技术结合的作用，实现数字签名机制。随着模式识别技术的发展，指纹、视网膜和脸部特征等高级的身份识别技术也将投入使用，这些技术与数字签名等现有技术的结合，必将使得用户身份认证和识别技术更趋完善。

10. 安全管理中心

由于网上的安全产品较多，且分布在不同位置，这就需要建立一套集中管理的机制和设备——安全管理中心。它用来给各网络安全设备分发密钥，监控网络安全设备的运行状态，负责收集网络安全设备的审计信息等。

11. 安全操作系统

安全操作系统用于给系统中的关键服务器提供安全运行平台，构成安全 WWW 服务、安全 FTP 服务、安全 SMTP 服务等，确保安全产品的自身安全。

本章小结

信息系统的建立必须考虑到其开放性的因素。信息系统平台的选择对于系统的开发、运行和维护有重要的意义。

对于信息系统的硬件平台构建，本章主要描述了信息处理设备、信息存储设备、信息输出设备和信息采集设备中的典型设备的作用、原理和性能评价方法。

构建信息系统必须具有的三种软件：操作系统软件、数据库管理系统和开发工具。先进开发工具的使用，可大大减少应用系统的重复开发工作量，提高开发人员的工作效率，提升信息系统的品质。

对于信息系统网络平台的构建，本章主要介绍了网络平台的类型，网络拓扑、网络协议和网络选型的原则；论述了传输介质，路由器、交换机、集线器等网络设备和互联网及其接入方法等。

对于信息系统的应用软件开发，本章主要强调了信息系统的开发人员，开发方法和开发方式。构建信息系统应用软件也需要科学的方法，快速原型法是继生命周期法之后发展起来的一种提高信息系统应用软件开发效率的新方法。在实际应用中，较好的做法是，先采用生命周期法制定总体规划，进行系统分析，然后采用快速原型法实现局部系统的子系统设计和实施。

信息系统安全保障体系的建立，需要考虑技术保护和管理保护这两大类保护方式，考虑安全机制、技术措施和专用设备等有关法律法规和安全目标要求。

问题讨论

1. PC 和便携式计算机的差别？
2. 采用磁盘阵列有什么好处？

3. 常用的开发工具有哪些？各有什么特点？
4. 依据什么来确定网络平台的构建？
5. 有什么方法可以接入互联网？
6. 集线器和交换机的差别？
7. 路由器的作用是什么？
8. 应用软件的开发方式有几种，各是什么？
9. 阐述信息系统原型开发方法的概念，以及方法型开发方法适用的环境有哪些？
10. 信息安全基础设施有哪些类型，各有什么作用？

案例分析 5.1

智能协同办公系统

一、开发背景

软件环境必须符合开放式系统的软件发展大方向。智能协同办公系统的设计目标从业务上应能满足用户对文件进行管理的各项要求，使用户能够准确、迅速地查找某项文件或与该项文件有关的其他文件，以及通过查找不在本地存储的文件，提高其工作的效率；技术上应能适应当今计算机科学发展的趋势，立足高起点，使该系统在未来数年内能够保持技术上的领先水平。

改善传统的文本文档的管理方式，可分别利用计算机系统和网络环境，实现文档的电子化集中管理、信息共享及协作处理，提高文档的管理水平。

二、目标分析

1）实用性

文档系统面对的最终用户不是计算机技术人员，而是负责业务的工作人员，因此，要求本系统必须具备十分友好的人-机界面，操作简单直观，易学易用，而且尽可能覆盖文档管理及工作处理业务的各个方面，充分发挥计算机技术应用的长处，提高管理人员的办公效率。

2）网络化

本系统并不是简单地将纸介质文件电子化，而是通过合理化的设计与实现，提高文档信息的查询能力和共享程度，从而提高办公室的整体办公效率和办公质量。因此，网络化是用户实现数据共享查询与数据集中管理相结合的重要手段，也是完成计算机支持协同工作的重要基础。

3）安全性

安全性即一般满足对文档的管理和使用能够满足安全保密的要求，特别是在分布式网络环境下，由于能够共享文档数据，因此对于安全保密的要求就显得尤为突出和重要。智能协同办公系统应能在人员授权、权限控制、访问控制、人员交接和文档加密等方面满足要求。

4）通用性

通用性也是文档系统实用性的一个方面，要求智能协同办公系统能够在机型上、网型上以及显示上具有较好的兼容性。主要要求：①多用户。支持多用户在不同站点并发工作，提供多用户协同工作界面，处理多用户协调控制的复杂性。②强交互。提供用户间进行信息交互的多种手段，人与机器交互的多个界面和多种形式。③信息共享。系统根据用户的要求确定共享与私有信息的内容，并提供显示级、视窗级和对象级的共享手段。数据库管理采取分布和集中相结合的方式（如常用信息、临时信息分布管理，其他归档信息则存放于服务器上多用户共享），以便减少通信量，有效维护数据库的一致性。④协作性。分布的计算机软/硬件系统，能够实现异构环境下的互连与互操作，并在此基础上支持多用户协作。⑤开放性。系统可与其他系统相连接，与现有软件相连接，并能协调运行；具有灵活的协调机制和协商机制，能够较快地应付各种意外情况的发生。⑥动态功能可重组性。系统的组织结构是可缩放的，并且能根据不同的任务动态组织工作小组。

三、系统的组成与环境

智能协同办公系统在总体上采用多智能主体系统（Multi-Agent System）体系结构，这种结构具有功能分离、位置透明、共享资源、服务封装，能进行同步/异步操作和可扩展等优点。其系统组成如图 5.6 所示，由文档编辑、模板编辑等 11 个功能模块组成。

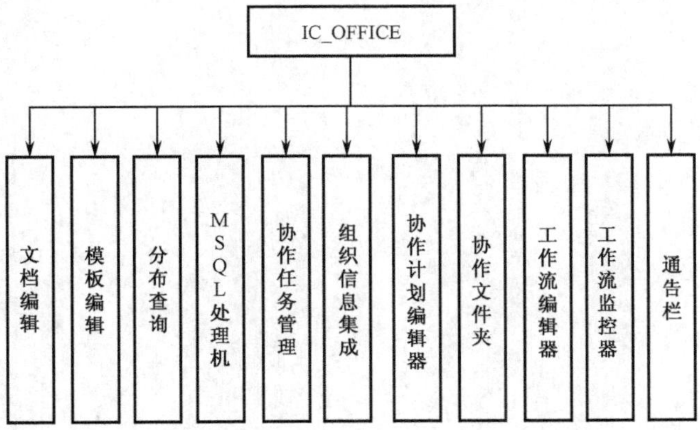

图 5.6　系统组成

1）软件平台

本课题的开发环境是采用 Borland 公司推出的基于 Object Pascal 语言的第一个可视化开发平台——Delphi。

Delphi 有众多优越特性。它提供了新颖的可视化设计工具，采用面向对象的方法将 Windows 编程的复杂性封装起来，实现了将可视化设计与 Object Pascal 语言的有机集成。它配有 Database Engine，可通过 SQL Links、ODBC 访问多种数据库，并且提供了强大的基于 Client/Server 模式的数据库应用的功能。现在，Delphi 已经发展到 4.0 版，Delphi4.0 不像某些工具的发展仅仅从 16 位改为 32 位，而是几乎重新改写了 Delphi 的核心部分，使 Delphi 本身成为符合 Microsoft Win95 Logo 的应用程序；它全面支持 Windows 95/NT 的 OLE Automation、OCXs、多线程、Unicode 和 MAPI 等功能；在可视化开发环境方面，Delphi 4.0 换成了 Win 95 控制元件，增强了 IDE 对象的操作方式（如 Drag-Drop），它还提供了新的存储各种资源的工具——对象仓储（Object Repository）；在数据库前端应用开发方面，Delphi 4.0 使用了 Multi Session 和 Thread Safe 的数据库引擎、数据库过滤器（Filter）、Visual Query Build、查询引擎和新的数据更新模式。总之，从 Borland Pascal 走向 Borland Delphi 是可视化开发平台的一次飞跃。

2）网络设计

智能协同办公系统采用 Intranet 结构，这是 Internet 技术在企业级的应用，它在很大程度上是一个软件系统，适合多种平台，专用设备比较少。以 UNIX 和 Microsoft Windows NT 为网络操作平台，实施 Intranet（TCP/IP）方案。使用的 PC 软件绝大多数是微软公司的产品，有利于相互兼容并方便管理。

网络设备包括：数据库服务器、Web 服务器、应用服务器、交换机和 MODEM 池等。

第6章 信息系统的测试

引言

表面看来，系统测试的目的与工程所有其他阶段的目的都相反。其他阶段的目的都是“建设性”的，但是，在测试阶段，测试人员努力设计出一系列测试方案，目的却是为了“破坏”已经建造好的软件系统，判定硬件部分、网络部分是否达到了指定的性能要求，竭力证明系统中有错误不能按照预定要求正确工作。

当然，这种反常仅仅是表面的，或者说是心理上的。暴露问题并不是系统测试的最终目的，发现问题是为了解决问题，测试阶段的根本目标是尽可能多地发现并排除系统中潜藏的错误，最终把一个高质量的信息系统交给用户使用。

通过本章学习，可以了解（或掌握）：

- ◆ 应用软件测试方法；
- ◆ 集成测试方法；
- ◆ 计算机测试方法；
- ◆ 计算机网络测试。

6.1 信息系统测试概述

6.1.1 测试目标

正如 E.W.Dijkstra 的名言所指出的："测试只能证明程序有错（有缺陷），不能保证程序无错"。因此，能够发现程序缺陷的测试是成功的测试。当然，最理想的是进行程序正确性的完全证明，遗憾的是除非是极小的程序，至今还没有实用的技术证明任一程序的正确性。

G.Myers 给出了关于测试的一些规则，这些规则也可以看成是测试的目标或定义：

（1）测试是为了发现程序中的错误而执行程序的过程；

（2）好的测试方案是可能发现迄今为止尚未发现错误的测试方案；

（3）成功的测试是发现了至今为止尚未发现错误的测试。

从上述规则可以看出，测试的含义是"为了发现程序中的错误而执行程序的过程"。这和某些"测试是为了表明程序是正确的"，"成功的测试是没有发现错误的测试"等观点是完全相反的。正确认识测试的目标十分重要，测试目标决定了测试方案的设计。如果为了表明程序是正确的而进行测试，就会设计出一些不易暴露错误的测试方案；相反，如果测试是为了发现程序中的错误，就会力求设计出最能暴露错误的测试方案。

测试的目标是为了发现系统中隐藏的错误，应该说，这是一个非常清楚的目标。可是，由于受开发机构的利益、开发者个人的心理状态等诸多因素的影响，测试目标往往被人误解或误用。例如，一些开发机构可能希望通过测试而向用户证实系统中不存在错误，以此来表明系统能够完全满足用户的要求，于是开发机构在进行系统测试时，就可能产生回避系统错误的意图。他们往往会设计一些不易暴露系统中错误的测试方案，选择那些难以使系统出故障的测试用例，或面对用户进行一些如同表演的所谓测试操作等。显然，这样的测试只会使系统错误被掩盖起来，而无益于系统质量的提高。

6.1.2 测试原则

由于测试的目标是暴露程序中的错误，从心理学角度看，由程序的编写者自己进行测试是不恰当的。因此，在系统测试阶段通常由其他人员组成测试小组来完成测试工作。

测试阶段的基本任务应该是根据软件开发各阶段的文档资料和程序的内部结构，精心设计一组好的测试用例，利用这些测试用例执行程序，找出软件潜在的缺陷。一个好的测试用例很可能找到至今为止尚未发现的缺陷。在设计有效的测试用例之前，软件工程师必须理解软件测试的基本原则。Davie 提出了一组测试原则：

（1）所有的测试都应追溯到用户需求。正如我们所讲，软件测试的目标在于揭示错误。而最严重的错误（从用户角度看）是那些导致程序无法满足需求的错误。

（2）应该在测试工作真正开始的较长时间之前就进行测试计划。测试计划可以在需求分析阶段完成后就开始。详细的测试用例定义可以在概要设计和详细设计确定后就立即开始。因此，所有测试可以在任何代码产生之前进行计划和设计。

（3）Pareto 原则应用于软件测试。Pareto 原则暗示着测试发现错误中的 80%很可能起源于程序模块中的 20%，当然，问题在于如何孤立这些有疑点的模块并进行彻底的测试。

（4）测试应该从“小规模”开始，逐步转向“大规模”。最初的测试通常把焦点放在单个程序模块上，进一步测试的焦点则转向在集成的模块簇中寻找错误，最后在整个系统中寻找错误。

（5）穷举测试是不可能的。即使对于一个大小适度的程序，其所有的运行路径排列的数量也非常大，因此，在测试中不可能运行路径的每一种组合，正确的方法是充分覆盖程序逻辑，并确保程序设计中使用的所有条件都被测试过。

（6）为了达到最佳效果，应该由独立的第三方来构造测试。“最佳效果”指最可能发现错误的测试，创建系统的软件工程师并不是构造软件测试的最佳人选。

6.1.3　可测试性

在理想的情况下，软件工程师在设计计算机程序、系统或产品时因考虑可测试性，使得能够更容易地设计有效的测试用例，但是，什么是“可测试性”呢？James Bach 这样描述可测试性：软件可测试性就是一个计算机程序能够被测试的容易程度。因为测试是如此的困难，因此需要知道做些什么才能理顺测试过程。有时，程序员愿意去做对测试过程有帮助的事，而一个包括可能的设计点、特性等的检查表对他们是很有用的。

有时，可测试性被用来表示一个特定测试集覆盖产品的充分程度。下面的检查提供了一组可测试软件的特征。

（1）可操作性。“运行得越好，被测试的效率越高。”

① 系统的错误很少。

② 没有阻碍测试执行的错误。

③ 产品在功能阶段的演化（允许同时进行的开发和测试）。

（2）可观察性。“你所见的就是你测试的”。

① 每个输入有唯一的输出。

② 系统状态和变量可见，或在运行中可查询。

③ 过去的系统状态和变量可见，或在运行中可查询（如事务日志）。

④ 所有影响输出的因素都可见。

⑤ 容易识别错误输出。

⑥ 通过自测机制自动侦测内部执行情况。

（3）可控制性。“对软件的控制越好，测试越能够被自动执行与优化。”

① 所有可能的输出都产生于某种输入组合。

② 通过某种输入组合，所有的代码都可能执行。

③ 测试工程师可直接控制软件和硬件的状态及变量。

④ 输入和输出格式保持一致且有结构。

⑤ 能够便利地对测试进行说明、自动化运行和再生。

（4）稳定性。“改变越少，对测试的破坏越小。”

① 软件的变化是不经常的。

② 软件的变化是可控制的。

③ 软件的变化不影响已有的测试。

④ 软件失效后能得到良好恢复。

（5）易理解性。“得到的信息越多，进行的测试越灵巧。”

① 设计能够被很好地理解。

② 内部、外部和共享构件之间的依赖性能够被很好地理解。

③ 设计的改变被通知。

④ 可随时获得技术文档。

⑤ 技术文档组织合理。

⑥ 技术文档明确详细。

⑦ 技术文档的精确性稳定。

6.2 硬件平台测试

6.2.1 计算机测试

计算机裸机的测试通常比较专业，它要借助专用的仪器和设备，这种测试往往是在计算机生产厂家进行测试的。

所以，这里所要介绍的测试是指对安装了操作系统的计算机的测试，是通过特定的软件进行测试，而且主要是对其性能的测试。

一体化工具软件能够提供 PC 中安装的硬件一览表，对硬件的性能进行测试甚至对影响整个系统性能的某个硬件提出建议。现在主要的测试工具如下。

1）SiSoftware Sandra Pro 2009

SiSoftware 公司的 Sandra Pro 系统测试软件拥有超过 30 种的分析与测试模组，而这些程序块又分成信息、基准、列表（INI 文件）以及测试/诊断等几个部分，测试结果清晰明了地显示在该程序的唯一窗口中。Sandra 能够对在正常工作状态和在多媒体应用时的 CPU 进行测试，同样也能对内存、图形卡和驱动器进行测试。此外，Sandra 还可以测试在一个局域网中的数据传输速率，其软件为每个硬件模块提出建议，说明怎样优化系统。

Sandra 为所有的基准测试程序提供同等计算机的比较值。通过它算出的值而在与程序从另外一个 PC 处获得的测试值相对照时才有意义，而不能绝对地看。Sandra 采用内置的升级功能提供当前计算机可对照的基准。

2）PCMark Vantage

PCMark Vantage 是著名的 Futuremark 公司旗下的产品，可以衡量各种类型 PC 的综合性能，并与其数据库中提供的其他 PC 的测试值进行比较。其测试的内容可以分为以下三个部分。

（1）处理器测试：基于数据加密、解密、压缩、解压缩、图形处理、音频和视频转码、文本编辑、网页渲染、邮件功能、处理器人工智能游戏测试、联系人创建与搜索。

（2）图形测试：基于高清视频播放、显卡图形处理、游戏的测试。

（3）硬盘测试：使用 Windows Defender、《Alan Wake》游戏、图像导入、Windows Vista 启动、视频编辑、媒体中心使用、Windows Media Player 搜索和归类，以及 Office Word 2007、Adobe Photoshop CS2、Internet Explorer 和 Outlook 2007 程序的启动。

6.2.2　服务器测试

鉴于服务器在信息系统中所担负的角色，因而对一台服务器主要是对其服务端能力进行测试。要考察测试在不同访问密度情况下，服务器的吞吐能力，包括服务器的处理速度、处理能力、并发处理极限、请求接收能力和请求发送能力等，以确定服务器能否满足信息系统对它的要求。

在性能测试方面可使用软件测试方法，主要分为文件性能测试、数据库性能测试与 Web 性能测试三个方面。其中，文件性能与数据库性能测试可采用美国 Quest 软件公司的 Benchmark Factory 负载测试和容量规划软件，Web 性能测试则可采用 Spirent 公司提供的 Caw WebAvalanche 测试仪，也可采用业内普遍认可的 ZD 测试工具委员会推出的服务器基准测试程序 ServerBench 和 WebBench 等专用测试软件，针对 IDC 服务器主要应用的整体性能作进行全面、客观性能测试与评估。

服务器的测试除了考虑定量的性能指标之外，还应将可扩展性、可用性、可管理性等功能配置指标以及价格因素考虑在内，以全面考虑服务器的整体性能指标。

服务器的可扩展性包括硬盘、PCI 槽以及内存等的扩展能力；可用性包括对热插拔、冗余设备（如硬盘、电源、风扇和网卡等）的支持；可管理性则指的是服务器随机所带的管理软件。

6.2.3　输入/输出设备测试

输入/输出设备通常要连到计算机上才能使用（个别设备如打印机可以直接连到网络上使用），因此这些设备必须要能被计算机操作系统识别和管理。操作系统通常是通过驱动程序来操作和管理输入/输出设备的，所以绝大多数输入/输出设备都可以用厂商提供的设备驱动程序来进行测试。

输入/输出设备测试的方法和步骤如下：

（1）正确安装设备驱动程序；

（2）利用设备驱动程序测试设备的功能。

6.2.4　网络测试

网络测试主要包括电缆测试、传输信道测试和网络测试。电缆测试主要包括电缆的验证和认证测试，验证测试是测试电缆的基本安装情况，如电缆有无开路或短路，连接是否正确，接地是否良好，电缆走向如何等；认证测试是测试已经安装完毕的电缆的电气参数（如衰减特性等）是否满足有关的标准。传输信道测试主要是测试传输信息的频谱带宽、传输速率和误码率等参数。网络测试包括网络规程验证、性能检测、安装调试、维护和故障诊断等。

（1）单体测试：对硬件系统而言，是以构成系统的各个设备为对象，逐一进行测试。例如，对构成网络的单条电缆的测试，这些是基于仪器仪表的测试。对软件系统而言，是以构成软件系统的各个功能模块进行隔离测试。

（2）连接测试：对各个设备或模块之间的接口和接口设备进行测试，以确定各个设备工作是否正常。

（3）综合测试：对网络系统综合性能进行测试，即包括软件系统在内的测试，如数据传输的速率与可靠性、网络路由转化的正确性、用户上网的安全性和出错处理等，这些都是基于系统软件或应用软件的测试。

6.3 应用软件测试

作为软件开发的重要环节，软件测试越来越受到人们的重视。随着软件开发规模的增大、复杂程度的增加，以寻找软件中的错误为目的的测试工作就显得更加困难。可见，为了尽可能多地找出程序中的错误，生产出高质量的软件产品，就要加强对测试工作的组织和管理。

怎样对应用软件进行测试呢？测试任何产品都有两种方法：如果已经知道了产品应该具有的功能，可以通过测试来检验每个功能都能正常使用；如果知道产品内部工作过程，可以通过测试来检验产品内部动作是否按照规格说明书的规定正常进行。前一种方法称为黑盒测试，后一种方法称为白盒测试。

6.3.1 软件测试方法

系统测试的方法是多种多样的，可以从不同的角度加以分类：

（1）按照是否需要执行被测系统的角度来分，可分为静态测试和动态测试；

（2）按照测试是否针对系统的内部结构和具体实现算法的角度来分，可分为白盒测试和黑盒测试；

（3）按照软件测试的手段来分，有手工测试和自动测试；

（4）按照测试过程来划分，有单元测试、集成测试、确认测试和综合测试等。

1. 静态测试与动态测试

静态测试是指被测试程序不实际运行，而是采用人工检测和计算机辅助静态分析的手段对程序进行检测，主要对被测程序的编程格式、结构等方面进行评估。动态测试则是指通常意义上的测试——通过运行和使用被测程序，发现软件故障，以达到检测的目的。

模拟这两种测试的最好方法是研究一下汽车的检查过程。踩油门、看车漆、打开前盖检查都属于静态测试技术，而发动汽车、听发动机的声音、上路行驶则属于动态测试技术。

通常在静态测试阶段进行以下一些检测活动：

（1）检查算法的逻辑正确性，确定算法是否实现了所要求的功能。

（2）检查模块接口的正确性，确定形式参数的个数、数据类型、参数顺序是否正确，确定返回值类型及返回值的正确性。

（3）检查输入参数是否有合法性检查。如果没有合法性检查，则应确定该参数是否的确不需要合法性检查，否则应加上参数的合法性检查。经验表明，缺少参数合法性检查的代码是造成软件系统不稳定的主要原因之一。

（4）检查调用其他模块的接口是否正确，检查实际参数类型是否正确，实际参数个数是否正确，返回值是否正确，是否会误解返回值所表示的意思。

（5）检查是否设置了适当的出错处理，以便在程序出错时，能对出错部分进行重做安排，保证其逻辑的正确性。

（6）检查表达式、语句是否正确，是否含有二义性。对于容易产生歧义的表达式或运算符优先级可以采用()运算符以避免二义性。

（7）检查常量或全局变量使用是否正确。检查标识符的定义是否规范、一致，变量命名是否能够见名知意，简洁、规范和容易记忆。

（8）检查程序风格的一致性、规范性，代码是否符合行业规范，是否所有模块的代码风格一致、规范和工整。检查代码是否可以优化，算法效率是否最高。

（9）检查代码是否清晰、简洁和容易理解（注意：冗长的程序并不一定是不清晰的）。

（10）检查模块内部注释是否完整，是否正确地反映了代码的功能。错误的注释比没有注释更糟。

静态测试主要有以下三种方法：

（1）桌前检查，指程序员本人在程序通过编译后，进行单元测试之前，对源程序代码进行分析和检验，发现程序中的错误并补充相关的文档。

（2）走查，通常由 3～5 人组成测试小组，测试人员应是没有参加该项目开发的有经验的程序设计人员。在走查之前，应先阅读相关的文档和源程序，然后测试人员扮演计算机角色，将一批有代表性的测试数据沿程序的逻辑走一遍，监视程序的执行情况，随时记录程序的踪迹，发现程序中的错误。由于人工检测程序很慢，因此只能选择少量简单的用例来进行，通过这种“走查”的进程来不断地发现程序中的问题。

（3）会审，测试人员的构成与走查类似，要求测试人员在会审之前应当充分阅读有关的文档和源程序等，根据经验列出尽可能多的典型错误，然后把它们制成表格。根据这些错误清单（也称为检查表），提出一些问题，供在会审时使用。在会审时，由编程人员逐句讲解程序，测试人员逐个审查、提问，讨论可能出现的错误。实践表明，编程人员在讲解、讨论的过程中能发现自己以前没有发现的错误，使问题暴露。会审后要将发现的错误进行登记、分析和归类，其中一份交程序员，另一份妥善保管，以便再次组织会审时使用。

在代码审查时，需要注意：一是在代码审查时，必须要检查被测软件是否正确通过编译，只有通过了编译后才可进行代码审查；二是在代码复审期间，一定要保证有足够时间让测试小组对问题进行充分的讨论，只有这样才能有效地提高测试效率，避免走弯路。

经验表明，使用人工静态测试可以发现大约 30%～70%的逻辑设计和编码错误。但是，代码中仍会有大量隐藏的故障无法通过静态测试发现，因此必须通过动态测试进行详细的分析。

动态测试是指在计算机上直接使用测试用例运行被测程序，检查程序的动态行为和运行结果的正确性。一般意义上的测试主要是指动态测试。根据动态测试在软件开发过程中所处的阶段和作用，动态测试可分为单元测试、集成测试、确认测试和综合测试。

2. 白盒测试与黑盒测试

白盒测试也称结构测试或逻辑驱动测试，它知道产品内部工作过程，可通过测试来检测产品内部动作是否按照规格说明书的规定正常进行，按照程序内部的结构测试程序，检验程序中的每条通路是否都能按预定要求正确工作，而不管它的功能。白盒测试的主要方法有逻辑驱动、基本路径测试等，主要用于软件验证测试。

理想情况下，白盒测试应该是穷举路径测试，在使用这一方案时，测试者必须检查程序的内部结构，从检查程序的逻辑着手，得出测试数据。然而贯穿程序的独立路径数是天文数字，即使每条路径都测试了，仍然可能有错误。

白盒测试主要是对程序模块进行如下检查：

（1）对程序模块的所有独立的执行路径至少测试一遍；

（2）对所有的逻辑判定，取“真”与取“假”的两种情况都能至少测一遍；

（3）在循环的边界和运行的界限内执行循环体；

（4）测试内部数据结构的有效性。

黑盒测试也称功能测试或数据驱动测试，它是在已知产品所应具有功能的情况下，通过测试来检测每个功能是否都能正常使用。在测试时，把程序看作一个不能打开的黑盒子，在完全不考虑程序内部结构和内部特性的情况下，测试者在程序接口进行测试，它只检查程序功能是否按照需求规格说明书的规定正常使用，程序是否能适当地接收输入数据并产生正确的输出信息，并且保持外部信息（如数据库或文件）的完整性。黑盒测试主要用于软件的确认测试，其测试方法主要有等价类划分、边值分析、因果图、错误推测等。

黑盒测试着眼于程序外部结构，不考虑内部逻辑结构，针对软件界面和软件功能进行测试。理想情况下，黑盒测试应该是穷举输入测试，只有把所有可能的输入都作为测试情况使用，才能以这种方法查出程序中所有的错误。实际上测试情况有无穷多个，人们不仅要测试所有合法的输入，而且还要对那些不合法但是可能的输入进行测试。

黑盒测试主要是为了发现以下几类错误：

（1）是否有不正确或遗漏的功能？

（2）接口上，输入是否能被正确的接收？能否输出正确的结果？

（3）是否有数据结构错误或外部信息（如数据文件）访问错误？

（4）性能上是否能够满足要求？

（5）是否有初始化或终止性错误？

表 6.1 是从优点、缺点和性质角度对黑盒测试与白盒测试的一个对比。

表 6.1　黑盒测试与白盒测试对比表

	黑 盒 测 试	白 盒 测 试
优点	适用于各测试阶段 从产品功能角度测试 容易入手生成测试数据	可以构成测试数据使特定部分得到测试 有一定充分性度量手段 可获得较多工具支持
缺点	某些代码段得不到测试 如果规格说明有误则无法测试 不易进行充分性度量	不易生成测试数据 无法对未实现规格说明部分测试 工作量大，通常只用于单元测试
性质	是一种确认技术	是一种验证技术

不论采用上述哪种测试方法，只要对每一种可能的情况都进行测试，就可以得到完全正确的程序。然而，包含所有可能情况的测试（称为穷尽测试）对于实际程序而言通常是不可能做到的。为了做到穷尽测试，至少必须对所有输入数据各种可能值的排列组合都进行测试，但是，由此得到的应测试的组合数目往往大到实际上根本无法测试的程度。严格地说这还不能算穷尽测试，为了保证测试能发现程序中的所有错误，不仅应该使用有效的输入数据，还必须使用一切可能的输入数据（如不合法的整数、实数、字符串等）。实践表明，用无效的输入数据比用有效的输入数据进行测试，往往能发现更多的错误。

因为不可能进行穷尽测试，所以测试不可能发现程序中的所有错误，也就是说，通过测试并不能证明程序是正确的，但是，我们的目的是要通过测试保证软件的可靠性，因此，为了用有限的测试发现更多的错误，需要精心设计测试用例。选择测试用例是软件测试人员最重要的一项任务。不正确的选择可能导致测试量过大或者过小，甚至测试目标不对。准确评估风险，将不可穷尽的可能性减少到可以控制的范围是成功的诀窍。

3. 验证测试与确认测试

系统包括程序以及开发、使用和维护程序所需的所有文档。程序只是软件产品的一个组成部分，表现在程序中的故障，并不一定是由编码所引起的。实际上，需求分析、设计和实施阶段都是系统故障的主要来源。因此，系统测试不仅包含对代码的测试，而且包含对系统文档和其他非执行形式的测试。

一种称为验证的测试就是针对开发过程中的任何中间产品进行的测试。按照 IEEE/ANSI 的定义，验证测试是为确定某一开发阶段的产品是否满足在该阶段开始时提出的要求而对系统或部分系统进行评估的过程。

所谓验证，是指确定系统开发的每个阶段、每个步骤的产品是否正确无误，是否与其前面开发阶段和开发步骤的产品相一致。验证就是对诸如需求规格说明、设计规格说明和代码之类的产品进行评估、审查和检查的过程，属于静态测试。如果是针对代码，其含义就是代码的静态测试——代码评审，而不是动态执行代码。验证测试可应用到开发早期一切可以被评审的事物上，以确保该阶段的产品正是所期望的。

另一种称为确认的测试则只能通过运行代码来完成。按照 IEEE/ANSI 的定义，确认测试是在开发过程中或结束时，对系统或部分系统进行评估以确定其是否满足需求规格说明的过程。

所谓确认，是指确定最后的产品是否正确无误。比如，编写出的系统与用户需求和用户提出的要求是否符合，或者说输出的信息是否是用户所要求的信息，系统在整个系统的环境中能否正确稳定地运行。正式的确认包括实际系统或仿真模型的运行，确认是“基于计算机的测试”过程，属于动态测试。

确认和验证相关联，但也有明显的区别。Boehm 是这样来描述两者差别的：确认要回答的是，我们正在开发一个正确无误的系统吗？而验证要回答的是，我们正开发的系统是正确无误的吗？

验证测试计划和确认测试计划涉及不同的内容。

（1）在验证测试计划中要考虑的问题如下：

① 将进行何种验证活动（需求验证、功能设计验证、详细设计验证还是代码验证）；

② 使用的方法（审查、走查等）；

③ 产品中要验证的和不需要验证的范围；

④ 没有验证的部分所承担的风险；

⑤ 产品需优先验证的范围；

⑥ 与验证相关的资源、进度、设备、工具和责任。

（2）在确认测试计划中要考虑的问题如下：

① 测试方法；

② 测试工具；

③ 支撑软件（开发和测试共享）；

④ 配置管理；

⑤ 风险（预算、资源、进度和培训）。

确认测试和验证测试互相补充，可保证最终系统的正确性、完全性和一致性。

6.3.2 软件测试过程

若把信息系统开发理解为一个自顶向下逐步细化的过程，软件测试则是依相反顺序的自底向上逐步集成的过程。低一级的测试为上一级的测试准备条件。图 6.1 表示了系统测试的四个步骤，即单元测试、集成测试、确认测试和综合测试。

首先对每一个程序模块进行单元测试，以确保每个模块能正常工作。单元测试大多采用白盒测试方法，尽可能发现并消除模块内部在逻辑和功能上的故障及缺陷，然后，把已测试过的模块组装起来，形成一个完整的软件后进行集成测试，以检测和排除与软件设计相关的程序结构问题，集成测试大多采用黑盒测试方法。确认测试以规格说明规定的需求为尺度，检验开发的软件能否满足所有的功能和性能要求。确认测试完成以后，给出的应该是合格的软件产品，但为了检验开发的软件是否能与系统的其他部分（如硬件、数据库及操作人员）协调工作，还需进行综合测试。

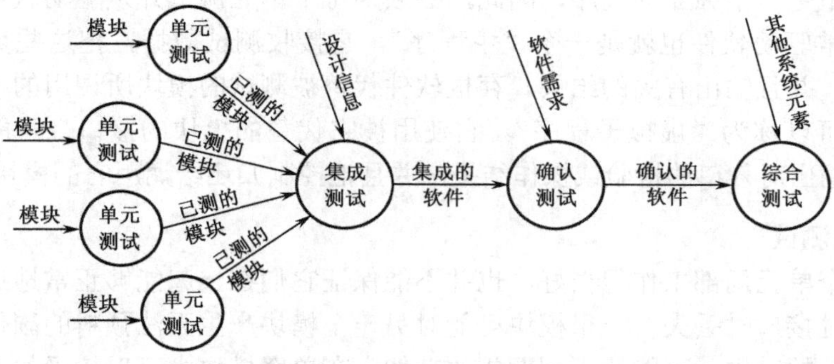

图 6.1　测试的步骤

1. 单元测试

单元测试（Unit Testing）又称模块测试，用于集中检验软件设计的最小单元——模块。正式测试之前必须先通过编译程序检查，改正所有语法错误，然后用详细设计描述作指南，对重要的执行通路进行测试，以便发现模块内部的错误。单元测试可以使用白盒测试法，而且可以对多个模块进行同时测试。支持单元测试的工具非常多，如 C++语言下的 CppUnit、C++ Tester、Java 语言下的 JUnit 等。

一般认为单元测试和编码属于系统开发的同一个阶段。在编写出源程序代码并通过了编译程序的语法检查以后，通常经过人工测试和计算机测试两种类型的测试。

人工测试源程序可以由编写者本人非正式地进行，也可以由审查小组正式进行，后者称为代码审查，它是一种非常有效的程序验证技术，审查小组最好由下述四人组成：

（1）组长，他应该是一个很有能力的程序员，而且没有直接参与这项工程；

（2）程序的设计者；

（3）程序的编写者；

（4）程序的测试者。

如果一个人既是程序的设计者又是编写者，或既是编写者又是测试者，则审查小组中应该再增加一个程序员。

审查之前，小组成员应该先研究设计说明书，力求理解这个设计。为了帮助理解，可以先由设计者扼要地介绍他的设计。在审查会上由程序的编写者解释他是怎样用程序代码实现这个设计的，通常是逐个语句地讲述程序的逻辑，小组其他成员仔细倾听他的讲解，并力图发现其中的错误。审查会上进行的另外一项工作，是对照程序设计常见错误清单，分析审查这个程序。当发现错误时由组长记录下来，审查会继续进行。审查小组的任务是发现错误而不是改正错误。

代码审查比计算机测试优越的是，一次审查会上可以发现许多错误；用计算机测试的方法发现错误之后，通常需要先改正这个错误才能继续测试，因此错误是一个一个地发现并改正的。也就是说，采用代码审查的方法可以减少系统验证的总工作量。

实践表明，对于查找某些类型的错误来说，人工测试比计算机测试更有效；对于其他类型的错误来说则刚好相反。因此，人工测试和计算机测试是互相补充、相辅相成的，缺少其中任何一种方法都会使查找错误的效率降低。

模块并不是一个独立的程序，因此，必须为每个单元测试开发驱动软件和（或）存根软件。通常驱动软件也就是一个“主程序”，它接收测试数据，把这些数据传送给被测试的模块，并且输出有关的结果。存根软件代替被测试的模块所调用的模块。因此，存根程序也可以称为“虚拟子程序”。它使用被它代替的模块的接口，可能做最少量的数据操作，输出对入口的检验或操作结果，并且把控制归还给调用它的模块。

2. 集成测试

即使各个单元局部工作得很好，也并不能保证它们在一起能够正常地进行工作：数据可能在通过接口时丢失；一个模块可能对另一个模块产生无法预料的副作用；当子函数被联到一起的时候，可能达不到期望的功能；在单个模块中可以接受的不精确性在集成起来以后可能会扩大到无法接受的程度。

集成测试（Integrated Testing）是指在单元测试的基础上，将所有模块按照设计要求组装成一个完整的系统而进行的测试，也称为联合测试或组装测试。重点测试模块的接口部分，需设计测试过程所使用的驱动模块或桩模块。集成测试有两种不同的方法：非渐增式测试和渐增式测试。

通常存在进行非渐增式集成测试的倾向，也就是说，使用一步到位的方法来构造程序。所有的模块都预先结合在一起，整个程序作为一个整体来进行测试，得到的结果将可能会混乱不堪，会遇到许许多多的问题，错误的修正也非常困难，因为在整个程序的庞大区域中想要分离出一个错误是很复杂很困难的。一旦这些错误被修正以后，就可能有新的错误出现，这个过程会继续下去，而且看上去似乎是无止境的。

渐增式集成测试是一步到位方法的对立面。程序先分成小的部分进行构造和测试，这个时候错误比较容易分离和修正，接口也更容易进行彻底的测试，而且也可以使用一种系统化的测试方法。按组装次序渐增式集成测试则有多种方案：自顶向下集成测试、自底向上集成测试和回归测试。

1）自顶向下集成测试

自顶向下集成测试是一种构造程序结构的渐增式实现方法。模块集成的顺序是首先集成主控模块（主程序），然后按照控制层次向下进行集成。隶属于（间接隶属于）主控模块的模块按照深度优先或者广度优先的方式集成到整个结构中。

如图 6.2 所示，深度优先的集成首先集成在结构中的一个主控路径下的所有模块。主控路径的选择可以是任意的，它与应用程序的特性有关。例如，选择最左边的路径，模块 M1、M2 和 M5 将会首先进行集成，然后是 M8 或 M6，再后开始构造中间和右边的控制路径。广度优先的集成首先沿着水平的方向，把每一层中所有直接隶属于上一层模

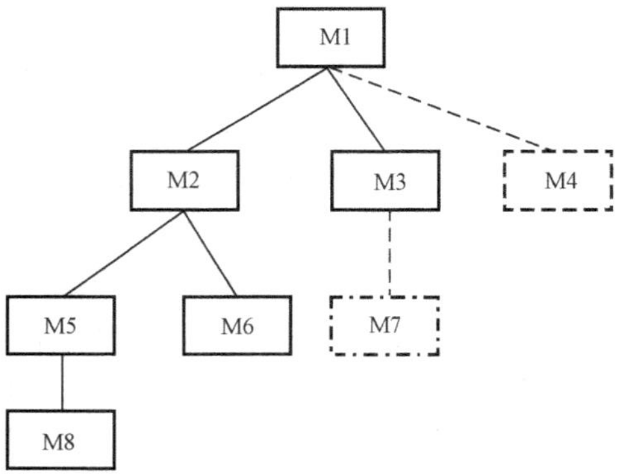

图 6.2　自顶向下集成测试

块的模块集成起来，从图中来说，模块 M2、M3 和 M4 首先集成，然后是下一层的 M5 和 M6 等。

测试的整个过程由下列五个步骤来完成。

（1）主控模块作为测试驱动器，所有的存根程序替换为直接隶属于主控模块的模块。

（2）根据集成的实现方法（如广度优先集成或深度优先集成），下层的存根程序一次一个被替换为真正的模块。

（3）在每一个模块集成时都要进行测试。

（4）在完成每一次测试之后，又一个存根程序被真正的模块所代替。

（5）可以用回归测试来保证没有引出新的错误。

整个过程回到第（2）步循环继续进行，直至这个系统结构被构造完成时为止。

2）自底向上集成测试

自底向上的集成测试是从原子模块（如在程序结构的最低层的模块）开始来进行构造和测试的。自底向上的集成测试可以使用以下步骤来实现。

（1）底层模块组合成能够实现软件特定子功能的簇。

（2）编写一个驱动程序，即一个供测试用的控制程序，来协调测试用例的输入/输出。

（3）对簇进行测试。

（4）移走驱动程序，沿着程序结构的层次向上对簇进行组合。

这样的集成测试遵循在图 6.3 中说明的模式，首先把所有的模块聚集成 3 个簇：簇 1、簇 2 和簇 3，然后对每一个簇使用驱动器（图中的虚线框）进行测试，在簇 1 和簇 2 中的模块隶属于 Ma，把驱动 D1 和 D2 去掉，然后把这两个簇与 Ma 直接连在一起。类似地，驱动器 D3 也在模块 Mb 集成之前去掉。Ma 和 Mb 最后都要与模块 Mc 一起集成。

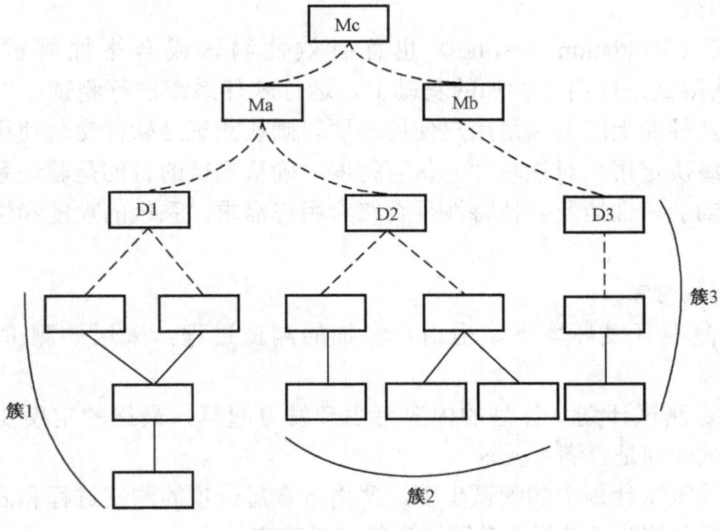

图 6.3　自底向上集成测试

当测试在向上进行的过程中，对单独测试驱动器减少了，事实上，如果程序结构的最上两层是自顶向下集成的，那么所需的驱动数目就会明显减少，从而对簇的集成会变得简单。

3）回归测试

每当一个新的模块被当作集成测试的一部分加进来，软件就发生了改变。新的数据流路径建立了起来，新的 I/O 操作也可能会出现，而且还有可能激活新的控制逻辑。这些改变可能会使原本工作正常的功能产生错误。在集成测试策略的环境中，回归测试是对某些已经测试过的某些子集再重新进行测试，以保证上述改变不会传播无法预料的副作用。

在更广的环境里，任何种类的成功测试结果都是发现错误，而错误是要被修改的，每当系统被修改的时候，系统配置的某些方面（程序、文档或者数据）也同时被修改，回归测试就是用来保证由于测试或者其他原因的改动不会带来不可预料的行为或者另外的错误活动。

回归测试可以通过重新执行所有测试用例的一个子集人工地进行，也可以使用自动化的捕获回放工具来进行。捕获回放工具使得软件工程师能够捕获到测试用例，然后就可以进行回放和比较。回归测试集（要进行的测试的子集）包括下述三种不同类型的测试用例：

（1）能够测试软件的所有功能的代表性测试用例；

（2）专门针对可能会被修改影响的软件功能的附加测试；

（3）针对修改过的软件成分的测试。

在集成测试的过程中，回归测试工作可能会变得非常庞大。因此，回归测试集应当设计为只包括涉及在主要的软件功能中出现的一个或多个错误类的测试。如果每当进行一个修改时，就对每一个程序功能都重新执行所有的测试不仅不实际而且效率低。

3. 确认测试

确认测试（Validation Testing）也称有效性测试或合格性测试（Qualification Testing）。确认测试是在用户参加的基础上，运行软件系统进行测试，以查看系统的功能实现情况以及性能上能否满足用户使用需要。确认测试是软件交付使用前一项很重要的活动，它最终决定用户对该软件的认可程度。确认测试的目的是验证系统的有效性，即验证系统的功能和性能及其他特性是否符合用户需求。系统的功能和性能要求参照需求说明书。

1）确认测试内容

确认测试是在开发环境下，由用户参加的测试过程，采用的测试方法为黑盒测试法。

首先，制定测试计划，计划的内容可由开发方起草，最终的定稿要和用户共同协商，评定此测试计划是否满足要求。

其次，按照测试计划中的测试步骤，严格审查每一项的测试过程和测试结果，对其进行评定，而后总的测试结果是参照各项的结果确定的。

最后，对系统的相关配置进行审查。包括查看文档是否齐全，内容与实际情况是否一致，产品质量是否符合要求等内容。

2）α 测试和 β 测试

如果系统是专门为某个用户开发的，测试工作可以邀请用户参加，验证该系统是否满足用户需求。如果系统是为多个用户开发的（如一些公开出售的产品），要让每个用户都参加确认测试是不切合实际的。因此绝大多数的系统开发者都采用被称为α 测试和β测试的测试方法，尽可能地发现那些看来只有用户才能发现的问题。

α 测试是邀请用户参加在开发场地进行的测试，系统环境尽量模拟实际运行环境，由开发组成员或用户实际操作运行。测试过程中，系统出现的错误或使用中遇到的问题，以及用户提出的修改意见，都由开发者记录下来，作为修改的依据，整个测试过程是在受控环境下进行的。

β测试是由部分用户在实际的使用环境下进行的测试。测试过程中开发者不在现场，由用户独立操作验证程序的各项功能，比如界面显示是否友好，交互过程是否方便，功能是否完善，实际使用中还存在什么问题等。同时测试系统性能方面的内容，像系统长时间运行的可靠程度，对出现异常情况的处理能力等，从用户使用的角度和真实的运行环境出发，对系统进行测试，把用户发现的问题全部记录下来，反馈给程序开发者，开发者对系统进行必要的修改，并准备最终的发布。

4．综合测试

经过了前面一系列测试过程，系统的功能已基本符合要求，进行综合测试的目的是为了测试系统安装到实际应用的系统中后，能否与系统的其余部分（如计算机硬件、外部设备、某些支持软件和数据）协调工作，以及对系统运行可能出现的各种情况的处理能力，以确保各组成部分不仅能单独地受到检验，而且在系统各部分协调工作的环境下也能正常工作。在许多文献中综合测试也称作系统测试，为了与整个信息系统的系统测试区分，本文称为综合测试。

综合测试的任务主要有：测试系统是否能与硬件协调工作，测试与其他系统协调运行的状况。综合测试由若干个不同方面测试组成，目的是充分运行系统，验证系统是否能正常工作并完成所赋予的任务。综合测试一般包括功能测试、性能测试、安全测试、恢复测试和安装测试等测试种类。

综合测试是一项比较灵活的工作，对测试人员有较高的要求，既要很了解用户的环境和系统的使用，又要具有从事各类测试的经验和丰富的软件知识。通过综合测试能保证系统能够在整体的功能和性能上满足用户需求。

5．测试过程及相应的测试种类

系统测试实际上是由一系列不同的测试组成。尽管每种测试各有不同的目的，但是所有的测试工作都是为了证实所有的系统元素组装正确，并且执行着为各自分配的功能。下面着重介绍几种测试种类及它们与各个测试过程中的关系，如表 6.2 所示。

表 6.2　测试过程和测试种类

测试过程 / 测试种类	开发阶段的测试		产品阶段的测试		
	单元测试	集成测试	α 测试	β 测试	综合测试
设计评审		S			
代码审查	M	M			S
功能测试	H	M	M	M	M
结构测试	H	S			
回归测试	S	H			M
可靠性测试		H	M	M	M
强度测试		H			H
性能测试	S	H	M	M	H
恢复测试					M
配置测试		M			M
安全性测试					H
可用性测试		S	M	M	H
安装测试			M	M	M
互连测试	S				M
兼容性测试		M			M
容量测试		H			M
文档测试			S	H	M

说明：M=必要的(Mandatory)，H=积极推荐的(Highly recommonded)，S=建议的(Suggest)

下面给出表 6.2 中主要部分测试的说明。

功能测试：功能测试（Function Testing）又称正确性测试，在规定的一段时间内运行软件系统的所有功能，以验证这个软件系统有无严重错误，它检查系统的功能是否符合需求规格说明书。

可靠性测试：如果系统需求说明书中有对可靠性的要求，则需要进行可靠性测试（Reliability Testing）。通常使用平均失效间隔时间 MTBF 与因故障而停机的时间 MTTR 来度量系统的可靠性。

强度测试：强度测试（Strength Testing）主要检查系统在一些极端条件下的运行情况。因此，在进行强度测试时需要提供一些超过正常输入量、最大存储能力的测试数据，查看系统的运行状况。强度测试迫使系统在异常的资源配置下运行，从而确定系统在功能和性能方面的极限状况。

性能测试：性能测试（Performance Testing）用来测试在集成系统中各分系统的运行性能，特别是针对实时系统嵌入系统。性能测试可以在测试过程的任意阶段进行，但只有当整个系统的所有成分都集成到一起后，才能检查一个系统的真正性能。性能测试有时与强度测试相结合，经常需要软/硬件的配套支持。

恢复测试：操作系统、数据库管理系统等都有恢复机制，即当系统受到某些外部因素的破坏时能够重新恢复正常工作。恢复测试（Recovery Testing）通过各种手段，强制性地使系统出错，而不能正常工作，进而检验系统的恢复能力。如果系统恢复是自动的（系统本身完成），则应重新初始化，检验检验点设置位置、数据恢复以及重新启动是否正确。如果这一恢复需要人为干预，则应考虑平均修复时间是否在限定的范围以内。

安全性测试：安全性测试（Security Testing）的目的在于验证安装在系统内的保护机制能够在实际中保护系统并不受非法侵入，不受各种非法的干扰。系统的安全测试要设置一些测试用例试图突破系统的安全保密措施，检验系统是否有安全保密的漏洞。例如，对密码进行截取和破译；对系统中重要文件进行破坏等。测试手段包括各种破坏安全性的方法和工具。

任何系统都很难做到百分之百的安全，只要能使得非法入侵的代价超过被保护信息的价值，就符合安全性的要求。

可用性测试（Usability Testing）：可用性测试主要从使用的合理性和方便性等角度对软件系统进行检查，以发现人为因素或使用上的问题。要保证在详细的程度下，用户界面便于使用；对输入量可容错，响应时间和响应方式合理可行，输出信息有意义，正确并前后一致；出错信息能够引导用户去解决问题；软件文档全面、正规、确切；如果产品销往国外，要有足够的译本。由于衡量可用性有一定的主观因素，因此必须以原型化方法等获得的用户反馈作为依据。

安装测试（Installation Testing）：安装测试的目的不是找软件错误，而是找安装错误。在安装软件系统时，会有多种选择。要分配和装入文件与程序库，布置适用的硬件配置，进行程序的联结。而安装测试是要找出在这些安装过程中出现的错误。在一些大型的系统中，部分工作由软件自动完成，其他工作则需由各种人员，包括操作员、数据库管理员和终端用户等，按一定规程与计算机配合，靠人工来完成。指定由人工完成的过程也需经过仔细的检查，这就是所谓的过程测试（Procedure Testing）。

互连测试（Interoperability Testing）：互连测试是要验证两个或多个不同的系统之间的互连性。这类测试对支持标准规格说明，或承诺支持与其他系统互连的软件系统有效。例如，HP 公司的文件传送存/取方法 FTAM、Honeywell 公司 NS/9000 机器上的 FTAM 与 NFT 可以互连。

兼容性测试（Compatibility Testing）：这类测试主要想验证软件产品在不同版本之间的兼容性。有两类基本的兼容性测试：向下兼容和交错兼容。向下兼容测试是测试软件新版本保留它早期版本的功能的情况，而交错兼容测试是要验证共同存在的两个相关但不同的产品之间的兼容性。

容量测试（Volume Testing）：容量测试是要检验系统的能力最高能达到什么程度。在使系统的全部资源达到“满负荷”的情形下，测试系统的承受能力。

文档测试：文档测试（Documentation Testing）主要检查文档的正确性、完备性和可理解性。这里的正确性是指不要把系统的功能和操作写错，也不允许文档内容前后矛盾。完备性是指文档不可以“虎头蛇尾”，更不许落掉关键内容。可理解性是指文档要让大众用户看得懂，能理解。

6.3.3 测试工具

信息系统测试需要各种测试工具的支持。测试工具既可以辅助测试工作，又可以自动化测试过程。在测试过程中应用测试工具可以提高测试效率和质量，减少测试的开销，降低测试过程中的重复劳动，实现测试的自动化。

目前，测试工具已经有很多，有针对于系统开发过程中的某个环节，有贯穿整个系统开发过程的，也有成套系列化的。一般而言，将测试工具分为白盒测试工具、黑盒测试工具和测试管理工具等几个大类。

1. 白盒测试工具

白盒测试工具一般是针对代码进行测试，对软件的过程性细节做细致的检查，它允许测试人员利用程序内部的逻辑结构及有关信息，设计或选择测试用例，对程序所有逻辑路径进行测试。通过在不同点检查程序状态，确定实际状态是否与预期的状态一致，测试中发现的缺陷可以定位到代码级。根据测试工具原理的不同，又可以分为静态测试工具和动态测试工具。

1）静态测试工具

静态测试工具直接对代码进行分析，不需要运行代码，也不需要对代码编译链接、生成可执行文件，评审软件文档或程序，度量程序静态复杂度，检查软件是否符合编程标准，借以发现编写的程序的不足之处，减少错误出现的概率，并根据某种质量模型评价代码的质量，生成系统的调用关系图等。

静态测试工具的代表有 Telelogic 公司的 Logiscope 软件、PR 公司的 PRQA 软件和 AutomatedQA 公司的 AQtime 等。

2）动态测试工具

动态测试工具与静态测试工具不同，动态测试工具一般采用“插桩”的方式，向代码生成的可执行文件中插入一些监测代码，用来统计程序运行时的数据。其与静态测试工具最大的不同就是动态测试工具要求被测系统需要在相对真实的环境下实际运行，从多角度观察程序运行时能体现的功能、逻辑、行为和结构等行为，以发现其中的错误现象。动态测试工具，侧重于对软件功能的测试属于黑盒测试，而对软件内部逻辑结构，测试覆盖率的考虑则属于白盒测试。

动态测试工具的代表有 Compuware 公司的 DevPartner 软件、Rational 公司的 Purify 系列及 AutomatedQA 公司的 AQtime 等。

2. 黑盒测试工具

黑盒测试工具适用于黑盒测试的场合，又包括了功能测试工具和性能测试工具。黑盒测试工具的一般原理是利用脚本的录制（Record）/回放（Playback），模拟用户的操作，然后将被测系统的输出记录下来与预先给定的标准结果进行比较。黑盒测试工具可以大大减轻黑盒测试的工作量，在迭代开发的过程中，能够很好地进行回归测试。然而在目前的实际软件测试中，特别是软件的功能测试中，黑盒工具的应用还比较困难，对于一些行业性较强的软件项目，很难依靠一个测试工具完成测试工作，但当一个软件功能比较有规律或者是在回归测试中，那么测试工具往往比较容易实现自动化测试，同时对于复杂的软件项目可以先设计一系列的方案，再提交工具进行自动化测试。

黑盒测试工具的代表有 Mercury Interactive 公司的 WinRunner，Rational 公司的 TeamTest、Robot，Compuware 公司的 QACenter，AutomatedQA 公司的 TestComplete 等，另外，专用于性能测试的工具包括有 Mercury Interactive 公司的 LoadRunner，Radview 公司的 WebLoad，Microsoft 公司的 WebStress，Compuware 公司的 QALoad 等，AutomatedQA 公司的 TestComplete 也可以进行性能测试。

3．测试管理工具

测试管理工具是一个可以为企业的商业系统提供全面的测试功能的综合测试管理解决方案。它会控制你所有的测试工作来确保一个有组织的、规范文档化的和全面的测试。为了适应数以百计的用户，测试管理工具别具特色之处是它有一个中心数据存储库，在这里所有的用户可以共享并存/取主要的信息——测试脚本、缺陷及报告书。测试管理工具把测试计划、测试执行和缺陷跟踪三者有机地结合在一起，同时为了更多的灵活性还采用了开放式测试结构（Open Test Architecture，OTA）。通过测试管理工具使得测试过程更合理、统一，以对软件测试过程实施高效的、标准化的管理。

测试管理工具的代表有 Mercury Interactive 公司的 TestDirect，Rational 公司的 Test Manager，Compureware 公司的 TrackRecord，以及 Automated QA 公司的 AQ devTeam 等软件。

4．其他测试工具

除了上述的测试工具外，还有一些专用的测试工具，如针对数据库测试的 TestBytes，对应用性能进行优化的 EcoScope 等工具。

6.4　面向 Web 的信息系统测试

随着 Internet 和 Intranet 的快速增长，许多传统的信息和数据库系统正在被移植到 Web 上，Web 已经对商业、工业、银行、财政、教育、政府和娱乐及人们的工作和生活产生了深远的影响。Web 信息系统交付一组复杂的功能给终端用户，使与服务器连接的所有客户机都能共享使用 Web 信息系统提供的功能。对其进行系统测试是把整个系统作为一个整体来查找问题，弄清 Web 服务相互之间如何交互。Web 信息系统测试通常包括功能测试、性能测试、可用性测试、安全性测试、系统兼容性测试和接口测试。

6.4.1　功能测试

功能测试包括链接测试、表单测试、数据校验、Cookies 测试、数据库测试、应用程序特定的功能需求测试以及设计语言测试，下面主要介绍前五项测试。

1．链接测试

链接是 Web 应用系统的一个主要特征，它是在页面之间切换和引导用户去一些未知地址页面的主要手段。链接测试可分为三个方面：首先，测试所有链接是否按指示的那样确实链接到了应该链接的页面；其次，测试所链接的页面是否存在；最后，保证 Web 应用系统上没有孤立的页面。链接测试可以通过 Xenu Link Sleuth 或 HTML Link Validator 软件自动进行。

2．表单测试

当用户使用表单进行注册、登录和信息提交等操作时，必须测试提交操作的完整性，以校验提交服务器信息的正确性。如果使用了默认值，还要检验默认值的正确性。如果表单某个字段只能接收指定的某些值，则对这个字段也要进行测试。

3．数据校验

如果系统根据业务规则，需要对用户输入进行校验，则要保证这些校验功能正常工作。数据校验可采用手动检查，同时利用 WinRunner 工具形成 WinRunner（QTP）脚本；在回归测试以及升级版本测试时主要依靠 WinRunner（QTP）自动回放测试。

4．Cookies 测试

如果 Web 应用系统使用了 Cookies，就必须检查 Cookies 是否能正常工作。测试的内容包括 Cookies 是否起作用，是否按预定的时间进行保存，刷新对 Cookies 有什么影响等。如果在 Cookies 中保存了注册信息，应确认该 Cookies 能够正常工作而且已对这些信息进行加密。如果使用 Cookies 来统计次数，需要验证次数累计正确。Cookies 测试可用 IE Cookies View v1.50 或 Cookies Manager v1.1 进行。

5．数据库测试

数据库为 Web 应用系统的管理、运行、查询和实现用户对数据存储的请求等提供空间。在使用数据库的 Web 应用系统中，可能发生两种错误，分别是数据一致性错误和输出错误。数据一致性错误主要是由于用户提交的表单信息不正确而造成的，输出错误主要是由于网络传输速度或程序设计问题引起的。针对这两种情况，可分别进行测试。

6.4.2　性能测试

性能测试包括压力测试、连接速度测试和负载测试等内容。

1．压力测试

Web 应用系统需按以下四项内容进行有效的压力测试。

（1）重复，重复的测试就是一遍又一遍地执行某个操作或功能。

（2）并发，同时执行多个操作功能。

（3）量级，是指每个操作中的负载量。

（4）随机变化，是指随机变化使用前几项压力测试，在每次测试运行时应用许多不同的代码路径。

2．连接速度测试

用户连接到 Web 应用系统的速度根据上网方式的不同而变化，连接速度测试是测试

Web 系统在不同上网方式中的响应时间。

3. 负载测试

测试 Web 应用系统在某一负载级别上的性能，以保证 Web 应用系统在需求范围内能正常工作。负载级别可以是某个时刻同时访问 Web 应用系统的用户数量，也可以是在线数据处理的数量。

6.4.3 可用性测试

可用性测试包括导航测试、图形测试、内容测试和整体界面测试四项内容。

1. 导航测试

在不同的用户接口控制之间，或在不同的链接页面之间，Web 应用系统导航描述了用户在一个页面内操作的方式，起到帮助信息尽可能准确的作用。Web 应用系统的层次一旦确定，就要着手测试用户导航功能。如果能让最终用户参与这种测试，效果将更加明显。

2. 图形测试

在 Web 应用系统中，适当的图片和动画能起到广告宣传的作用，又有美化页面的功能。图形测试就是要确保图形有明确的用途，图片或动画不要胡乱地堆在一起，以免浪费传输时间；验证所有页面字体的风格是否一致；背景图片应该与字体颜色和前景颜色相搭配；图片的大小和质量也是一个很重要的因素，一般采用 JPG 或 GIF 压缩。

3. 内容测试

内容测试用来检验 Web 应用系统提供信息的正确性、准确性和相关性。信息的正确性是指信息是可靠的还是误传的，信息的准确性是指是否有语法或拼写错误，信息的相关性是指是否可以在当前页面找到与当前浏览信息相关的信息列表或入口。

4. 整体界面测试

整体界面是指整个 Web 应用系统的页面结构设计，是给系统用户的一个整体感受。对整体界面的测试过程，是对最终用户进行调查的过程。一般 Web 应用系统采取在主页上做一个调查问卷的形式，来得到最终用户的反馈信息。所有的可用性测试都需要外部人员的参与，最好有最终用户参与。

6.4.4 安全性测试

安全性测试包括目录设置测试、SSL 测试、登录验证测试、日志文件测试和脚本语言测试。

1. 目录设置测试

Web 应用系统安全的第一步就是正确设置目录。每个目录下应该有 index.html 或 main.html 页面，这样就不会显示该目录下的所有内容。

2. SSL 测试

SSL 能使客户/服务器应用之间的通信不被攻击者窃听，并且可以始终对服务器进行认证，还可选择对用户进行认证。SSL 协议在应用层协议通信之前就已经完成加密算法、通信密钥的协商及服务器认证工作。在此之后应用层协议所传送的数据都会被加密，从而保证通信的私密性。

3. 登录验证测试

登录验证测试用来验证 Web 应用系统是否能够阻止非法用户和非法的口令登录，用户登录是否有次数限制，是否限制从某些 IP 地址登录。

4. 日志文件测试

日志文件测试是指验证 Web 应用系统日志是否能够记录所有的事务处理，是否记录失败的注册或登录信息，是否记录被盗用信用卡的使用，是否在每次事务完成的时候都进行保存，是否记录 IP 地址，以及是否记录用户名。

5. 脚本语言测试

脚本语言是常见的安全隐患，经验丰富的黑客可以将服务器用户名和口令发送给自己，找出站点使用了哪些脚本语言，并研究该语言的缺陷。在脚本语言测试中，需要检测没有经过授权，就不能在服务器端放置和编辑脚本的问题。

6.4.5　系统兼容性测试

系统兼容性测试包括平台测试、浏览器测试、分辨率测试、连接速率测试和打印机测试。

平台测试是指在系统发布前，在各种操作系统下对 Web 应用系统进行兼容性测试，浏览器测试是测试 Web 应用系统在不同的浏览器中是否能够正常显示，分辨率测试是测试 Web 应用系统在不同分辨率模式下是否正常显示，连接速率测试是测试 Web 应用系统在不同上网方式下等待首页出现的时间，打印机测试是测试网页打印是否正常。

6.4.6　接口测试

接口测试包括对服务器接口、外部接口测试和进行错误处理。

1. 服务器接口

第一个需要测试的接口是浏览器与服务器的接口。测试人员提交事务，然后查看服务器记录，并验证在浏览器上看到的事务正好是服务器上发生的事务。测试人员还可以查询数据库，确认事务数据已正确保存相关信息。

2. 外部接口

有些 Web 应用系统有外部接口，因此 Web 应用系统要实时验证信用卡数据以减少欺诈行为的发生。测试时要使用 Web 应用系统接口发送一些事务数据，分别对有效信用卡、无效信用卡和被盗信用卡进行验证。

3．错误处理

在理解需求的基础上，充分发挥想像力，尽量比较全面地列出各种异常情况，验证系统进行错误处理的能力。

本章小结

硬件平台和网络平台的测试大都要借助专门开发的测试软件或专用测试设备辅助进行，本章介绍了部分常用方法。

白盒测试注重于程序控制结构。测试用例要保证测试时程序的所有语句至少执行一次，而且检查所有的逻辑条件。黑盒测试注重于发现功能需求错误，而不考虑程序的内部工作。

单元测试中的代码审查能够有效地发现程序中的逻辑设计错误和编码错误。集成测试是通过测试发现与接口有关的问题，以此来构造程序结构的系统化技术，增量集成是集成测试最有效的方式。

有经验的软件开发者经常说："测试"永无终止，只是从软件工程师转向客户，客户每次使用程序时，都是一个测试。通过设计测试用例，软件工程师可以进行更广泛的测试，从而在"客户测试"之前发现并修改尽可能多的错误。

问题讨论

1. 在白盒测试，穷尽测试（即使可能是非常小的程序）是否能够保证程序 100%的正确？
2. 为什么非增量测试产生的错误纠正起来很困难？
3. 什么是系统测试？系统测试的主要目的是什么？
4. 白盒测试、黑盒测试方法有何特点，实际应用中如何选用？
5. 为什么要进行布线测试？
6. 有什么办法可以测试 PC 的性能？

第7章 信息系统维护与管理

引言

在信息系统的开发过程完成以后，作为商品，信息系统的价值就基本已经确定。而信息系统的维护与管理是实现其使用价值的必需手段。由于信息系统自身的特殊性，其维护与管理也区别于一般的商品。

本章论述了信息系统使用、维护与管理的基本内容与过程。对于信息系统的维护，本章主要论述了信息系统维护的过程、特点以及系统可维护性和质量维护的概念，并对信息系统的可靠性进行了介绍。同时，对信息系统的监理、审计与评价的过程与方法进行了论述。

通过本章学习，可以了解（或掌握）：

- ◆ 信息系统使用的基本过程；
- ◆ 信息系统维护的过程和可维护性概念；
- ◆ 信息系统的可靠性；
- ◆ 信息系统监理与审计的过程与方法；
- ◆ 信息系统评价过程与方法。

7.1 概述

信息系统产品交付使用后，信息系统进入运行与维护阶段，此阶段的主要任务是进行系统的日常运行管理，评价系统的运行效率，并根据运行中存在的问题对系统进行维护和处理。信息系统维护是系统生存周期的最后一个阶段，它处于系统投入生产性运行以后的时期中，因此不属于系统开发过程。

信息系统维护需要的工作量非常大，虽然在不同应用领域的维护成本差别很大，但是平均来说，大型系统的维护成本高达开发成本的 4 倍左右。目前，国外许多系统开发组织把 60%以上的人力用于维护已有的软件，而且随着系统数量的增多和使用寿命的延长，这个百分比还在持续上升。将来，维护工作甚至可能会束缚住系统开发组织的手脚，使他们没有余力开发新的系统。

软件工程方法学的主要目的就是要提高软件的可维护性，减少软件维护所需要的工作量，降低软件系统的总成本。其中系统的维护包括对硬件设备的维护和对软件系统的维护，硬件的维护包括对硬件设备进行定期的预防性维护以及对突发性的故障进行维修，前者由专职的硬件人员进行，后者则由专职人员或厂商进行。软件维护是系统维护的重点，通过软件维护要使系统和数据始终保持最新的正确状态。软件维护的类型有四种：改正性维护、适应性维护、完善性维护和预防性维护。本章对其中的信息系统使用、信息系统维护、信息系统的可靠性、信息系统的监理与审计、信息系统评价等方面的内容加以介绍。

7.2 信息系统的使用

信息系统通过了验收测试，就可以着手投入生产使用，这个过程一般要经过用户培训、系统转换和系统运行几个步骤。

7.2.1 用户培训

即使信息系统的开发是成功的，但是如果用户不使用，那么成功的信息系统依然无法发挥作用。因此从这个角度看，培训用户也是信息系统开发的一个非常重要的环节。

用户培训的一般内容包括以下方面：

（1）系统的用途和目标；

（2）现有系统与新系统的差别；

（3）系统工作概述；

（4）如何使用用户手册；

（5）与系统有关的信息服务人员和用户人员的义务和责任。

参与培训的人员包括信息系统分析人员和系统用户。按照信息系统的各种文档，系统分析人员可以为最终用户提供用户手册（操作手册和使用指导等，包含了系统介绍和详细的操作步骤），并且进行现场培训。开发单位和使用单位必须重视和支持这项工作，必须愿意花时间让各种用户参与到培训中。只有用户使用信息系统，信息系统才能够发挥作用。

用户培训的结果是经过培训的使用者和提供相应的用户手册，以及其他文档。只有当最终用户理解和掌握了新系统的操作，才可以开始由旧系统向新系统转换。

7.2.2　系统转换

由于一个组织或企业的管理工作具有连续进行的特点，信息系统也必须连续地进行工作，这就存在一个老的系统与新的信息系统的交替过程，即老的信息系统逐渐退出，由新的信息系统来代替，这个过程称为系统的转换或切换。

系统转换的方式主要包括直接切换、并行切换和分段切换等不同形式。

1．直接切换

直接切换是指在某一时刻，旧系统停止运行，新系统立即开始运行。这种切换方式简单，最省费用，但风险较大。由于新系统没有使用过，没有真正担负过实际工作，很可能出现事先预想不到的问题。所以这种切换方式不适合重要的或大型的系统，适用于一些小系统，或者新系统已进行过多次真实测试，或者旧系统已完全不能使用等情况。

2．并行切换

并行切换是新老系统并行工作一段时间，并行时间一般为 3～6 个月，甚至 1 年。在这段时间里，既可以保持系统工作不间断，又可以对两个系统进行对比，结果可以互相校对。经过这段时间的考验以后，新系统逐渐代替旧系统。并行切换虽然风险小，但费用高，是一种经常被使用的转换方式。

3．分段切换

该切换方式是前两种切换方式的结合。在新系统正式全部运行前，一部分一部分逐渐代替老系统，这样既避免了直接切换所可能带来的风险性，又可避免并行切换将会造成的双倍费用问题。但这种切换方式会增加切换接口，系统各部分之间往往相互联系，当旧系统的部分功能切换给新系统去执行时，其余部分仍然由旧系统去完成，于是在已切换部分与未切换部分之间就会出现如何衔接的问题。所以分段切换要注意各子系统间、诸功能间的接口问题，一般大型系统采用这种切换方式。

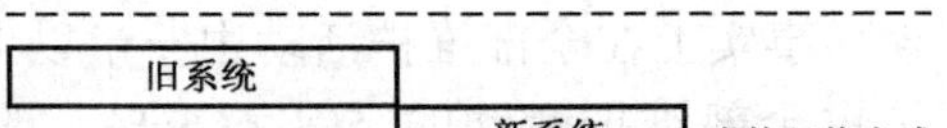

图 7.1　三种不同的系统转换方式

上述三种转换方式如图 7.1 所示，在实际工作中，往往将上述几种方式互相配合使用。

7.2.3 系统运行

系统运行包括系统的日常操作和维护，应加强对系统的运行管理，使系统正常工作。系统的日常运行管理不仅是机房环境和设施的管理，更主要的是对系统每天运行状况、数据输入和输出情况以及系统的安全性与完备性及时如实地记录和处置。任何一个系统都要经过反复的开发、运行、再开发、再运行的不断完善的过程。

7.3 信息系统的维护

所谓信息系统维护就是在系统已经交付使用之后，为了改正错误或满足新的需要而修改系统的过程。

因为软件测试不可能暴露出一个大型软件系统中所有潜藏的错误，所以必然会有第一项维护活动：在任何大型程序的使用期间，用户必然会发现程序错误，并且把他们遇到的问题报告给维护人员。诊断和改正错误的过程称为改正性维护。

由于随着计算机科学技术领域的各个方面都在迅速进步，经常推出新操作系统或旧系统的修改版本，时常增加或修改外部设备和其他系统部件；另一方面，应用软件的使用寿命却远远长于最初开发这个软件时的运行环境的寿命。因此，适应性维护也就是为了与变化了的环境适当地配合而进行的修改软件的活动，是必要又经常的第二项维护活动。

当一个软件系统顺利地运行时，常常出现第三项维护活动：在使用软件的过程中，用户往往提出增加新功能或修改已有功能的建议，还可能提出一般性的改进意见。为了满足这类要求，需要进行完善性维护。这项维护活动通常占软件维护工作的大部分。

为了改进未来的可维护性或可靠性，或为了给未来的改进奠定更好的基础而修改软件，于是便出现了第四项维护活动，这项维护活动通常称为预防性维护。目前，这项维护活动相对比较稀少。

从上述关于软件维护的定义不难看出，软件维护绝不仅限于纠正使用中发现的错误，事实上在全部维护活动中一半以上是完善性维护。国外的统计数字表明：完善性维护占全部维护活动的 50%～66%，改正性维护占 17%～21%，适应性维护占 18%～25%，其他维护活动只占 4%左右。

应该注意，上述四类维护活动都必须应用于整个软件配置，维护软件文档和维护软件的可执行代码是同样重要的。

7.3.1 信息系统维护过程

信息系统维护过程本质上是修改和压缩了的信息系统定义和开发过程，而且远在提出一项维护要求之前，与软件维护有关的工作就已经开始了。首先，必须建立一个维护组织，确定报告和评价的过程；而且必须为每个维护要求规定一个标准化的事件序列，形成维护报告；此外，还应该建立一个适用于维护活动的记录保管过程；最后规定复审标准，评价维护活动。

1. 维护组织

虽然通常并不需要建立正式的维护组织，但是，即使对于一个小的软件开发团体而言，非正式地委托责任也是绝对必要的。每个维护都要求通过维护管理员转交给相应的系统管理员去评价。系统管理员是被指定熟悉一小部分产品程序的技术人员。系统管理员对维护任务做出评价之后，由变化授权人决定应该进行的活动。

在维护活动开始之前就明确维护责任是十分必要的，这样做可以大大减少维护过程中可能出现的混乱。

2. 维护报告

应该用标准化的格式表达所有软件维护要求。软件维护人员通常给用户提供空白的维护要求表，有时称为软件问题报告表，这个表格由要求维护活动的用户填写。如果遇到了一个错误，那么必须完整描述导致错误的环境，包括输入数据、全部输出数据以及其他有关信息。对于适应性或完善性的维护要求，应该提出一个简短的需求说明书。如前所述，由系统管理员评价用户提交的维护要求表。

维护要求表是一个外部产生的文件，它是计划维护活动的基础。在这个基础上，软件组织内部应该制定出一个软件修改报告，它给出下述信息：

（1）满足维护要求表中提出的所需要的工作量；

（2）维护要求的性质；

（3）这项要求的优先次序；

（4）与修改有关的事后数据。

在拟定进一步的维护计划之前，把软件修改报告提交给变化授权人审查批准。

3. 保存维护记录

对于软件生存周期的所有阶段而言，以前的记录保存都是不充分的，而软件维护则根本没有记录保存下来。由于这个原因，往往不能估价维护技术的有效性，不能确定一个产品程序的“优良”程度，也很难确定维护的实际代价是什么。

保存维护记录遇到的第一个问题就是，哪些数据是值得记录的？Swanson 提出了下述内容：

（1）程序标识；

（2）源语句数；

（3）机器指令条数；

（4）使用的程序设计语言；

（5）程序安装的日期；

（6）自从安装以来程序运行的次数；

（7）自从安装以来程序失效的次数；

（8）程序变动的层次和标识；

（9）因程序变动而增加的源语句数；

（10）因程序变动而删除的源语句数；

（11）每个改动耗费的人时数；

（12）程序改动的日期；

（13）软件工程师的名字；

（14）维护要求表的标识；

（15）维护类型；

（16）维护开始和完成的日期；

（17）累计用于维护的人时数；

（18）与完成的维护相联系的纯效益。

应该为每项维护工作收集上述数据。可以利用这些数据构成一个维护数据库的基础，像下面介绍的那样对它们进行评价。

4．评价维护活动

缺乏有效的数据就无法评价维护活动。如果已经开始保存维护记录了，则可以对维护工作做一些定量度量。评价维护活动至少可以从下述七个方面进行：

（1）每次程序运行平均失效的次数；

（2）用于每一类维护活动的总人时数；

（3）平均每个程序、每种语言、每种维护类型所做的程序变动数；

（4）维护过程中增加或删除一个源语句平均花费的人时数；

（5）维护每种语言平均花费的人时数；

（6）一张维护要求表的平均周转时间；

（7）不同维护类型所占的百分比。

根据对维护工作定量度量的结果，可以做出关于开发技术、语言选择、维护工作量规划、资源分配及其他许多方面的决定，而且可以利用这样的数据分析评价维护任务。

7.3.2　信息系统维护的特点

信息系统的维护分为结构化和非结构化两种方式，两者的区别主要在于，软件配置除了程序代码之外，是否有相关的文档或说明书。如果有，则进行结构化的维护，否则只能进行非结构化维护。

1．结构化维护与非结构化维护

在图 7.2 中描绘了从维护要求到交付使用过程中可能发生的事件流。

如果软件配置的唯一成分是程序代码，那么维护活动从艰苦的评价程序代码开始，而且这种活动常常由于程序内部文档不足而使评价更困难。诸如因软件结构、全程数据结构、系统接口、性能和（或）设计约束等微妙的特点，以致于难于搞清问题，产生误解，最终对程序代码所做改动的后果难于估量，又因为没有测试方面的文档，所以不可能进行回归测试。这种维护方式就是所谓的非结构化维护方式，它是没有使用良好定义的方法论开发出来的软件产生的必然结果。

如果有一个完整的软件配置存在，那么维护工作首先从评价设计文档开始，确定软件重要的结构特点、性能特点以及接口特点；估量要求的改动将带来的影响，并且计划实施途径。然后，修改设计且对所做的修改进行仔细复查。接下来编写相应的源程序代码，使用在测试说明书中包含的信息进行回归测试。最后，把修改后的软件再次交付使用。这个过程描述的事件构成结构化维护，它是在软件开发的早期应用软件工程方法论的结果。

虽然有了软件的完整配置，但并不能保证维护中没有问题，但它确实能减少精力的浪费并能提高维护的总体质量。

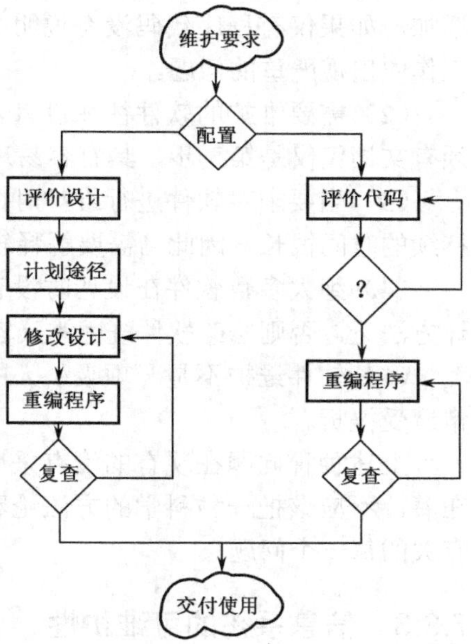

图 7.2 结构化维护与非结构化维护的对比

2. 维护的代价

在过去的二十几年中，软件维护的费用稳步上升。国际上 1970 年用于维护已有软件的费用只占软件总预算的 35%～40%，1980 年上升为 40%～60%，1990 年上升为 70%～80%。

维护费用只不过是软件维护的最明显的代价，其他一些现在还不明显的代价将来可能更受人们关注。

因为可用的资源必须供维护任务使用，以致耽误、甚至丧失了开发的良机，这是软件维护的一个无形的代价，其他无形的代价包括以下内容：

（1）当看来合理的有关改错或修改的要求不能及时满足时，将引起用户不满；

（2）由于维护时的改动，在软件中引入了潜伏的故障，从而降低了软件的质量；

（3）当必须把软件工程师调去从事维护工作时，将给开发过程带来混乱。

软件维护的最后一个代价是生产率的大幅度下降，这种情况在维护旧程序时常常遇到。例如，据 Gausler 在 1976 年的报道，美国空军的飞行控制软件每条指令的开发成本是 75 美元，然而维护成本大约是每条指令 4 000 美元。

用于维护工作的劳动可以分成生产性活动（如分析评价、修改设计和编写程序代码等）和非生产性活动（如理解程序代码的功能，解释数据结构、接口特点和性能限度等）两种。下列表达式给出了维护工作量的一个模型

$$M = P + K \times \exp(c - d)$$

式中，M 是维护用的总工作量，P 是生产性工作量，K 是经验常数，c 是复杂程度（非结构化设计和缺少文档都会增加软件的复杂程度），d 是维护人员对软件的熟悉程度。

这个模型表明，如果没有使用软件工程方法论，而原来的开发人员不能参加维护工作，那么维护工作量将呈指数级递增。

3. 维护的问题

与软件维护有关的绝大多数问题都可归因于软件定义和软件开发的方法有缺陷。若在软件生存周期的头两个时期没有严格而又科学的管理和规划，几乎必然会导致在最后阶段出现问题。下面列出与软件维护有关的部分问题。

（1）理解别人写的程序通常非常困难，其困难程度随着软件配置成分的减少而迅速增加。如果仅有程序代码没有说明文档，不仅会给维护软件带来巨大困难，也会在后续工作中出现严重的问题。

（2）需要维护的软件往往没有合格的文档，或者文档资料明显不足。认识到软件必须有文档仅仅是第一步，具有容易理解且与程序代码完全一致的文档才真正有价值。

（3）当要求对软件进行维护时，不能指望由开发人员仔细说明软件。由于维护阶段持续的时间很长，因此当需要解释软件时，往往原来写程序的人已经不在现场了。

（4）绝大多数软件在设计时没有考虑将来的修改。除非使用强调模块独立原理的设计方法论，否则修改软件既困难又容易发生差错。

（5）软件维护不是一项吸引人的工作。形成这种观念很大程度上是因为维护工作经常遭受挫折。

上述种种问题在现有的没有采用软件工程思想开发出来的软件中，都或多或少地存在着。不应该把一种科学的方法论看成灵丹妙药，但是软件工程至少部分解决了与维护有关的每一个问题。

7.3.3　信息系统的可维护性

信息系统可维护性可以定性地定义为：维护人员理解、改正、改动和改进系统的难易程度。提高可维护性是支配系统工程方法论所有步骤的关键目标。

1．决定软件可维护性的因素

维护就是在软件交付使用后进行的修改，修改之前必须理解修改的对象，修改之后应该进行必要的测试，以保证所做的修改是正确的。如果是改正性维护，还必须预先进行调试以确定故障。因此，影响软件可维护性的因素主要有可理解性、可测试性和可修改性三种。

1）可理解性

软件可理解性表现为外来读者理解软件的结构、接口、功能和内部过程的难易程度。模块化、详细的设计文档、结构化设计、源代码内部的文档和良好的高级程序设计语言等，都对改进软件的可理解性有重要贡献。

2）可测试性

诊断和测试的难易程度取决于软件容易理解的程度。良好的文档对诊断和测试是至关重要的。此外，软件结构、可用的测试工具和调试工具，以及以前设计的测试过程也都是非常重要的。维护人员应该能够得到在开发阶段用过的测试方案，以便进行回归测试。在设计阶段应该尽力把软件设计成容易测试和容易诊断的程序。

3）可修改性

软件容易修改的程度与软件的设计原理和规则直接有关，耦合、内聚、局部化、控制域与作用域的关系等，都会影响软件的可修改性。

上述三个可维护性因素紧密相关，维护人员在正确理解一个程序之前根本不可能修改它，如果不能进行完善的诊断和测试，则表面正确的修改可能会引起其他故障。

2. 文档

文档是影响软件可维护性的决定因素，由于长期使用的大型软件系统在使用过程中必然会经受多次修改，所以文档比程序代码更重要。

总的来说，文档应该满足下述要求：

（1）必须描述如何使用这个系统，没有这种描述，即使是最简单的系统也无法使用；

（2）必须描述如何管理这个系统；

（3）必须描述系统的需求和设计；

（4）必须描述系统的实现和测试，以便使系统成为可维护的。

软件系统的文档可以分为用户文档和系统文档两类。用户文档主要描述系统功能和使用方法，并不关心这些功能是怎样实现的；系统文档则主要描述系统设计、实现和测试等各方面的内容。

（1）用户文档。用户文档是用户了解系统的第一步，它应该能使用户获得对系统准确的初步印象。文档的结构方式应该使用户能够方便地根据需要阅读有关的内容。

用户文档至少应该包括下述五方面的内容：

① 功能描述，说明系统能做什么。

② 安装文档，说明怎样安装这个系统以及怎样使系统适应特定的硬件配置。

③ 使用手册，简要说明如何着手使用这个系统。应该通过丰富例子说明怎样使用常用的系统功能，还应该说明用户操作错误时怎样恢复和重新启动系统。

④ 参考手册，详尽描述用户可以使用的所有系统设施以及它们的使用方法，还应该解释系统可能产生的各种出错信息的含义。对参考手册最主要的要求是完整，因此通常使用形式化的描述技术。

⑤ 操作员指南，用以说明操作员应该如何处理使用中出现的各种情况。

上述内容可以分别作为独立的文档，也可以作为一个文档的不同分册，具体做法应该由系统规模决定。

（2）系统文档。系统文档指从问题定义、需求说明到验收、测试和计划这样一系列与系统实现有关的文档。描述系统设计、实现和测试的文档对于理解程序和维护程序来说极为重要。它与用户文档类似，系统文档的结构也应该能把读者从对系统概貌的了解，引导到对系统每个方面、每个特点的更形式化、更具体的认识。

3. 可维护性复审

可维护性是所有软件都应该具备的基本特点，在软件工程的每一个阶段都应该考虑并努力提高软件的可维护性，在每个阶段结束前的技术审查和管理复审中，应该着重对可维护性进行复审。

在需求分析阶段的复审过程中，应该对将来要改进的部分和可能会修改的部分加以注意并指明；应该讨论软件的可移植性问题，并且考虑可能影响软件维护的系统界面。

在正式的和非正式的设计复审期间，应该从容易修改、模块化和功能独立的目标出发，评价软件的结构和过程；设计中应该对将来可能修改的部分预先作准备。

代码复审应该强调编码风格和内部说明文档这两个影响可维护性的因素。

每个测试步骤都可以暗示在软件正式交付使用前，程序中可能需要做预防性维护的部分。在测试结束时进行最正式的可维护性复审，这个复审称为配置复审。配置复审的目的是保证软件配置的所有成分是完整的、一致的和可理解的，而且为了便于修改和管理已经编目归档了。

在完成了每项维护工作之后，都应该对软件维护本身进行仔细的复审。

维护应该针对整个软件配置，不应该只修改源程序代码。当对源程序代码的修改没有反映在设计文档或用户手册中时，就会产生严重的后果。

每当对数据、软件结构、模块过程或任何其他有关的软件特点做了改动时，必须立即修改相应的技术文档。不能准确反映软件当前状态的设计文档可能比完全没有文档产生更坏的后果。在以后的维护工作中很可能因文档不完全符合实际而使维护人员不能正确理解软件，从而在维护中引入过多的错误。

用户通常根据描述软件特点和使用方法的用户文档来使用、评价软件。如果对软件可执行部分的修改没有及时地反映在用户文档中，则必然会使用户因为使用软件受挫折而产生不满。

如果在软件再次交付使用之前对软件配置进行严格的复审，则可大大减少文档的问题。事实上，某些维护要求可能并不需要修改软件设计或源程序代码，只是表明用户文档不清楚或不准确，因此只需要对文档做必要的维护修改。

7.3.4　信息系统的质量维护

信息系统的质量维护包括硬件系统和软件系统的质量维护。硬件系统的质量维护主要通过日常设备运行维护（运行情况记录、故障诊断和排除情况等），定期对系统进行检测、维修以保证系统具备良好的性能状态。软件系统的质量维护主要是应用系统和数据的质量维护。软件系统的质量维护所得到的情况一般要比硬件系统复杂。

对应用系统的质量维护来说，系统是永远不会十全十美的，必须不断地校正错误或完善提高。如果不进行错误的校正，用户将失掉对信息系统的信心，并且不使用它或不提供输入；如果不对信息系统作进一步完善，用户则有可能转向其他的信息资源。

应用系统质量维护的方法遵循一个识别、分析、变化和测试的过程。错误的识别及提出改进措施是信息系统质量维护工作的关键。在用户变化需求和维护人员响应这些需求变化之间需要有一定的制度，以保证维护质量符合变化的需要。

数据的质量维护不仅需要输入新的数据来更新数据库，而且还要保证数据的完整性。一个组织机构维护数据质量的能力取决于组织因素和数据因素，这些因素主要包括以下几方面的内容：

（1）错误影响期。立即产生影响的错误要比长期产生影响的错误更容易引起注意。例如，职工的每月工资错误要比职工的履历错误更容易被发现。

（2）度量工作的规则性。经常定期的数据采集工作比动态的数据收集更易于规则化、制度化，质量更可靠。

（3）用户与提供者的关系。如果提供数据的职能部门与用户没有组织上的联系，则维持高质量的数据就较困难。

（4）提供者对数据的重视观念。例如，会计部门与市场销售人员相比，有更为严格的数据准确性观念。

（5）验证的简便性。有些数据可以很方便地被验证是否正确，而有些则比较困难，例如，应收方的账款就很容易与应付方的现金对照检查。

了解这些影响数据的质量因素和维护数据质量的困难之后，就可以建立一些规程来提高维护数据质量的可能性。可以定期进行与实际数据的比较，如与库存数的比较，可以经数据收集的对象来审查记录的正确性和完整性，对一些记录可以由能够鉴别错误的人员定期进行审查等。

7.4　信息系统的可靠性

提高软件可靠性是提高系统可维护性的根本途径，特别是软件可靠性比硬件可靠性更难保证，会严重影响整个系统的可靠性。在许多项目开发过程中，对可靠性没有提出明确的要求，开发商也不在可靠性方面花更多的精力，往往只注重速度、结果的正确性和用户界面的友好性等，而忽略了可靠性，在投入使用后才发现大量可靠性问题，增加了维护的困难和工作量，严重时只有束之高阁，无法投入实际使用。

7.4.1　系统的可靠性

软件可靠性与硬件可靠性之间主要存在以下区别。

（1）最明显的是硬件有老化损耗现象，硬件失效是物理故障，是器件物理变化的必然结果，有浴盆曲线现象；软件不发生变化，没有磨损现象，有陈旧落后的问题，没有浴盆曲线现象。

（2）硬件可靠性的决定因素是时间，受设计、生产、运用的所有过程影响，软件可靠性的决定因素是与输入数据有关的软件差错，是输入数据和程序内部状态的函数，更多地取决于人。

（3）硬件的纠错维护可通过修复或更换失效的系统重新恢复功能，软件只有通过重设计。

（4）对硬件可采用预防性维护技术预防故障，采用断开失效部件的办法诊断故障，而软件则不能采用这些技术。

（5）事先估计可靠性测试和可靠性的逐步增长等技术对软件和硬件有不同的意义。

（6）为提高硬件可靠性可采用冗余技术，而同一软件的冗余不能提高可靠性。

7.4.2　影响软件可靠性的因素

软件可靠性是关于软件能够满足需求功能的性质，软件不能满足需求是因为软件中的差错引起了软件故障。软件中有哪些可能的差错呢？

（1）需求分析定义错误。例如，用户提出的需求不完整，用户需求的变更未及时消化，软件开发者和用户对需求的理解不同等。

（2）设计错误。例如，处理的结构和算法错误，缺乏对特殊情况和错误处理的考虑等。

（3）编码错误。例如，语法错误和变量初始化错误等。

（4）测试错误。例如，数据准备错误和测试用例错误等。

（5）文档错误。例如，文档不齐全，文档相关内容不一致，文档版本不一致，缺乏完整性等。

所以提高可靠性从原理上看就是要减少错误和提高系统的健壮性。

7.4.3　提高软件可靠性的方法和技术

提高软件可靠性的方法和技术包括如下三种要素。

1）建立以可靠性为核心的质量标准

在软件项目规划和需求分析阶段就要建立以可靠性为核心的质量标准。这个质量标准包括实现的功能、可靠性、可维护性、可移植性、安全性和吞吐率等，虽然还没有一个衡量软件质量的完整体系，但还是可以通过一定的指标来指定标准基线。

2）选择开发方法

软件开发方法对软件的可靠性也有重要影响。目前的软件开发方法主要有 Parnas 方法、Yourdon 方法、面向数据结构的 Jackson 方法和 Warnier 方法、PSL/PSA 方法、原型化方法、面向对象方法、可视化方法、ICASE 方法和瑞理开发方法等，其他还有 BSP 方法和 CSF 方法等。

严格按照系统的开发方法进行软件开发是提高其可靠性的重要保障。

3）软件重用

最大限度地重用现有的成熟软件，不仅能缩短开发周期，提高开发效率，也能提高软件的可维护性和可靠性。因为现有的成熟软件，已经过严格的运行检测，大量的错误已在开发、运行和维护过程中排除，应该是比较可靠的。在项目规划开始阶段就要把软件重用列入工作中不可缺少的一部分，作为提高可靠性的一种必要手段。

7.5　信息系统的监理与审计

监理与审计是系统的安全措施之一，信息系统的监理和审计应由专门的审计人员负责。在组织体制上，他们要独立于系统开发人员和系统运行人员，并应具备以下基本素质。

（1）责任心强，公正无私，认真负责。

（2）知识面广，除懂得管理的一般知识外，还必须懂得计算机软/硬件知识，能阅读检查、编写计算机程序，全面熟悉监理信息系统的技巧。

（3）接触面广，监理与审计人员必须参与系统的开发工作，深入了解系统运行情况，广泛接触与系统相关的各类人员。

7.5.1　信息系统工程监理

1．基本概念

信息系统工程监理是信息系统工程领域的一种社会治理结构，是独立第三方机构在信息系统工程业务过程中实施规划与组织、协调与沟通、控制、监督与评价方面的职能，其目的是支持与保证信息系统工程的成功。信息系统工程监理是在信息系统建设过程中给用户提供建设前期咨询、信息系统综合方案论证、系统集成商的确定和网络质量控制等一系列的服务，帮助用户建设一个性价比最优的网络系统。信息系统工程监理的目的是支持与保证信息系统工程的成功。这说明了信息系统工程监理在信息系统工程中的作用。

依据原信息产业部《信息系统工程监理暂行规定》，信息系统工程监理是指依法设立且具备相应资质的信息系统工程监理单位，受业主单位委托，依据国家有关法律法规、技术标准和信息系统工程监理合同，对信息系统工程项目实施的监督管理。

2．主要职责

监理是组织外包于独立第三方的管理业务，所以监理的职能等同于由第三方执行的管理职能。对信息系统工程监理而言，其职能应包括计划、组织、控制、协调四个方面，即四项职能：规划与组织、协调与沟通、控制、监督与评价。监理方的职责是监督承建方在预算范围内按时保质满足业主要求，其职责的侧重点在监督、报告和建议，具体如下。

（1）帮助用户做好需求分析。深入了解企业的各个方面，与企业各级人员共同探讨，提出切实的系统需求。

（2）帮助用户选择系统集成商。根据具体信息系统集成项目对技术层次的要求为用户选择系统集成商。其选择的主要决定因素是：系统集成商应具备较强的经济实力和技术实力，丰富的系统集成经验，完备的服务体系和良好的信誉。

（3）帮助用户控制工程进度。工程监理人员要帮助用户掌握工程进度，按期、分段地对工程进行验收，保证工程按期、高质量完成。

（4）严把工程质量关。工程监理人员应对工程的每一环节进行质量把关，这主要包括以下内容：

① 系统集成方案是否合理，所选设备质量是否合格，能否达到企业要求；

② 基础建设是否完成，结构化布线是否合理；

③ 信息系统硬件平台环境是否合理，可扩充性如何，软件平台是否统一合理；

④ 应用软件能否实现相应功能，是否便于使用、管理和维护；

⑤ 培训教材、时间、内容是否合适。

（5）帮助用户做好各项测试工作。工程监理人员应严格遵循网络工程技术和综合布线系统相关标准，对信息系统进行包括布线、网络测试等各方面的工作。

3．监理任务

信息系统监理的中心任务是科学地规划和控制工程项目的投资、进度和质量三大目标；监理的基本方法是目标规划、动态控制、组织协调和合同管理；监理工作贯穿规划、设计、实施和验收的全过程。信息系统工程监理正是通过投资控制、进度控制、质量控制以及合同管理和信息管理来对系统工程项目进行监督和管理，保证系统工程的顺利进行和系统工程质量。

普通的信息系统项目管理是以乙方为主的，并强调在项目中组织、制定相关计划，而监理是代表甲方对乙方提出的工程计划进行监督和理顺。一个工程中包括甲方、乙方和监理，乙方有自己的项目管理，监理一般不干涉其细节，但会控制一些关键的点，如进度、资金和质量等。监理过程中有几个要素，总结起来就是三监理、三控制、两管理、一协调。三监理指的是在项目准备、实施、验收三个阶段的监理；三控制指质量控制、投资控制和进度控制；两管理指合同管理和信息管理；一协调指监理要协助系统集成工程的双方工作。

（1）成本控制。成本控制的任务，主要包括在建设前期进行可行性研究，协助建设单位正确地进行投资决策；在设计阶段对设计方案、设计标准、总概（预）算进行审查；在建设准备阶段协助确定标底和合同造价；在实施阶段审核设计变更，核实已完成的工程量，进行工程进度款签证和索赔控制；在工程竣工阶段审核工程结算。

（2）进度控制。进度控制首先要在建设前期通过周密分析研究确定合理的工期目标，并在实施前将工期要求纳入承包合同；在建设实施期通过运筹学、网络计划技术等科学手段，审查、修改实施组织设计和进度计划，做好协调与监督，排除干扰，使单项工程及其分阶段目标工期逐步实现，最终保证项目建设总工期的实现。

（3）质量控制。质量控制要贯穿在项目建设从可行性研究、设计、建设准备、实施、竣工、启用及使用后维护的全过程，主要内容包括组织设计方案评比，进行设计方案磋商及图纸审核，控制设计变更；在施工前通过审查承建单位资质等；在施工中通过多种控制手段检查监督标准、规范的贯彻；以及通过阶段验收和竣工验收把好质量关等。

（4）合同管理。合同管理是进行投资控制、工期控制和质量控制的手段。因为合同是监理单位站在公正立场采取各种控制、协调与监督措施，履行纠纷调解职责的依据，也是实施三大目标控制的出发点和归宿。

（5）信息管理。信息管理包括投资控制管理、设备控制管理、实施管理及软件管理。

（6）协调。协调贯穿在整个信息系统工程从设计到实施再到验收的全过程。主要采用现场和会议方式进行协调。

总之，三控两管一协调，构成了监理工作的主要内容。为完满地完成监理基本任务，监理单位首先要协助建设单位确定合理、优化的三大目标，同时要充分估计项目实施过程中可能遇到的风险，进行细致的风险分析与评估，研究防止和排除干扰的措施以及风险补救对策。使三大目标及其实现过程建立在合理水平和科学预测基础之上。其次要将既定目标准确、完整、具体地体现在合同条款中，绝不能有含糊、笼统和有漏洞的表述。最后才是在信息系统工程建设实施中进行主动的、不间断的、动态的跟踪和纠偏管理。

4．监理业务内容

信息系统工程监理涉及的领域众多，几乎涵盖了整个信息系统以及有关计算机和信息化建设的项目和工程。信息系统监理的主要业务范围有信息网络系统，信息资源系统，信息应用系统的新建、升级和改造工程。根据国内信息系统监理的实践，其涵盖计算机工程、网络工程、通信工程、结构化布线工程、智能大厦工程、软件工程和系统集成工程，以及有关计算机和信息化建设的工程及项目。

信息系统工程监理的内容包括项目管理、业务、组织、应用、IT 架构和运营六个方面，其中业务、组织以及运营的部分内容都不属于 IT 的范畴。信息系统监理内容既应涵盖技术开发层面，又要针对项目管理，两方面相辅相成，缺一不可。通常监理方倾向于关注承建中的技术开发情况，忽略对项目管理方面的监督和管理。经验表明，如果项目管理不配套，监理方对承建方技术开发领域的建议和要求就不能保证得以实现，从而不能实现对项目的控制。整个监理过程涵盖信息化建设项目的整个生命周期，包括从立项招投标、需求分析、总体方案设计，到应用系统开发、系统安装实施，直至系统测试、验收全过程。其业务内容具体如下：

（1）帮助建设单位做好项目需求分析，协助建设单位选择合适的承建单位；

（2）审定承建单位的开工报告、系统实施方案和施工进度计划；

（3）对项目实施的各个阶段进行有效的监督和控制，帮助建设单位控制工程进度、投资和质量；

（4）审查和处理工程变更；

（5）参与工程质量和其他事故调查；

（6）调解建设单位与承包单位的合同争议，处理索赔、审批工程延期计划；

（7）组织进行竣工验收测试；

（8）组织建设单位和承建单位完成工程移交。

7.5.2 信息系统审计

随着企业实施信息化进程的不断深入，从投资的角度上看，随着信息化投资成本的不断增加，投资效果反而不明显，有的还会出现信息系统用户不满意以及信息化产品落后于竞争对手、无法在市场上立足等问题。

信息系统审计（又称 IT 审计）正是为了解决上述问题，提高信息系统的安全性、可靠性和开发、运营效率，使企业信息化得到健康、全面的发展而引入的预防机制。

对信息系统进行审计的人员称为 IT 审计师，信息系统审计便是 IT 审计师对信息系统生命周期进行审计的一系列的活动。这些活动包括以下内容：

（1）对信息系统的可靠性、安全性、开发和运营效率进行检查和评估；

（2）将检查和评估结果向上级主管报告；

（3）上级主管根据评估报告，指示信息化担当人员对信息系统进行相应的改善，IT 审计师对改善情况进行追踪。

信息系统审计的对象包括：由计算机硬件和软件结合而成的信息系统以及与信息系统的输入、输出相关的活动。广义来讲，即信息系统以及信息系统生命周期的所有活动。因此，信息系统审计并不局限于业务运营时期，与信息系统相关的开发活动，包括企业信息化战略企划，信息系统计划、开发、实施和维护等相关的开发方面的活动也是信息系统审计的内容之一。

为了保证信息系统审计能够客观、公正并有效的得以执行，IT 审计部门在企业内是独立的，不隶属于信息化部门和用户部门。有些公司可能因为规模、人才等原因没有 IT 审计师，在这样的情况下，信息系统审计可以雇用专门从事信息系统审计的审计公司来实施企业内部的 IT 审计。

信息系统的审计不能局限于一些业务报表的审查，而应该诊断整个系统的薄弱环节。通过审计，保证建立和使用合理的监理系统，检查资源使用是否合理，审查信息系统及其产生各项报表的完整性、可靠性、准确性和有效性。

信息系统审计的实施步骤如下所示。

（1）审计计划，包括：

① 基本计划（每年一度的审计计划，属于年度计划，概要性的计划）；

② 个别计划（个别，具体的审计实施计划，有实施细则）。

（2）审计实施，包括：

① 审计通知（实施前 1～3 周通知被审计部门）；

② 预备调查（审计实施前准备）；

③ 审计实施（实际的审计活动）；

④ 审计意见整备（基于审计结果的记录和文档）；

⑤ 评议会（基于审计结果，与被审计部门交换本次审计意见）。

（3）审计报告，包括：

① 审计报告制作（完成信息系统审计报告）；

② 提交报告书（向上级主管提交信息系统审计报告）；

③ 召集报告会（召集相应的人员举行会议）；

④ 改良指示（上级主管根据审计意见责令被审计部门进行相关的改良活动）；

⑤ 审计追踪（IT 审计师对改良情况进行检查）。

审计的基本方法有以下几种：

（1）调查表法。审计过程中要进行大量调查。调查表由审计机构根据系统特点制定。

（2）间接审计。间接审计是把系统作为一个黑盒子，通过调查系统的输入/输出来达到审计目的。审计员选取一些输入数据，测试其相应输出，如果结果吻合，精度有效，就认为工作情况合理。

（3）直接审计。直接审计强调测试系统本身，而不完全是输出结果。审计员既要测试计算机操作和程序的监理是否合理，又要测试计算机内部处理是否准确。这种方法的特点是能“通过”计算机。

直接审计的关键是设计一系列测试数据组，与正常业务数据一样由计算机处理。测试数据应有针对性，不向系统加进附加信息。测试数据由审计员保留，测试数据文件应放在专门的工作文件上，对数据库的记录进行增、删、改应在复制的副本上进行。

（4）应用程序的审计审查。为了对程序逻辑进一步了解，发现问题，应审查程序。审计员要熟悉编程和各种报告的标准，要查阅程序说明书和源程序。检查程序逻辑时，首先注意 OPEN、CLOSE 语句，明确其用意，并要重点检查 IF、PERFORM、GO TO 语句和 ACCEPT、CAIL 一类语句。

根据信息系统审计实施的结果，IT 审计师将之汇编成信息系统审计报告，向上级部门出示的同时，也要传送给相关的人员。信息系统审计报告由 IT 审计师独立编写，内容主要涵盖信息系统的可靠性、安全性和效率的现状以及问题点，同时给出改良建议。

信息系统审计的实施结果以审计报告的方式提交给上级主管，上级主管根据审计报告，向被审计部门提出改良的指示，被审计部门依照审计报告中的改良建议进行改良。

IT 审计师需要对被审计部门的反馈（改良活动）进行复查和评价，该活动称为审计追踪。通过审计追踪，能够确保审计效果的达成，同时还可以确保改良措施得到妥当执行。改良追踪的步骤如下：

信息系统审计的实施（审计部门）→信息系统审计报告书制作（审计部门）→对被审计部门提出改良指示（上级主管）→改良活动实施（被审计部门）→改良状况检查（审计部门）→改良状况再评价（审计部门）。

7.6　信息系统的评价

信息系统建成并运行一段时间后，就要对其作技术性能及经济效益等方面进行评价。评价的目的是检查系统是否达到设计要求，系统的各种资源是否得到充分利用，经济效益是否理想，指出系统的长处与不足，为以后的改进与扩展提出意见等。然而，信息系统本身的诸多特点，导致信息系统的评价历来是一项比较困难的工作。首先，信息系统工程和一般工程不一样，其投资不可能是一次性的，也不可能只是硬件的投资。随着系统的建设和运行，将有一系列不明显的费用投资（如开发费用、软件费用、维护费用和运行费用等），而且这些费用的比例会越来越大。其次，信息系统的见效有着强烈的迟后性、相关性和不明显性。信息系统见效要在系统建成后相当一段使用时间之后，而且信息系统的效益与管理体制、管理基础、用户使用的积极性、用户的技术水平等有着非常密切的相关性。

由此可见，影响信息系统的好与坏、成功与失败的因素极多，定性的、定量的因素，技术的、艺术的、观念的因素等交叉在一起，于是如何评价一个信息系统就成为比较复杂的问题。因此研究信息系统的科学评价方法，无论对促进信息系统的建设，还是加速企业信息化进程，都具有十分重要的意义。

7.6.1　信息系统评价范围和内容

信息系统评价的范围应根据系统的具体目标和环境而定，一般包括以下四个方面。

（1）系统运行的一般情况，这是从系统目标及用户接口方面考查系统，包括：

① 系统功能是否达到设计要求；

② 用户付出的资源（人力、物力、时间等）是否控制在预定界限内，资源的利用率是否达到要求；

③ 用户对系统工作情况的满意程度（响应时间、操作方便性和灵活性等）如何。

（2）系统的使用效果，这是从系统提供的信息服务的有效性方面考查系统，主要从以下方面考察：

① 用户对所提供的信息的满意程度（哪些有用、哪些无用和引用率等）；

② 提供信息的及时性；

③ 提供信息的准确性和完整性。

（3）系统的性能，主要包括：

① 计算机资源的利用情况（主机运行时间的有效部分的比例、数据传输与处理速度的匹配、外存是否够用、各类外部设备的利用率等）；

② 系统可靠性（平均无故障时间，抵御误操作的能力，故障恢复时间等）；

③ 系统可扩充性。

（4）系统的经济效益，主要包括：

① 系统费用（包括系统的开发费用和各种运行维护费用等）；

② 系统收益（包括有形效益和无形效益，如库存资金的减少、成本的下降、生产率的提高、劳动费用的减少、管理费用的减少、对正确决策影响的估计等）；

③ 投资效益分析。

信息系统的有利与不足之处体现在定性与定量两个方面，主流观点认为，信息系统主要可从技术与经济两方面进行评价。

（1）技术上的评价内容主要是系统性能，具体内容为：

① 信息系统的总体水平，如系统的总体结构、地域与网络的规模，所采用技术的先进性等；

② 系统功能的范围与层次，如功能的多少与难易程度或对应管理层次的高低等；

③ 信息资源开发与利用的范围与深度，如企业内部与外部信息的比例、外部信息的利用率等；

④ 系统的质量，如系统的可使用性、正确性、可扩展性、可维护性和通用性等；

⑤ 系统的安全与保密性；

⑥ 系统文档的完备性。

（2）在经济上的评价内容主要是系统的效果和效益，包括直接的与间接的两个方面：

① 直接的评价内容包括系统的投资额、系统运行费用、系统运行所带来的新增效益和投资回收期等；

② 间接的评价内容包括对企业形象的改观、员工素质的提高所起的作用，对企业的体制与组织机构的改革、管理流程的优化所起的作用，对企业各部门间、人员间协作精神的加强所起的作用。

信息系统在运行与维护过程中不断的发生变化，因此评价工作不是一项一次性的工作，系统评价应定期进行或每当系统有较大改进后进行。信息系统的第一次评价一般安排在开发完成并投运一段时间，进入相对稳定状态后，通常第一次评价的结论将作为系统验收的最主要的依据。

文档的标准与规范要按国家标准规定并结合具体系统的特点，在系统开发前或至少在所产生的阶段前制定，用于指导与督促系统开发人员及系统使用人员及时编写有关的文档资料。为保持文档的一致性与可追踪性，所有文档都要收全，集中统一保管。文档的管理虽不是一件日常性的工作，但因为对系统的质量至关重要而必须由专人负责，并形成制度化。

另外，目前中国信息系统的评价有重计算机轻信息的倾向，计算机、通信网络等固然重要，但它们毕竟是工具，是信息系统的一个构件，信息系统好坏的评价依据主要是信息开发与利用的程度，是对企业发展所起的作用。

7.6.2　信息系统评价指标

信息系统的评价属于多目标评价问题，难度较大，目前大部分的系统评价还处于非结构化的阶段，只能就部分评价内容列出可度量的指标，不少内容还只能用定性方法作出叙述性的评价。主流方法一般采用多指标评价体系的方法，先提出信息系统的若干评价指标，然后对各指标评出表示系统优劣程度的值，最后用加权等方法将各指标组合成一个综合指标。

信息系统多指标评价体系是指一套能够反映评价信息系统的总体目标和特征，并且具有内在联系、起互补作用的指标群体，它是信息系统整体状况的客观反映。以下按系统性能指标、直接经济效益指标以及间接经济效益指标三个方面提出信息系统的评价指标。

1）系统性能指标

（1）人-机交互的灵活性与方便性；

（2）系统响应时间与信息处理速度满足管理业务需求的程度；

（3）输出信息的正确性与精确度；

（4）单位时间内的故障次数与故障时间在工作时间中的比例；

（5）系统结构与功能的调整、改进及扩展，与其他系统交互或集成的难易程度；

（6）系统故障诊断、排除和恢复的难易程度；

（7）系统安全保密措施的完整性、规范性和有效性；

（8）系统文档资料的规范、完备和正确程度。

2）直接经济效益指标

（1）系统投资额：系统硬件、系统软件的购置和安装，应用系统的开发或购置所投入的资金，企业内部投入的人力、材料等也应计入，系统维护所投入的资金（对验收评价后所作的阶段评价）。

（2）系统运行费用：消耗性材料费用，如存储介质、纸张与打印油墨等；系统投资折旧费；硬件日常维护费等；系统所耗用的电费、系统管理人员费用等也应计入系统运行费用。

（3）系统运行新增加的效益：成本降低，库存积压减少，流动资金周转加快与占用额减少，销售利润增加及人力的减少等方面。

（4）投资回收期：通过新增效益，逐步收回投入的资金所需的时间。这也是反映信息系统经济效益好坏的重要指标。经简化后不考虑贴现率的投资回收期可用下式计算

$$T = t + \frac{I}{B - C}$$

式中，T 为投资回收期（年），t 为资金投入至开始产生效益所需的时间（年），I 为投资额（万元），B 为系统运行后每年新增的效益（万元/年），C 为系统运行费用（万元/年）。

3）间接经济效益指标

间接经济效益是通过改进组织结构及运作方式，提高人员素质等途径，促使成本下降、利润增加而逐渐的间接的获得的效益。由于成因关系复杂，计算困难，我们只能作定性的分析，所以间接经济效益也称为定性效益。尽管间接效益难以估计，但其对企业的生存与发展所起的作用往往要大于直接经济效益。其相关指标包括：

（1）对组织为适应环境所作的结构、管理制度与管理模式等的变革会起巨大的推动作用，这种作用一般无法用其他方法实现；

（2）能显著地改善企业形象，对外可提高客户对企业的信任程度，对内可提高全体员工的自信心与自豪感；

（3）可使管理人员获得许多新知识、新技术与新方法，进而提高他们的技能素质，拓宽思路，进入学习与掌握新知识的良性循环；

（4）系统信息的共享与交互使部门之间、管理人员之间的联系更紧密，这可加强他们的协作精神，提高企业的凝聚力；

（5）对企业的规章制度、工作规范、定额与标准、计量与代码等的基础管理产生很大的促进作用，为其他管理工作提供有利的条件。

本章小结

信息系统的维护与管理是实现信息系统使用价值的必需阶段。

对于信息系统的使用，本章主要论述了用户培训、系统转换和系统运行。

对于信息系统的维护，本章主要论述了信息维护的基本概念、特点以及信息系统的维护过程，信息系统的可维护性概念，信息系统的质量维护。

对于信息系统的可靠性维护，本章主要论述了软/硬件可靠性的区别，影响软件可靠性的因素，提高软件可靠性的方法和技术。

对于信息系统的审计、监理与评价，本章主要论述了信息系统工程监理的概念、主要职责、监理任务和监理业务内容，信息系统审计的步骤与方法，信息系统评价的范围、内容和指标。

问题讨论

1. 信息系统使用的基本步骤有哪些？
2. 信息系统维护的特点是什么，它与一般的系统维护有什么不同的地方？
3. 阐述信息系统可维护性概念，说明影响可维护性的因素有哪些？
4. 如何提高信息系统的可靠性？
5. 什么是系统监理？系统监理包括哪些内容？
6. 系统审计有哪些方法？这些方法各有什么特点？
7. 评价信息系统包括哪些方面？各方面包括哪些内容？

第8章 信息系统集成

引言

在开放环境下，随着信息技术日新月异的发展，一方面出现了各种高性能的产品，另一方面也使得用户在网络协议、网络结构、应用软件类型、系统管理体系等多方面难以选择。系统集成便是给上述问题提供一个完整的解决方案。

本章的系统集成概念专指计算机系统的集成，包括计算机硬件平台、网络系统、系统软件、工具软件、应用软件的集成，围绕这些系统的相应咨询、服务和技术支持。

通过本章学习，可以了解（或掌握）：

◆ 信息系统集成的基本概念、原则和方法；
◆ 网络集成的体系结构、组成以及相关技术；
◆ 数据集成的基本概念，数据集成方法以及数据仓库中数据集成方案；
◆ 软件集成的基本概念和 Microsoft、OMG 的应用集成技术；
◆ 应用集成的主流体系结构，包括 ODP、HLA 和基于 Web 服务的方法。

8.1　系统集成概述

随着信息技术和网络技术的发展，系统集成逐步成为信息系统实施中一项重要的工作。

此处的系统集成概念专指计算机系统的集成，包括计算机硬件平台、网络系统、系统软件、工具软件、应用软件的集成，围绕这些系统的相应咨询、服务和技术支持。它是以计算机有关技术储备为基础，以可靠的产品为工具，用以实现某一特定的计算机系统功能组合的工程行为。

8.1.1　系统集成的概念

信息系统的诞生使人们从繁重的体力劳动中解脱出来。我们不需要为那些堆积如山的档案文件而不知所措，也不需要为审批一份文件来回奔波。这一切的工作只需要在计算机上用键盘、鼠标或触摸屏，轻松地击键或指点就可完成。

可是当人们轻松地完成工作时，信息系统却面临着开发困难、周期太长、质量不高等难题。虽然把“系统工程”运用于软件开发而产生“软件工程”，把“系统工程”运用于网络开发而产生“网络工程”，但这些仍无法把涉及“网络”、“操作系统”、“数据库”、各种开发工具和方法学等概括在一起，从而形成一整套信息系统开发的概念与方法。

开放性是计算机信息系统的时代标志。建设一个企业或一个部门乃至一个区域的计算机系统，人们一般会遇到如下问题：选择哪一种服务器平台？选择哪一种客户机平台？选择哪一种网络协议？选择哪一种组网方式？选择哪一种操作系统？用哪一种数据库系统？选择哪一种系统管理体系？选择哪一种开发工具？虽然每一问题可有多种选择，但任何一个错误的选择都将导致整个系统建设的失败。

人们需要这样一些概念，需要这样一套方法。而“信息系统集成”也就是应这样一种需要而产生的。

近几年，系统集成专业公司如雨后春笋般遍布全国，系统集成的项目也源源不断，但系统集成一直缺乏理论指导，方法不够科学。如何寻找出系统集成的规律性，使系统集成有规可循是一项重要的工作。

每一个系统集成厂商对系统集成的概念都有自己的理解，虽然侧重点不同，但本质上是基本相同的。所谓的系统集成就是按照用户的需求，对众多的技术和产品进行合理选择，最佳配置各种软件和硬件产品与资源，组合成完整的、能够解决客户具体应用需求的集成方案，使系统的整体性能最优，在技术上具有先进性，实现上具有可能性，使用上具有灵活性，发展上具有可扩展性，投资上具有受益性。

系统集成已经成为提供整体解决方案，提供整套设备，提供全方位服务的代名词。

广义系统集成定义：系统是指为实现某一目标而形成的一组元素的有机结合，而系统本身又可作为一个元素单位参与多次组合，这种组合过程可概括地称为系统集成。

系统集成定义：根据应用的需求，将硬件平台、网络设备、系统软件、工具软件及相应的应用软件等集成为具有优良性能价格比的计算机系统的全过程。

系统集成商将为用户提供从方案设计开始，经过产品优选、网络施工、软/硬件平台配置、应用软件开发到售后培训、咨询和技术支持等一揽子服务，使用户能得到一体化的解决方案。

简单地说，系统集成的概念是：以计算机有关技术储备为基础，以可靠的产品为工具，用以实现某一特定的计算机系统功能组合的工程行为。

8.1.2 系统集成的思想

在以往的专有系统中，系统集成往往由设备供应商进行完成。而在开放环境下，随着技术的日新月异，一方面出现了各种高性能的产品，另一方面也使得用户在网络协议、网络结构、应用软件类型、系统管理体系等多方面难以选择。系统集成便是对上述问题提供一个完整的解决方案。系统集成通常由多家供应商提供一个完整的解决方案，供应商之间的分工与协作体现了计算机工业的时代特征，此时的标准化比以往任何时候都显得重要。

系统集成的内容包括技术环境的集成、数据环境的集成和应用程序的集成。对于大型信息系统的设计者来说，如何理解它的体系结构，如何实现它的系统集成，应该是值得深思熟虑的头等大事。网络信息系统的系统集成就是运用先进的计算机与通信技术，将支持各个信息孤岛的小运行环境集成统一在一个大运行环境之中。

以系统集成的观点，一个典型的网络信息系统由不同的系统组成。这些系统通常来自多个供应商，包括多种不兼容的硬件和软件平台，运行各种商业、科学计算及工程应用程序。现在，用户希望把所有不同的系统连接起来，构成一个完整的企业级系统。为了实现把这些异构的系统连接起来，并把应用程序从一种系统移植到另一种系统上，现存的专有系统必须适应标准的接口，进而向开放系统过渡。用户希望得到的是多供应商平台间的可互操作性。可以说，系统集成是开放系统驱动的，顺应了计算机工业发展的潮流。

8.1.3 系统集成的基本原则

系统集成的工作在项目建设中非常重要，它通过硬件平台、网络通信平台、数据库平台、工具平台、应用软件平台将各类资源有机、高效地集成到一起，形成一个完整的工作台面。系统集成工作的好坏对系统开发、维护有极大的影响。因此，在技术上应遵循下述四种基本原则。

1. 开放性

系统硬/软件平台、通信接口、软件开发工具、网络结构的选择要遵循工业开放标准，这是关系到系统生命周期长短的重要问题。对于稍具规模的信息系统，其系统硬/软件平台很难由单一厂商提供。即使由单一厂商提供也存在着扩充和保护原有投资的问题，不是一个厂商就能解决得了的。由不同厂商提供的系统平台要集成在一个系统中，就存在着接口的标准化和开放问题，它们的连接都依赖于开放标准。所以，开放标准已成为建设信息系统应该考虑的问题。

一个集成的信息系统必然是一个开放的信息系统。只有开放的系统才能满足可互操作性、可移植性以及可伸缩性的要求，才可能与另一个标准兼容的系统实现“无缝”的互操作，应用程序才可能由一种系统移植到另一种系统，不断地为系统的扩展、升级创造条件。

2．结构化

复杂系统设计的最基本方法依然是结构化系统分析设计方法。把一个复杂系统分解成相对独立和简单的子系统，每一个子系统又分解成更简单的模块，这样自顶向下逐层模块化分解，直到底层每一个模块都是可具体说明和可执行的为止。这一思想至今仍是复杂系统设计的精髓。

3．先进性

先进性有两层意义：一是目前先进性，二是未来先进性。系统的先进性是建立在技术先进性之上的，只有先进的技术才有较强的发展生命力，系统采用先进的技术才能确保系统的优势和较长的生存周期。系统的先进性还表现在系统设计的先进性，包括先进技术有机的集成、问题划分合理，应用软件符合人们认知特点等。系统设计的先进性贯穿在系统开发的整个生命周期，乃至整个系统生存周期的各个环节，一定要认真对待。

4．主流化

系统构成的每一个产品应属于该产品发展的主流，有可靠的技术支持，有成熟的使用环境，并具有良好的升级发展势头。

8.1.4　系统集成的步骤

系统集成主要包括三个方面的工作：开展全面的调研工作、深入研究目标系统的特点和制定总体集成方案。

1．开展全面的调研工作

通过调研，收集大量技术资料，尤其是所选择的硬件产品、网络产品和软件产品的技术资料。在资料收集基础上，结合实际工作背景、经验和知识，剖析系统硬/软件特性，全面掌握各种设备的配置、安装和测试方法。

2．深入研究目标系统的特点

在全面体现用户需求的基础上，从系统上、全局上做好应用软件的集成工作。同时，密切关注新技术的发展，在系统开发中运用成熟、先进的技术，包括多媒体技术。

3．制定总体集成方案

在调研及分析、研究基础上，制定详细系统集成方案。其中，开放性、可靠性、可扩展性以及可维护性是方案的重点研究内容。在方案中，一定要分清当前必须的和后期工程所需的。

总之，系统集成的思想改变了以往应用软件的开发模式。以前在建立信息系统时，人们面对某种需求总是考虑自己能不能开发，如果不行，再考虑是否找别人来开发或在市场上查找现成的东西。这种思想已给中国信息系统建设造成了难以估计的损失。现在系统集成给人们的新思想是“拿来主义”，对于别人已经做出的东西，不管是中国人做的还是外国人做的，要想方设法拿来为我所用。这样做不仅可以为整个系统打下一个高质量的基础，建立高水准的开发起点，还可以减少大量的低水平的重复开发，大大加快信息系统建设的步伐。系统集成在方案设计时要首选网络系统，基于网络系统来考虑可支持的计算机系统、数据库系统和开发工具等因素。

8.1.5　系统集成的方法

总体上，系统集成的方法有纵向集成、星形集成和横向集成等。

1．纵向集成

纵向集成是根据各子系统的功能构建功能实体（又称简仓，silo）进而实现子系统集成的过程。这种方法的优点是集成过程快，仅涉及必要的供应商，因此该方法在短期内较便宜。另一方面，其购置成本则显著高于其他方法，因为当需要增加新的或改进现有功能时，唯一可行的方法就是实现另一个功能实体，而重用现有的子系统在这种集成方法中是不可行的。

2．星形集成

星形集成（又称意大利面集成）是将每个子系统相互关联实现系统集成的过程。从单个子系统的角度看，该系统与其余系统的关联是类似于星形的；从整个集成的系统看，这些连接则更像意大利面。这种集成的成本依子系统接口情况的不同而不同。譬如当某子系统拥有异构的或者私有的接口时，集成成本将大大增加。此外，新增子系统时所需的的时间和成本会呈指数级增长。鉴于其良好的灵活性和功能的重用性，大多数项目在通常情况下都会采用这种集成方法。

3．横向集成

横向集成（又称企业服务总线，EBS）是通过选取专用子系统控制其他子系统之间的一种集成方法。这种集成方法将集成的子系统直接连上企业服务总线，减少了系统之间的关联和接口数量；而企业服务总线则能够控制不同接口之间的信息交换，降低了集成的成本同时提供了良好的灵活性。在这种集成方案下，某个子系统可以完全替换成另外一个具有相似功能但不同接口的子系统。而且，这种更换是对其余子系统透明的，唯一需要的是实现新系统和企业服务总线之间的接口。

从不同的业务层面上讲，系统集成的方法又可分为数据层、业务层和表示层集成方法等。

1．数据层集成方法

数据层集成发生在信息系统的数据源级别，主要完成结构化数据和非结构化数据的整合、分析等工作，把不同来源、格式、特点性质的数据在逻辑上或物理上有机地集中，解决数据的异构性和分布性，减少数据冗余度，提高数据的完整性、准确性和一致性。

数据层集成的数据源可能是数据库系统，但更多的时候会是非传统的数据源如结构化文档等。数据层集成一般有两类方法：一类是物化集成方法，物化集成方法的典型代表是数据仓库系统，该方法将各信息源的数据事先装载到数据仓库中，所有的查询只针对数据仓库中的数据进行；另一类是虚拟集成方法，数据仍保存在本地信息源中，仅增加了一个虚拟的集成视图以及这个视图与数据的映射关系，用户可以通过虚拟视图了解到数据的存储位置和存储方式等情况，然后直接从数据源获取数据。因此，常见的实现方式包括数据仓库系统、联邦数据库系统和中间件系统等。

2．业务层集成方法

业务层集成以业务逻辑为集成对象，主要实现离散业务应用的功能衔接和跨系统的功能调用，使某些关键业务能够跨越分散的系统得以执行，并提供新功能。

业务层集成必须建立在对企业现有业务流程的准确理解和有效重组的基础之上，而不仅仅只是软件技术的应用。不管是简单的权限审查还是复杂的产品设计制造，企业的业务流程总是已有的，这就要求系统设计者基于现有的企业组织结构，在与企业管理者有效沟通的前提下，对现有业务流程进行分析、分拆、优化和重组。传统的信息系统业务层集成方法依赖于相应语言代码的业务流程的重写，企业组织结构的调整、业务流程的变更都必须对系统进行重新设计和编码。近年来面向服务架构（SOA）的提出，特别是作为实现 SOA 的 Web 服务技术，在信息系统中获得了广泛应用。

3．表示层集成方法

表示层集成将现有的用户界面作为集成点，把若干子系统整合在一个界面内，使系统能够以统一的界面风格显示和操作，并能有效整合第三方的系统，而原有的功能仍在原有子系统中运行。

随着集成技术的发展，表示层的集成不仅可以采用传统的界面重写、窗口嵌入等方法，而且有了很多集成工具的支持，如各大软件公司的 Portal 门户技术、微软的组合界面应用程序块（Composite UI Application Block）集成框架等。

8.2 网络集成

计算机网络系统集成不仅涉及技术问题，而且涉及企业的管理问题，因而比较复杂，特别是大型网络系统更是如此。从技术角度讲，网络集成不仅涉及不同厂家的网络设备和管理软件，也会涉及异构和异质网络系统的互连问题。从管理角度讲，每个企业的管理方式和管理思想千差万别，实现向网络化管理的转变会面临许多人为的因素。因此，结合企业的实际情况，实现真正的网络化管理是一个崭新的课题。建立网络系统集成的体系框架，指导网络系统建设是相当关键的问题。

图 8.1 为计算机网络集成的一般体系框架。

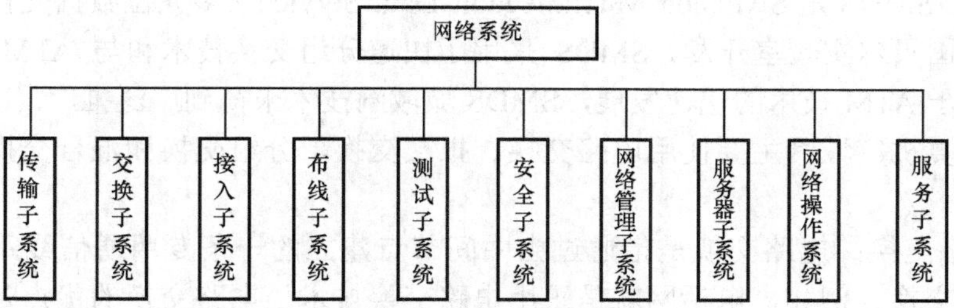

图 8.1　计算机网络集成的一般体系框架

本章 8.2.1 节至 8.2.4 节针对其中比较重要的几个方面进行论述。

8.2.1　传输与交换

1. 传输子系统

传输是网络的核心，是网络信息的“公路”和“血管”。传输线路带宽不仅体现了网络的通信能力，也体现了网络的现代化水平。并且，传输介质在很大程度上也决定了通信的质量，从而直接影响到网络协议。目前主要的传输介质主要分为无线传输介质和有线传输介质两大类。常用的无线传输介质主要包括无线电波、微波、红外线等，常用的有线传输介质主要包括双绞线、同轴电缆和光纤等。

2. 交换子系统

网络按所覆盖的区域可分为局域网、城域网和广域网，由此网络交换也可以分为局域网交换技术、城域网交换技术和广域网交换技术。

（1）局域网交换技术。局域网可分为共享式局域网和交换式局域网两种。共享式局域网通常是共享高速传输介质，如以太网（包括快速以太网和千兆以太网等）、令牌环（Token Ring）FDDI 等；交换式局域网是指以数据链路层的帧或更小的数据单元（称为信元）为交换单位，以硬件交换电路构成的交换设备。交换式网络具有良好的扩展性和很高的信息转发速度，能适应不断增长的网络应用的需要。

（2）城域网交换技术。社会城市化的发展使得城市的功能越来越齐全，城市作为区域性的经济、政治和文化中心，将会扮演越来越重要的角色。作为城市最重要的基础设施之一，城市信息网络正变得越来越重要。随着中国信息化建设的加快，国内许多大中城市正在规划和建设自己的城市信息港工程，即宽带城域网。

目前，比较有名的城域网交换技术主要有光纤分布式数据接口（FDDI）、分布式队列双总线（DQDB）和多兆位数据交换服务（SMDS）。

FDDI：FDDI 是 Fiber Distributed Data Interface（光纤分布式数据接口）的缩写。它既适用于局域网，也适用于城域网，因为 FDDI 能以 100Mb/s 的速率跨越 100km 的距离，能桥接局域网和广域网。

DQDB：DQDB 是 Distributed Queue Double Bus（分布式队列双总线）的缩写。由于 DQDB 具有很多优点，所以 IEEE 802.6 最终接纳其为城域网标准。DQDB 能在很大的地理范围内提供综合服务，如语音、图像和数据。

SMDS：SMDS 是 Switched Multimegabit Data Service（多兆位数据交换服务）的缩写，它由美国贝尔实验室开发。SMDS 采用了快速分组交换技术和与 ATM 兼容的信元结构，但由于 ATM 技术的快速发展，SMDS 城域网技术未得到广泛推广。

（3）计算机广域网主要使用电路交换、报文交换、分组交换和混合交换四种数据交换技术。

① 电路交换：电路交换是指通过由中间节点建立的一条专用通信线路来实现两台设备的数据交换。例如，电话网就是采用电路交换技术。电路交换的优点是：一旦建立起通信线路，通信双方能以恒定的传输速率传输数据，而且时延小。其缺点是通信线路的利用率较低。

② 报文交换：报文交换是指通信双方无专用线路，而是以报文为单位交换数据，通过节点的多次“存储转发”将发方报文传送到目的地。报文交换的优点是通信线路的利用率较高，缺点是报文传输时延较长。

③ 分组交换：分组交换是指将数据划分成固定长度的分组（长度远小于报文），然后进行“存储转发”，从而实现更高的通信线路利用率、更短的传输时延和更低的通信费用。

④ 混合交换：混合交换主要是指同时使用电路交换技术和分组交换技术。典型的应用是 ATM 交换技术。此外，还有以下两种改进技术。

a. 帧中继：帧中继是分组交换的改进技术，其目的是为提高分组交换的速度。帧中继的原理很简单，由于使用光纤传输技术，通信线路的误码率非常低，因此，帧中继不进行差错检测和纠正，只进行分组转发。

b. 信元交换：信元是具有 53 字节的定长数据单元，信元交换是指以信元为单位而实现的交换。信元交换与帧中继的主要区别在于帧中继的帧长度可变，而信元交换的信元长度不变。

8.2.2　安全与网络管理

1．安全子系统

由于 Internet 的发展，安全问题一直是网络研究和应用的热点。网络安全主要包括以下三个方面的内容。

（1）使用防火墙技术，防止外部的侵犯。防火墙技术主要有分组过滤技术、代理服务器和应用网关几种。

（2）使用数据加密技术，防止任何人从通信信道窃取信息。目前主要的加密技术包括对称加密算法（如 DES）和非对称加密算法（如 RSA）。

（3）访问控制，主要是通过设置口令、密码和访问权限保护网络资源。

2．网络管理子系统

网络是一种动态结构。随着组织规模的扩大和改变，网络也会跟着扩大和改变。配置好网络以后，必须对其进行有效的管理，确保网络能连续不断地满足组织的需要。对于任何网络管理子系统来说，关键的任务便是保证网络良好的运行。由于网络规模的扩大，通常会出现网络“瓶颈”问题，使系统的速度放慢。网络管理的职责便是找出瓶颈并解决它。

8.2.3　服务器与操作系统

1．服务器子系统

服务器是网络中关键的设备。服务器的作用就是向工作站提供处理器内存、磁盘、打印机、软件数据等资源和服务，并负责协调管理这些资源。由于网络服务器要同时为网络上所有的用户服务，因此要求网络服务器具有较高的性能，包括快的处理速度、较大的内存、较大的磁盘容量和高可靠性。根据网络的应用情况和规模，网络服务器可选用高档微机、工作站、小型机、超级小型机和大型机等。选择网络服务器时要考虑以下因素：

（1）CPU 的速度和数量；

（2）内存容量和性能；

（3）总线结构和类型；

（4）磁盘容量和性能；

（5）容错性能；

（6）网络接口性能；

（7）服务器软件等。

2．网络操作系统

网络操作系统的主要任务是调度和管理网络资源，并为网络用户提供统一、透明使用网络资源的手段。网络资源主要包括网络服务器、工作站、打印机、网桥、路由器、交换机、网关、共享软件和应用软件等。

网络操作系统包括下述基本功能。

（1）数据共享：数据是网络最主要的资源，数据共享是网络操作系统最核心的功能。

（2）设备共享：网络用户共享比较昂贵的设备，如激光打印机、大屏幕显示器、绘图仪和大容量磁盘等。

（3）文件管理：管理网络用户读/写服务器文件，并对访问操作权限进行协调和控制。

（4）名字服务：用于网络用户注册管理，通常由域名服务器完成。

（5）网络安全：防止非法用户对网络资源的操作、窃取、修改和破坏。

（6）网络管理：包括网络运行管理和网络性能监控等。

（7）系统容错：防止主机系统因故障而影响网络的正常运行，通常采用 UPS 电源监控保护、双机热备份、磁盘镜像和热插拔等技术措施。

（8）网络互连：将不同的网络互连在一起，实现彼此间的通信与资源共享。

（9）应用软件：支持电子邮件、数据库和文件服务等各种网络应用。

8.2.4　服务子系统

很多人只重视网络硬件建设，不重视网络服务和应用。其实，网络服务是网络应用最核心的问题。带宽再宽的网络，如果没有好的网络服务，就不能发挥网络的效益。网络服务主要包括 Internet 服务、多媒体信息检索、信息点播、信息广播、远程计算和事务处理以及其他信息服务等。网络服务子系统的组成如图 8.2 所示。

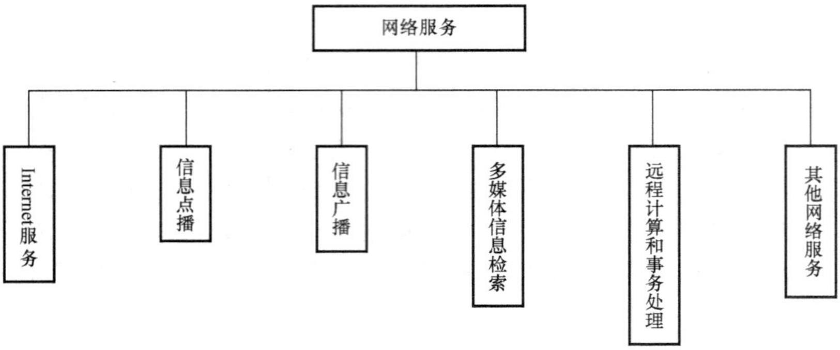

图 8.2　网络服务子系统的组成

1. Internet 服务

Internet 是全球最大的计算机广域网，用户可使用 Internet 网络服务访问信息资源和相互通信。表 8.1 给出了主要的 Internet 网络服务。

表 8.1　主要的 Internet 网络服务

网 络 服 务	服 务 功 能
电子邮件（E-mail）	发送和接收电子邮件
文件传输（FTP）	文件传输与复制
匿名文件传输（Anonymous FTP）	无须身份认证的 FTP
远程登录（Telnet）	连接和使用远程主机
万维网（WWW）	超文本信息访问和查询系统
信息检索（Gopher）	菜单式信息检索系统
广域信息服务器（WAIS）	数据库信息检索系统
文档服务器（Archie）	匿名 FTP 文档检索
新闻论坛（Usenet）	专题讨论系统

2. 信息点播

目前网络系统开发的信息点播业务主要有：视频点播（VOD）、音频点播（AOD）和多媒体信息点播（MOD）等。

（1）视频点播（VOD）：视频点播是一种受用户控制的视频分配业务，使分布在不同地理位置上的用户能交互地访问远程视频服务器所存储的节目，就像使用家用录像机一样，而 VOD 系统所提供的丰富的节目源和高质量的图像则是家用录像机无法比拟的。

视频点播采用一种非对称的双向传输网络，点播信息通过窄带的上行信道传输到信息中心，由信息中心到用户的下行信息则是具有视频传输能力的宽带信道。

（2）音频点播（AOD）：由于音频技术（特别是环绕立体声）和多媒体技术的发展，欣赏音乐已成为人们的基本需求之一。音频点播与视频点播相比，工作原理类似，也是采用客户/服务器模式，音频节目（音乐、广播和 MTV 等）存储在信息中心的音频服务器中，用户能随时交互地访问远端音频服务器的音频节目，就像播放 CD 一样方便。由于音频服务器保存有大量的音频节目，因此很受音乐爱好者的欢迎。

（3）多媒体信息点播（MOD）：多媒体信息点播与多媒体信息检索的特点相似，用户可定时预约或随时获取所需要的多媒体信息。多媒体信息点播将会广泛应用于信息服务领域。

3. 信息广播

信息广播的应用很广，归纳起来可分为视频广播、音频广播和数据广播三种。

1）视频广播

目前的广播电视就是典型的视频广播应用。电视台以无线或有线的形式将制作好的电视节目信号广播出去，用户使用电视机来接收电视节目。

视频广播业务的新发展是数字视频广播（DVB）。DVB 是 Digital Video Broadcasting 的缩写，DVB 标准由欧洲制定。DVB 包括了卫星电视广播、有线电视、地面电视广播和高清晰度电视广播（HDTV）等。

2）音频广播

目前各级广播电台（新闻台、经济台，音乐台等）广播的节目就是典型的音频广播，用户使用各种收录机和音响设备来收听广播电台的节目。

音频广播业务的新发展是数字音频广播（DAB），DAB 是 Digital Audio Broadcasting 缩写。

3）数据广播

数据广播是指信息中心将信息数据通过传输介质同时传送给分布在不同地理区域的众多用户。可视图文就是数据广播的典型应用范例。

4. 多媒体信息检索

多媒体信息检索是目前发展最迅速的信息服务之一。例如，Internet 网络是一个浩瀚无比的多媒体信息海洋，人们从中获取所需的信息主要是通过使用多媒体信息检索。多媒体信息检索提供多种信息检索方法，如使用关键词来“大海捞针”。

5. 远程计算和事务处理

目前，远程计算和事务处理的主要应用有软件共享、远程数据处理、远程 CAD 和联机服务等。

6. 其他网络服务

目前，在网络上开展的其他服务主要有会议电视、可视电话、IP 电话、监测控制和多媒体综合信息服务等。

8.3 数据集成

数据集成的目的是运用一定的技术手段将系统中的数据按一定的规则组织成为一个整体，使得用户能有效地对数据进行操作。

数据集成处理的主要对象是系统中各种异构数据库中的数据。数据仓库技术是数据集成的关键。

8.3.1 数据集成的基本概念

数据集成是将参与数据库的有关信息在逻辑上集成为一个属于异构分布式数据库的全局概念模式，以达到信息共享的目的。数据集成可以分为下述四个层次。

1. 基本数据集成

基本数据集成面临的问题很多。

通用标识符问题是数据集成时遇到的最难的问题之一。由于同一业务实体存在于多个系统源中，并且没有明确的办法确认这些实体是同一实体时，就会产生这类问题。处理该问题的办法如下：

（1）隔离，保证实体的每次出现都指派一个唯一标识符。

（2）调和，确认哪些实体是相同的，并且将该实体的各次出现合并起来。

当目标元素有多个来源时，指定某一系统在冲突时占主导地位。

数据丢失问题是最常见的问题之一，一般解决的办法是为丢失的数据产生一个非常接近实际的估计值来进行处理。

2. 多级视图集成

多级视图机制有助于对数据源之间的关系进行集成：底层数据表示方式为局部模型的局部格式，如关系和文件；中间数据表示为公共模式格式，如扩展关系模型或对象模型；高级数据表示为综合模型格式。

视图的集成化过程为两级映射：

（1）数据从局部数据库中，经过数据翻译、转换并集成为符合公共模型格式的中间视图。

（2）进行语义冲突消除、数据集成和数据导出处理，将中间视图集成为综合视图。

3. 模式集成

模式集成属于数据库设计问题，其设计的好坏常视设计者的经验而定，在实际应用中很少有成熟的理论指导。

实际应用中，数据源的模式集成和数据库设计仍有相当的差距，如模式集成时出现的命名、单位、结构和抽象层次等冲突问题，就无法照搬模式设计的经验。

在众多互操作系统中，模式集成的基本框架如属性等价、关联等价和类等价可最终归于属性等价。

4. 多粒度数据集成

多粒度数据集成是异构数据集成中最难处理的问题，理想的多粒度数据集成模式是自动逐步抽象。

数据综合（或数据抽象）指由高精度数据经过抽象形成精度较低、但是粒度较大的数据。其作用过程为从多个较高精度的局部数据中，获得较低精度的全局数据。在这个过程中，要对各局域中的数据进行综合，提取其主要特征。数据综合集成的过程实际上是特征提取和归并的过程。

数据细化指通过由一定精度的数据获取精度较高的数据，实现该过程的主要途径有：时空转换，相关分析或者由综合中数据变动的记录进行恢复。

数据集成是最终实现数据共享和辅助决策的基础。

8.3.2　数据集成的方法与规范

数据集成的目的是为应用提供统一的访问支持，因此集成后的数据必须保证一定的完整性，包括数据完整性和约束完整性。数据集成还必须考虑语义冲突问题，信息资源之间存在的语义区别可能引起各种矛盾。从简单的名字语义冲突到复杂的结构语义冲突，都会干扰数据处理、发布和交换。此外，数据访问权限、异构数据源数据的逻辑关系、数据集成范围等问题都需要加以考虑。

1．异构数据集成的方法

（1）异构数据集成方法归纳起来主要有两种，分别是过程式方法和声明式方法。

采用过程式方法，一般是根据一组信息需求，采用一种 ad-hoc 的设计方法来集成数据。在这种情况下，关键就是设计一套合适的软件模块来存/取数据源。软件模块不需要一个关于完整数据模式的清晰概念，主要是依赖于 wrapper 来封装数据源，利用 mediator 来合并和一致化从多个 wrappers 和其他 mediator 传过来的数据。

声明式方法的主要特点就是通过一套合适的语言来对多个数据源的数据进行建模，构建一个统一的数据表示，并且基于这一数据表示来对整体系统数据进行查询，通过一套有效的推理机制来对数据源进行存/取，获得所需的信息。对于声明式数据集成方法，在设计过程中要重点考虑的两个关键问题就是：相关领域的概念化建模和基于这一概念化表示的推理的可行性。

（2）实现异构数据库的集成也主要有两种方法。

一种方法是将原有的数据移植到新的数据管理系统中来，为了集成不同类型的数据，必须将一些非传统的数据类型（如类与对象）转化成新的数据类型。许多关系数据库厂商提供了类似的数据移植功能，即 ETL 工具（Extract、Transformation、Loading，抽取、转换和加载）。后面介绍的数据仓库系统是这种数据集成方案的典型应用。

另一种方法是利用中间件集成异构数据库，该方法并不需要改变原始数据的存储和管理方式。中间件位于异构数据库系统（数据层）和应用程序（应用层）之间，向下协调各数据库系统，向上为访问集成数据的应用提供统一的数据模式和数据访问的通用接口。各数据库仍完成各自的任务，中间件则主要为异构数据源提供一个高层次的检索服务。如 Sybase 针对异构数据源可互操作的市场需求，推出的开放性互连接口产品 Omni SQL Gateway，能有效地解决企业范围内异构环境内的可互操作性，它能把 Sybase 的 T-SQL 转换为适用于相应目标的 RDBMS，提供整个系统的 SQL 透明性。它的主要构成部分为 T-SQL 语法分析器，提供 DB2、ORACLE 等数据源内部用的存/取方法、智能型分布式优化器以及 Open Server 接口程序等。

2. 开放数据库互连标准（ODBC）

实现异构数据源的数据集成首先要解决的问题是原始数据的提取。对于从异构数据库中提取数据大多采用开放式数据库互联（Open Database Connectivity，ODBC），ODBC 是一种用来在数据库系统之间存/取数据的标准应用程序接口，目前流行的数据库管理系统都提供了相应的 ODBC 驱动程序，它使数据库系统具有很好的开放性，数据格式转换也很方便。另一种提取数据的方法是针对不同的数据源编写专用的嵌 C 接口程序，这样可提高数据的提取速度。例如，Stanford 大学的 WHIPS 数据仓库原型系统提出在每个数据源上建立一个捆绑器，数据源上的捆绑器用嵌 C 编写，以实现数据的提取和格式转换。

ODBC 是 WOSA（Windows 开放服务体系）的数据库组成部分，它规定“以统一的 API 存/取异构数据库”，得到了世界上领先的数据库和应用程序开发商的广泛支持，它可以满足如下的应用需求：

（1）前台客户与后台服务器分工；

（2）多个客户与多个服务器经由网络连接；

（3）任一客户的应用可以访问多个服务器上的数据库。

Windows ODBC 是由 Microsoft 开发的一个应用程序接口标准。它允许单个应用以 SQL 作为标准的数据存/取语言，通过 ODBC 接口，存/取多种多样的、带有 ODBC 驱动程序的数据源。ODBC 数据源驱动程序以动态连接库的形式实现 ODBC 函数调用。应用通过激发 ODBC 驱动程序存/取特定的数据源。

通常，ODBC 接口定义如下内容：

（1）一个 ODBC 函数调用库，这些函数分别完全对数据源的连接、SQL 语句的执行、执行结果的返回；

（2）一种连接和登录到数据源的标准方法；

（3）基于 X/Open 与 SQL Access Group（SAG）CAE specification（1992）的 SQL 文法；

（4）数据类型的标准表示；

（5）错误代码的标准集。

3. 基于 XML 的数据交换标准

使用中间件作为企业异构数据源集成的解决方案时，需要为中间件选择一种全局数据模式，来统一异构数据源的数据模式。异构数据集成的全局模式需要满足以下条件。

（1）能够描述各种数据格式，无论其是结构化的还是半结构化的；

（2）易于发布和进行数据交换，集成后的数据可以方便地以多种格式发布并便于在应用之间交换数据。

可以采用关系或对象数据模式作为全局模式，但它们并不能很好地满足上述要求。XML（eXtensibleMarkup Language）是一种独立格式的标准文本，通过使用开始/结束标识定位，可以方便地被各种语言解析；使用 DTD（Document Type Definition，文档类型定义）可以表示各种复杂的数据结构，并确保数据格式的正确性和一致性。

随着 XML 及相关技术的应用和发展，XML 不仅已经成为应用系统之间交换数据的一种标准，而且已经成为 Internet 重要的信息交换标准和表示的技术之一。XML 提供了一种可编辑、可解析、可表示各种数据（结构化或半结构化）的信息交换格式；同时，XML 还可以方便地实现对资源的封装和集成发布。正是基于 XML 的这些特点，将 XML 技术用于全局数据模式，可以使异构数据源集成中间件能够更好地适用于企业的数据集成。

8.3.3 数据仓库中的数据集成方案

许多公司，特别是数据库厂商和决策信息服务公司都以自己已有的技术和产品为基础，通过技术开发、集成技术手段进行数据仓库的研究，形成了多种多样的数据仓库解决方案。

1．数据仓库的基本概念

数据仓库的概念被权威性地提出，是以 Prism Solutions 公司副总裁 W.H.Inmon《建立数据仓库》(*Building the Data Warehouse*）一书在 1992 年出版为标志，书中对数据仓库进行了比较详细的说明和介绍。数据仓库的提出是以关系数据库、并行处理和分布式技术的飞速发展为基础，是解决信息技术（IT）在发展中存在的拥有大量数据，而其中有用信息贫乏（Data Rich-Information Poor）的综合解决方案。数据仓库是一种新的数据处理体系结构，是企业内部各部门业务数据进行统一和综合的中央数据仓库。它为企业决策支持系统（DSS）和行政信息系统（EIS）提供所需的信息，是一种信息管理技术，可为预测利润、风险分析和市场分析，以及加强客户服务与营销活动等管理决策提供支持的技术。

数据仓库技术对大量分散、独立的数据库经过规划、平衡、协调和编辑后，向管理决策者提供辅助决策信息，发挥大量数据的作用和价值。

概括地说，数据仓库是面向主题的（Subject-Oriented)、集成的（Integrated)、稳定的（Nonvolatile)、不同时间的（Time-Variant）数据集合，用于支持经营管理中决策制定过程。

传统数据库用于事务处理，也称为操作型处理，是指对数据库联机进行日常操作，即对一个或一组记录的查询和修改，主要面向企业特定的应用服务。用户关心的是响应时间、数据的安全性和完整性。数据仓库用于决策支持，也称分析型处理，它是建立决策支持系统的基础。

数据仓库的数据组织形式共有虚拟存储方式、基于关系型数据库的存储和多维数据库存储方式三种。

（1）虚拟存储方式是虚拟数据仓库的数据组织形式。没有专门的数据仓库来存储数据，数据仓库中的数据仍然在源数据库中，只是通过语义层工具（如 Business Objects 软件）根据用户的多维需求，完成多维分析的功能。这种方式组织比较简单，花费少，用户使用灵活。但同时这种方式也存在一个致命的缺点：当源数据库的数据组织比较规范、没有数据不完备和冗余情况，又比较接近于多维数据模型时，虚拟数据仓库的多维语义层就容易定义。而一般数据库的组织关系都比较复杂，数据库中的数据又有许多冗余和冲突的地方。在实际组织中，这种方式很难建立起为决策服务的有效数据支持。

（2）基于关系型数据库的存储是将数据仓库的数据存储在关系型数据库的表结构中，在元数据的管理下，完成数据仓库的功能。这种组织方式在建库时，有两个主要过程完成数据的抽取。首先要提供一种图形化的单击操作界面，让分析员对源数据库的内容进行选择，定义多维数据模型；然后再编制程序，把数据库中的数据抽取到数据仓库的数据库中。这种方式的主要问题是多维数据模型定义好后，数据从数据库中的抽取往往需要编制独立、复杂的程序完成这个过程，通用性差，很难维护。

（3）多维数据库存储是直接面向 OLAP 分析操作的数据组织形式。这种数据库产品也比较多，其实现方法不尽相同，其数据组织采用多维数据结构文件存储数据。

2. Sybase 的数据仓库解决方案

Sybase 的数据仓库解决方案是将它的多种产品集成到一起的数据仓库解决方案。Sybase 在数据库方面提供了 Sybase SQL Server 数据库家族，如对于特别大的数据库，应用大型并行处理器的 Sybase MPP，这是 SQL Server 的一个可选扩充；Sybase IQ 是用于数据仓库中的交互式查询处理；SQL Anywhere 支持 SQL 数据库的海量分布；Enterprise Connect 可使多种数据库数据资源连接到开发工具上。Sybase 的标准开发工具是 PowerSoft，开发者可用它来完成最终用户接口的设计开发。

建立数据仓库以前，需要对数据仓库进行综合设计（包括数据模型、建立环境、理解需求），建立与原有数据库相分离的，通过数据集成、转换、综合形成的完全独立的数据仓库。这种集成方案也存在难以满足企业的所有要求，无法保证速度、交互性能及异构系统的集成等问题。针对这些问题，数据库厂商做出了进一步的改进，如 Sybase 推出以 Sybase IQ 为代表的、专用数据仓库发展的数据集市数据仓库解决方案，同时这也代表了数据仓库发展的一种新趋势。这种新趋势是在企业级大型数据仓库的基础上为了满足用户的特定需求而构建的交互式数据仓库，其关注的焦点和目的不是大小问题，而是提供数据仓库灵活性和可扩展性，将数据仓库的数据与处理切分（Partition）成不同层次，如图 8.3 所示。

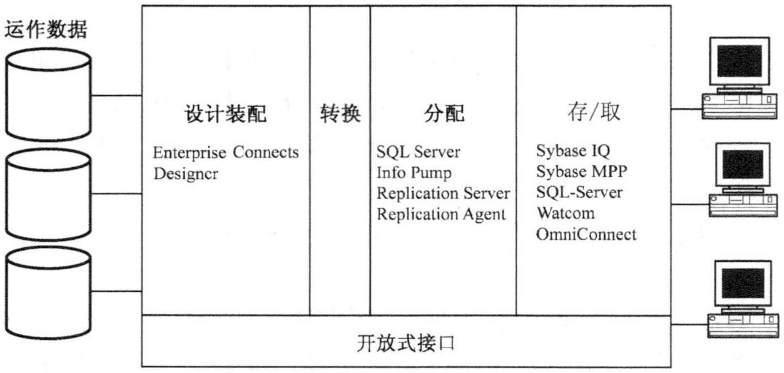

图 8.3 Sybase：Warehouse Works 框架

3. SAS 的数据仓库解决方案

1966 年，美国 North Carolina 州立大学开始开发 SAS（Statistical Analysis System）统计软件包。1976 年，SAS 软件研究所（SAS Institute Inc.）成立，开始进行 SAS 的维

护、开发、销售和教育工作。

SAS 最初是一个用来管理分析和编写报告的组合软件系统。随着技术的发展和系统的扩展，SAS 系统逐渐成为大型集成应用软件系统，具有完备的数据访问、管理、分析和表现功能。尤其在数据处理与统计分析领域，SAS 系统被誉为国际标准软件。

SAS 公司致力于数据仓库产品的开发研制是比较早的，其产品对于数据仓库理论的支持也比较完备。与数据仓库直接相关的产品主要包括 SAS/Warehouse Administrator、SAS/Enterprise Miner 和 SAS/MDDB Server。

SAS 的优势在于各系统模块结合紧密，模块之间遵循统一的数据格式、标准接口，可以在相应环境支持下调用访问其他模块。其强大的数据分析统计功能为数据仓库提供了最强有力的数学分析方法和工具。

图 8.4 给出了 SAS 的数据仓库框架。

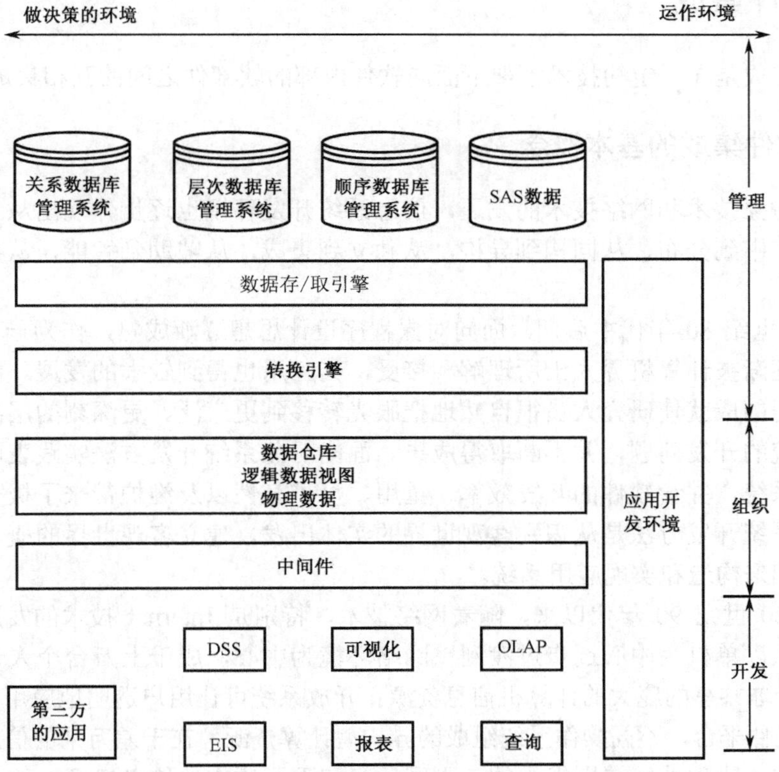

图 8.4　SAS 的数据仓库框架

SAS 系统为模块式设计，用户可根据应用需求选择不同功能的模块组合。此时，SAS 系统还支持多硬件厂商结构（MVA）。这类解决方案主要在数据访问（在分散的数据间置于可用状态）、数据管理（将数据置于可用状态）、数据分析（将数据转换为有用信息）、数据表现（按恰当方式表现所需信息）方面有较高的技术水平，特别对于数据分析提供有大量的模型和分析方法，可以针对多种不同类型的数据进行分析。SAS 系统包括从统计分析、时间序列分析，以及从指数平滑到复杂的多变量状态空间和频谱分析等多种分析方法。另外还有质量管理、解释引导式数据分析、图表式数据分析和交互式矩阵编程语言，以满足高级的数学、工程和统计等计算、分析方面的要求。SAS 软件提供了包括关系数据库、数据库互联中间件、多维数据库、数据仓库管理、联机分析处理系统（OLAP）、查询报表生成、行政信息系统（EIS）、数据开采（Data Mining）、分析、数据可视化（Data Visualization）以及应用开发接口在内的丰富模块。因 SAS 采用的是完整的数据仓库解决方案，所以数据仓库的建立从多维模型设计开始，就都有较系统的方法和规范，而且能够与原有的数据库和 OLTP 系统很好地衔接。

这类数据仓库解决方案支持数据仓库的分级概念，专用性强，可以通过中间件灵活使用各种关系数据库。对于信息系统开发比较完善的医疗、科学、能源和航天教育等科学技术领域有较广的应用前景。

8.4　软件集成

软件集成是在一定的技术框架下面向软件内部的软部件之间的互相集成与连接。

8.4.1　软件集成的基本概念

随着对象技术和网络技术的发展，信息系统开发环境也逐步体现出从结构化到面向对象，从集中到分布，从同构到异构，从独立到集成，从辅助到智能，从异步到协同的发展趋势。

在 20 世纪 80 年代中后期，面向对象程序设计思想逐渐成熟，作为一种新的程序设计思想，逐渐被计算机界人士所理解和接受，其应用也得到较大的发展。面向对象程序设计所取得的成就使研究人员很自然地把眼光转移到更广泛、更深刻的层次，去考虑面向对象系统的开发问题，并不断取得成果。面向对象系统开发方法实践表明，它有利于开发大型系统，并给软件的开发效率、重用、可扩充性以及维护带来了极大的帮助。面向对象的系统开发方法是从识别客观世界的实体出发，建立客观世界的概念模型，并以此作为基础来构造和实现应用系统。

进入 20 世纪 90 年代以来，随着网络技术、特别是 Internet 技术的发展，应用系统的开发已从以单机为中心逐步过渡到以网络环境为中心，成千上万台个人计算机与工作站已变成全球共享的庞大的计算机信息资源。开放系统可让用户透明地应用由不同厂商制造的不同硬件平台、不同操作系统组成的异构型计算资源，在千差万别的信息资源（异构的、网络的、物理性能差别很大的、不同厂商和不同语言的信息资源）的基础上构造起信息共享的分布式系统。面对这样的趋势，必须对面向对象技术进行改进和扩展，使之符合异构网络应用的要求。就用户来说，这种软件构件能够“即插即用”，即能从所提供的对象构件库中获得合适的构件并重用；就供应商来说，这种软件构件便于用户裁剪、维护和重用。在这一背景下出现了有代表性的软件构件标准：Microsoft 推出了 COM/DCOM 和.NET 应用架构，国际 OMG（Object Management Group）组织推出了公共对象请求代理结构 CORBA（Common Object Request Broker Architecture），SUN 提出了 J2EE 应用架构等标准。

8.4.2 Microsoft 的应用集成技术

下面介绍 COM/DCOM 和 Windows DNA/COM+以及.NET 应用架构。

COM 是 Microsoft 公司制定并颁布的一种不依赖于任何编程语言的构件对象模型。COM+是最近 Microsoft 宣布的以 COM 为基础的新一代技术。在 COM+的基础上，Microsoft 将多年积累下来的技术精华集合起来而形成一个完整的、多层结构的企业应用总体方案——Windows DNA，它使 Windows 真正成为企业应用平台。.NET 是微软推出的企业级应用系统开发平台，其底层以 XML 作为数据交换的基础，以 SOAP 为通信协议，借助 XML 与平台、语言和协议无关的特点，打破了不同网络、不同应用软件和不同种类计算机设备之间的差别，使企业级应用系统能够发挥协同效应，从而提供了一个集成化和用户化的解决方案，其用户可在任何时间、任何地点及任何设备上对信息进行处理。

1. COM/DCOM

COM 中的对象是一种二进制代码对象，其代码形式是 DLL 或 EXE 执行代码。COM 中的对象都被直接注册在 Windows 的系统库中，所以 COM 中的对象都不再是由特定的编程语言及其程序设计环境所支持的对象，而是由系统平台直接支持的对象。COM 对象可能由各种编程语言实现，并为各种编程语言所引用。COM 对象之间以及 COM 对象与外界之间的交互方式仍然是对象方式的，只不过这种交互也是由系统平台直接支持的。COM 对象作为某个应用程序的构成单元，不但可以作为该应用程序中的其他部分，而且还可以单独地为其他应用程序系统提供服务。COM 已成为 Microsoft 软件技术的基础，在 Windows 操作系统本身和 Office 应用程序中都广泛地采用了 COM 技术。

COM 技术要达到的基本目标是：即使对象是由不同的开发人员用不同的编程语言实现的，在开发软件系统时，仍能够有效地利用已经存在于其他已有软件系统中的对象；同时，也要使当前所开发的对象便于今后开发其他软件系统时进行重用。

为了实现与编程语言的无关性，设法在源代码层实现编程显然不是一种进行重用的好方法。COM 解决这一问题的方法是将 COM 对象制作成二进制可执行代码，然后在二进制代码层使用这种标准接口的统一方式，为对象提供标准的互操作接口，并且由系统平台直接对 COM 对象的管理与使用提供支持。

COM 具备了软件集成所需要的许多特征，如下所述。

（1）面向对象。COM 是在面向对象的基础上发展起来的。它继承了对象的所有优点，并在实现上进行了进一步的扩充。

（2）客户/服务器。COM 以客户/服务器（C/S）模型为基础，且具有非常好的灵活性，如图 8.5 所示。

在这个图中有四种类型的客户/服务器模型，其中每一个箭头就代表一个客户/服务器关系。

在第一种类型中，客户与 COM 对象 A 只是一个简单的客户/服务器模型的结构。

在第二种类型中，COM 对象 B 既为客户直接提供服务，也为 COM 对象 A 提供服务，这时 COM 对象 A 就成为 COM 对象 B 的客户，对象 A 为客户提供服务。在这样的模型中，COM 对象 A 由客户直接创建，而 COM 对象 B 既可以由客户创建，也可以由 COM 对象 A 创建。

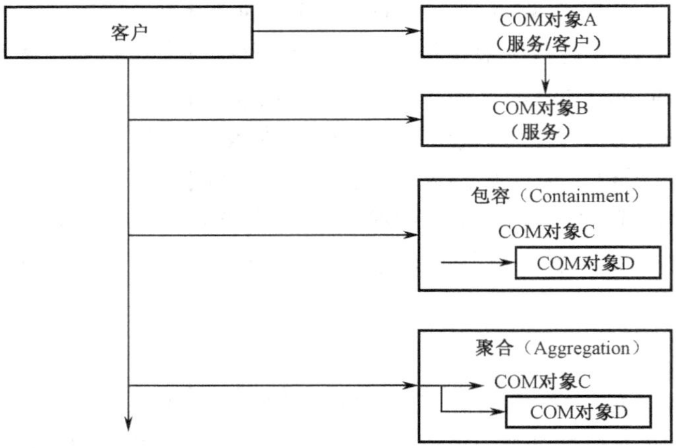

图 8.5　在 COM 应用中的几种 C/S 模型

第三种类型和第四种类型是 COM 中两种重要的对象重用模型，分别称为包容（Containment）和聚合（Aggregation）。对于客户来说，只知道 COM 对象 C 的存在，并不知道 COM 对象 D 的存在，但 COM 对象 C 在实现某些服务时，调用了 COM 对象 D 的服务。两者的区别在于，当客户调用由 COM 对象 D 提供的服务时，在包容模型中，由 COM 对象 C 调用 COM 对象 D 的服务，再把结果转给客户，所以等于客户间接地调用了 COM 对象 D 的服务。而在聚合模型中，虽然客户并不知道 COM 对象 D 的存在，但它调用 COM 对象 D 的服务是直接进行的。

（3）语言无关性。COM 规范的定义不依赖于特定的语言，因此编写构件对象所使用的语言与编写客户程序使用的语言可以不同，只要它们都能够生成符合 COM 规范的可执行代码即可。

（4）进程透明性。COM 提供了进程内服务程序、本地服务程序和远程服务程序三种类型的构件对象服务程序。

（5）可重用性。可重用性是任何对象模型的实现目标，尤其对于大型的软件系统，可重用性非常重要，它使复杂的系统简化为一些简单的对象模型，体现了面向对象的思想。而且，由于 COM 标准是建立在二进制代码级的，因此 COM 对象的可重用性与一般的面向对象语言，如 C++中对象的重用过程不同。COM 用两种机制（即包容和聚合）来实现对象的重用。对于 COM 对象的客户程序来说，它只是通过接口使用对象提供的服务，并不需要关心对象内部的实现过程。

COM 作为构件软件的基本结构模型，由它建立的软件具有许多优点，如语言无关性、可重用性和可扩展性等。DCOM 作为 COM 的扩展，不仅继承了这些优点，而且针对分布环境还提供了一些新的特性，如位置透明性、网络安全性和跨平台调用等。

DCOM 实际上是对客户调用进程外服务的一种改进，通过 RPC 协议，使客户通过网络可以以透明的方式调用远程机器上的远程服务。在调用的过程中，客户并不是直接调用远程机器上的远程服务，而是首先在本地机器上建立一个远程服务代理，通过 RPC 协议，调用远程服务机器上的桩，由桩来解析客户的调用以映射到远程服务的方法或属性上。与进程外服务一样，为了适应跨网络需要，必须对数据进行打包。在 DCOM 规范中，主要使用了编排（Marshaling）/反编排（unMarshaling）过程。编排是指当客户调用构件对象的成员函数时，它实际上调用本进程内代理对象的对应成员函数，由代理对象负责把客户的参数从堆栈读出来，并写到内存缓冲区中，以便可以在网络上按数据包的方式传输。反编排过程与编排过程相对应，当远程机器上的桩代码接收到这些编排数据之后，用这些数据重新建立堆栈，这个堆栈就像客户代码使用的原始堆栈。一旦堆栈被建立起来，桩代码就可以调用构件对象成员函数。当调用返回时，任何返回值和输出参数都需要从堆栈中进行编排处理，形成新的编排数据，并通过网络协议传输到客户机器中，由代理对象把结果反编排到客户堆栈中。最后函数返回到客户代码，完成对远程构件对象的调用。

2．Windows DNA/COM+

COM+并不是 COM 的新版本，可以把它理解为 COM 的新发展或 COM 更高层次上的应用。COM+的底层结构仍然以 COM 为基础，几乎包容了 COM 的所有内容。COM+倡导了一种新的概念，它把 COM 组件软件提升到应用层而不再是底层的软件结构，通过操作系统的各种支持，使组件对象模型建立在应用层上，把所有组件的底层细节留给操作系统。因此，COM+与操作系统的结合更加紧密，这也是 COM+非要等到 Windows 2000 发布时才能面世的主要原因。

虽然 COM+仍然以 COM 和 MTS 为底层基础，但是，由于定位的原因，所以，COM+新增加的内容较多。与 COM 相比较，COM+与 Windows 操作系统结合得更为紧密，反过来，Windows 操作系统也更加依赖于 COM+。与 MTS 相比较，COM+更加适合于分布式应用的开发，它提供了许多大型分布式应用系统才可能用到的一些功能。从目前计算机硬件以及 Windows 操作系统的发展趋势来看，COM+有可能成为推动 Windows 2000 操作系统的一个重要技术支柱，同时 COM+和 Windows 2000 联合起来使得企业应用直接进入分布式应用领域，这是目前的一个发展方向。

以下列出 COM+的主要特性。

（1）真正的异步通信。COM+底层提供了队列组件服务，这使客户和组件有可能在不同的时间点上协同工作，COM+应用无须增加代码就可以获得这样的特性。

（2）事件服务。新的事件机制使事件源和事件接收方实现事件功能更加灵活，利用系统服务简化了事件模型，避免了 COM 可连接对象机制的琐碎细节。

（3）可伸缩性。COM+的可伸缩性来源于多个方面，动态负载平衡以及内存数据库、对象池等系统服务都为 COM+的可伸缩性提供了技术基础。COM+的可伸缩性原理上与多层结构的可伸缩特性一致。

（4）继承并发展了 MTS 的特性。从 COM 到 MTS 是一个概念上的飞跃，但实现上还欠成熟，COM+则完善并实现了 MTS 的许多概念和特性。

（5）可管理和可配置性。管理和配置是应用系统开发完成后的行为，在软件维护成本不断增加的今天，COM+应用将有助于软件厂商和用户减少这方面的投入。

（6）易于开发。COM+应用开发的复杂性和难易程度将决定 COM+的成功与否，虽然 COM+开发模型比以前的 COM 组件开发更为简化，但真正提高开发效率仍需要借助于一些优秀的开发工具。

COM+标志着 Microsoft 的组件技术达到了一个新的高度，它不再局限于一台机器上的桌面系统，而把目标指向了更为广阔的企业内部网，甚至 Internet。COM+与多层结构模型，以及 Windows 操作系统为企业应用或 Web 应用提供了一套完整的解决方案。

3. .NET 应用架构

微软的.NET 是基于一组开放的互联网协议，推出的一系列的产品、技术和服务。.NET 开发框架在通用语言运行环境基础上，给开发人员提供了完善的基础类库、数据库访问技术及网络开发技术，开发者可以使用多种语言快速构建网络应用。.NET 开发框架如图 8.6 所示。

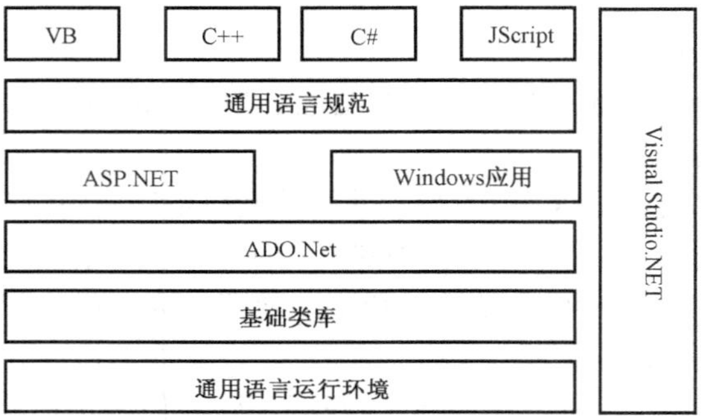

图 8.6　.NET 开发框架

通用语言运行环境（Common Language Runtime）处于.NET 开发框架的底层，是该框架的基础，它为多种语言提供了统一的运行环境、统一的编程模型，大大简化了应用程序的发布和升级、多种语言之间的交互、内存和资源的自动管理等。

基础类库（Base Class Library）给开发人员提供了一个统一的、面向对象的、层次化的、可扩展的编程接口，使开发人员能够高效、快速地构建基于下一代互联网的网络应用。

ADO.NET 技术用于访问数据库，提供了一组用来连接到数据库、运行命令、返回记录集的类库。ADO.NET 提供了对 XML 的强大支持，为 XML 成为.NET 中数据交换的统一格式提供了基础。同时，ADO.NET 引入了 DataSet 的概念，在内存数据缓冲区中提供数据的关系视图，使得不论数据来自于关系数据库，还是来自于一个 XML 文档，都可以用一个统一的编程模型来创建和使用，提高了程序的交互性和可扩展性，尤其适合于分布式的应用场合。

ASP.NET 是.NET 中的网络编程结构，可以方便、高效地构建、运行和发布网络应用。ASP.NET 网络表单使开发人员能够非常容易地创建网络表单，它将 VB 中的快速开发模型引入到网络开发中来，从而大大简化了网络应用的开发。ASP.NET 中还引入服务器端控件，该控件是可扩展的，开发人员可以构建自己的服务器端控件。ASP.NET 还支持 Web 服务（Web Services），在.NET 中，ASP.NET 应用不再是解释脚本，而采用编译运行，再加上灵活的缓冲技术，从根本上提高了性能。

传统的基于 Windows 的应用（WinForms），仍然是.NET 中不可或缺的一部分。在.NET 中开发传统的基于 Windows 的应用程序时，除了可以利用现有的技术（如 ActiveX 控件及丰富的 Windows 接口）外，还可以基于通用语言运行环境开发，可以使用 ADO.NET 和 Web 服务等。

.NET 支持使用多种语言进行开发，目前已经支持 VB、C++、C#和 JScript 等语言，以及它们之间的深层次交互。.NET 还支持第三方的.NET 编译器和开发工具，这意味着几乎所有市场上的编程语言都有可能应用于微软的.NET 开发框架。

Visual Studio.NET 作为微软的下一代开发工具，与.NET 开发框架紧密结合，提供了一个统一的集成开发环境和工具，可以极大地提高开发效率。

8.4.3 对象管理协会（OMG）的应用集成技术

对象管理协会（OMG，Object Management Group）是 CORBA 规范的制定者，是由 800 多个信息系统供应商、软件开发者和用户共同构成的国际组织，建立于 1989 年。OMG 在理论上和实践上促进了面向对象软件的发展。OMG 的目的则是为了将对象和分布式系统技术集成为一个可相互操作的统一结构，此结构既支持现有的平台也将支持未来的平台集成。以 CORBA 为基础，利用 Jini 技术，可以结合各类电子产品成为网络上的服务资源，使应用集成走向更广阔的应用领域，同时 Object Web 把 CORBA 的技术带入了 Internet 世界。

1. CORBA

OMG 是一个仅仅制定规范的组织，并不提供具体的实现。它的主要工作是通过建立行业指导和对象管理规范为应用开发提供公共的框架。通过对 CORBA（Common Object Request Broker Architecture，公共对象请求代理结构）规范的制定，OMG 将对象引入了分布式的环境中。

CORBA 是 OMG 进行标准化分布式对象计算的基础。CORBA 自动匹配许多公共网络任务，如对象登记、定位、激活、多路请求、组帧和错误控制、参数编排和反编排、操作分配等。

（1）对象请求代理（Object Request Broker，ORB）。在 CORBA 中，各个模块的相互作用都是通过对象请求代理完成的。ORB 的作用是把客户发出的请求传给目标对象，并把目标对象的执行结果返回给发出请求的客户。因此，ORB 是以对象请求的方式实现应用互操作的构架，它提供了客户与目标对象间的交互透明性，是人们能够有效使用面向对象方法开发分布式应用的基础，而 ORB 是整个参考模型的核心。

（2）对象服务。CORBA 对象服务扩展了基本的 CORBA 体系结构。它的对象服务代表了一组预先实现的、软件开发商通常需要的分布式对象，其接口与具体应用领域无关，所有分布式对象程序都可以使用。目前 CORBA 共规范定义了 15 种服务。

（3）公共功能（Common Facility）。公共功能与对象服务的基本功能类似，只是公共功能是面向最终用户的应用。例如，分布式文档组件功能（基于 OpenDoc 的组件文档公共功能），就是公共功能的一个例子。

（4）域接口（Domain Interface）。域接口提供与对象服务和公共功能相似的接口，但这些接口是面向特定应用的领域。这些领域包括制造业、电信、医药和金融业等。

（5）应用接口（Application Interface）。应用接口提供给应用程序开发的接口。

OMG 还制定了其他一些规范，如著名的统一建模语言 UML。

自从 CORBA 规范颁布以来，世界范围内很多的计算机厂商和科研部门都对它进行了深入的研究和实现。目前已存在许多商用的 ORB，如 IONA 的 Orbix，Visigenic/Borland 的 VisiBroker，HP 的 ORBP1us 以及 Expersoft 的 CORBAPlus 等。同时也存在与 CORBA 竞争的一些系统，如 Microsoft DCOM。在理论上，CORBA 的公共功能是独立于厂商和平台的，但实际上，异质 ORB 的互操作性和可移植性的问题仍然存在。

目前，CORBA 规范本身还处于不断发展过程中，随着与其他相关技术的结合，CORBA 将能够为应用开发提供功能更强大的服务。

（1）CORBA 技术与 Web 技术的结合。Web 技术伴随着 Internet 的发展得到了迅猛的发展和应用，但是，由于它以 HTTP 协议和 HTML 为基础和核心，限制了 Web 技术的进一步发展。CORBA 技术与 Web 技术相结合后，不仅可以克服目前 Web 实施动态演示的困难和通信控制过于简单的缺陷，而且能够为应用开发和最终用户提供功能更加强大的服务。这两种技术的结合将具有广阔的应用前景。目前已有类似的产品问世，它主要采用了 Java、CGI 和 Web Script 等技术。

（2）CORBA 技术与 Java 技术的结合。Java 作为一种新兴的网络编程语言正受到人们越来越多的重视。由于 Java 是一种面向对象且与平台无关的程序设计语言，所以采用 Java 作为分布对象系统的语言具有天然优势。OMG 在 1997 年提出了 IDL-Java 映射，并正式写入 CORBA 2.2 规范。目前，各种主流的 CORBA 产品都实现了与 Java 的结合。这些 CORBA-Java 系统不仅可以开发一般的 Java Application 类型的分布式应用系统，而且可以利用 Java 与 Web 的密切关系，实现 CORBA 化的 Web，使客户可以将 Web 浏览器作为通用的 CORBA 终端，透明地访问后端的各种 CORBA 应用服务。这样既扩展了 CORBA 的应用范围，又大大增强了 Java 和 Web 的分布计算能力。此外，由于 CORBA 和 Java 同为一种面向对象的分布式应用开发技术，因而既有相似性，又有很强的互补性。目前 CORBA 和 Java 正取长补短，彼此趋于融合。Sun 公司已宣布采用 CORBA/IIOP 作为 Java 远程对象调用 RMI 的通信协议，OMG 也正参考 Java Beans 规范来制定 CORBA 的组件标准。

（3）CORBA/DCOM 互操作。Microsoft 公司的 COM（DCOM）也是当前分布式对象模型的另一主流。由于 COM（DCOM）/OLE 拥有众多的用户，因此 OMG 组织在颁布了 CORBA 规范 1.0 版本之后即投入 COM/CORBA 互操作研究，并于 1996 年 1 月 31 日由 DEC、HP、IONA、Sunsoft 等公司联合提交了规范草稿（COM/CORBA Interworking,

Part A)，然后将其内容稍作修改后并入 CORBA 规范 2.0 版本，于 1996 年发布成为标准。OMG 组织现正致力于制定 DCOM/CORBA 互操作规范（COM/CORBA Interworking，Part B）。目前，有关 COM（DCOM）/CORBA 互操作已有产品问世，如 HP 公司的 ORB P1us，IONA 公司的 Orbix CoMet 等。

2．Jini

长久以来，许多工程师，都一直期盼着一个超大型的计算系统，这系统是由网络上许多机器，从超大型主机乃至嵌入在某些设备上的微小晶片，彼此相互合作而成。所有的工作都可以在任何时间被分散到网络上的任何地方、任何种类的机器上去处理。这样的系统有很好的弹性，并且可以通过不断地更新设备，来解决更多问题。

然而，这需要一致的语言，以及更强的通信协定（Superprotocol）等，让网络上众多繁杂的成员能彼此顺利地沟通。但是，就目前的情况，要达到这样的目的很难，因此可以考虑把一种特殊的程序码（Genetic Code）嵌入到许多软/硬件的服务中，使得网络上的成员可以轻易地相互分享彼此资源，这就是 Jini 所要达成的目标。

Jini 是由 Sun 公司 R&D 的 Bill Joy 提出的一项技术。可以通过 Jini 创造出一个富有弹性、容易管理且可随时随地使用各种服务的网络计算环境。为了让使用者知道网络上有哪些服务可被使用，必须建立一个联盟（Federation），让网络上的服务主动加入。当有某个服务加入联盟时，也等于同时向整个网络告知："我可以被使用，有谁要我的服务？"使用者通过联盟，可以得知有哪些服务可以使用。然而，如何才能很简单、很轻易地使用这些服务呢？这个问题是 Jini 的工作重点之一。

网络上的服务要能够成为联盟的一分子，不管是硬件服务也好、软件服务也好，都必须嵌入 Jini 的程序码。此外，网络上还必须提供 JVM 的环境，才能执行 Jini 程序以获得这些服务。Jini 的程序码是利用 Sun 公司所提供的 Jini Package 撰写而成。Jini Package 使用的语言是 Java，并且包含了许多处理网络上资源的相关功能。例如，如何帮助网络服务寻找（Discovery）以及加入（Join）联盟，如何帮助网络服务处理分布式的承租（Leasing）和交易（Transactions）等的问题。而这些网络服务彼此沟通时，所应用的技术是 RMI（Java Remote Method Invocation ）。简言之，网络上的服务通过 Jini 所提供的接口，得以相互沟通和合作，完成使用者的要求。

Jini 技术有一个主要目的：让许多电子产品可以容易地加入网络，也就是即插即用（Plug-And-Play）。任何对象（如 DVD、CD、VCR、台式计算机、便携式计算机、打印机、扫描器、磁碟机、播放器、电话、电视机、警报系统、医疗器材、空调系统、厨具、汽车发动机和汽车的仪表板等）只要利用 Jini 技术，就可以结合各类电子产品并将它们作为网络上的资源服务，而使用者只要通过电话或无限通信器材就能使用这些服务。

目前已经有许多公司正在发展相关的技术，这些公司包括 Axis、Canon、Computer Associates、Datek、Enocanto、Epson、Ericsson、FedEx、Mitsubishi、Norwest Mortgage、Novell、ODI、Oki、Quantum、Salomon Brother、Seagate 以及 Toshiba 等。

Jini 让许多电器设备、网络服务结成联盟。Jini 的最上层以 Lookup 机制为基础的目录服务（Directory Service），让许多含有 Jini 技术的资源注册以及被公布于网络上。下一层则利用 JavaSpace 技术来管理联盟的资源，以让使用者或其他应用程序使用资源。

底层则是以 RMI 为基础的协定，用来规范对象之间在网络上的沟通。

如 Sun 公司所说："网络就是计算机（The network is the computer）"。网络的出现提供了无限的计算资源，可望达成一个超大型的计算系统。Java 技术使得分布式计算变得容易可行，Jini 则实现了网络就是一个超大型计算机的理想。

3．Object Web

从技术的角度看，Web 应用已经经历了 Hypertext Web 和 Interactive Web 两种形态，并已跨进 Object Web 的门槛。

可以说是，Hypertext Web 的出现使 Internet 风靡全球。用户无须记忆命令，就能够通过 Web 浏览器按照主页创作者的思路自由地、便捷地在 Internet 上浏览感兴趣的信息。

当 Hypertext Web 应用由科研领域进入商业领域后，新的需求很快呈现出来了。例如，厂商在 Internet 上分布了产品信息后，当然希望用户在浏览器上看到感兴趣的产品介绍后，能够直接通过浏览器订购该产品。这就需要浏览器具有与用户交换数据的能力。但 Hypertext Web 技术不支持该功能，因而 Interactive Web 技术产生了，它使用户能够通过主页上的对话框与服务器交换数据。

HTTP/CGI 提供了一种通过浏览器远程访问常规应用程序的手段，但局限性很大。例如，用户在浏览器上看到感兴趣的软件产品介绍时，希望首先看一看该软件的演示，然后再考虑是否购买。然而 HTTP/CGI 技术难以实现在浏览器上运行交互性很强的软件。最直接的原因是 HTTP 是一种无状态的数据传输协议，无法保持交互状态，且效率太低。

Java 的出现为在浏览器上运行程序提供了新的途径。Java 浏览器中包含了一个标准的 Java 解释器。这使得 Java 浏览器不仅具有一般浏览器的功能，而且还能够下载和运行 Java Applet。

Java 技术在 Internet 上的应用标志着 Object Web 时代的开始。从 Internet 的角度看，Java 技术的最大成就是使二进制对象能够在 Internet 迁移和执行。但就以网络为中心的 Internet 应用的发展而言，这种把对象下载到浏览器中执行的机制也有局限。主要表现在下列方面：

（1）大量的应用不是用 Java 编写的，自然无法在浏览器中下载和运行。

（2）信息共享与管理类的应用（如数据库系统）、信息采集与信号监测应用（实施网络管理的 Agent）逻辑上不能下载到客户端运行。

（3）需要减肥的客户机将难以承受越来越庞大的应用系统。

结论是显然的，Object Web 的发展需要一种与 Web 技术特点相适应的远程对象访问和分布对象管理的机制和标准。如同对象嵌入与对象链接的互补关系一样，对象下载运行与对象远程访问是满足 Object Web 应用的互补技术。于是 RMI 和 JDBC 出现了。RMI 解决了访问异地的 Java 对象的问题，JDBC 解决了访问异地数据库的问题。但如何管理和访问异地其他大量的非 Java 对象的问题并没有解决。CORBA 自然也进入了 Internet 的视野。1996 年下半年，Java 与 CORBA 开始携手，共同奠定 Object Web 时代的技术基础。

8.5 应用集成

应用集成是在一定的技术框架下，将各应用系统之间进行集成。

8.5.1 应用集成基本概念

随着网络、Internet 的发展及分布式系统的日益流行，大量异构网络及各计算机厂商推出的软/硬件产品形成在分布式系统的各层次（如硬件平台、操作系统、网络协议和计算机应用），乃至不同的网络体系结构上都广泛存在着互操作问题，分布式操作和应用接口的异构性严重影响了系统间的互操作性。要实现在异构环境下的信息交互，实现系统在应用层的集成，需要研究多项新的关键技术。

如果一个系统支持位于同一层次上的各种构件之间的信息交换，那么称该系统支持互操作性。从开放系统的观点来看，互操作性指的是能在对等层次上进行有效的信息交换。如果一个开放系统提供在系统各构件之间交换信息的机制，也称该系统支持互操作性。

如果一个子系统（构件或部分）可以从一个环境移植到另一个环境，称它是可移植的。因此，可移植性是由系统及其所处环境两方面的特征决定的。

集成关心的是个体和系统的所有硬件与软件之间各种人-机界面的一致性。从应用集合的一致表示、行为与功能的角度来看，应用（构件或部分）的集成化集合提供一种一致的无缝用户界面。具体地讲，无论是在何种情形下，为完成同一功能，用户应该使用同一操作，即表示集成；无论是在什么应用中，用户都应使用相同的逻辑操作模型，即表示行为集成；用户感觉各种应用完全“磨合”，就像是单一系统的各个组成部分一样，而不是感觉像各种部件的随机拼凑，即表示功能集成。因此，集成解决的是操作的人员因素和认知模型问题。

从信息系统集成技术的角度看，在集成的堆栈上，应用集成是在最上层主要解决应用的互操作性的问题，如图 8.7 所示。

拿语言作比喻，语法、语义和语用三者对应到系统集成技术上，网络集成解决语法的问题，数据集成解决语义的问题，应用集成解决语用的问题，如图 8.8 所示。

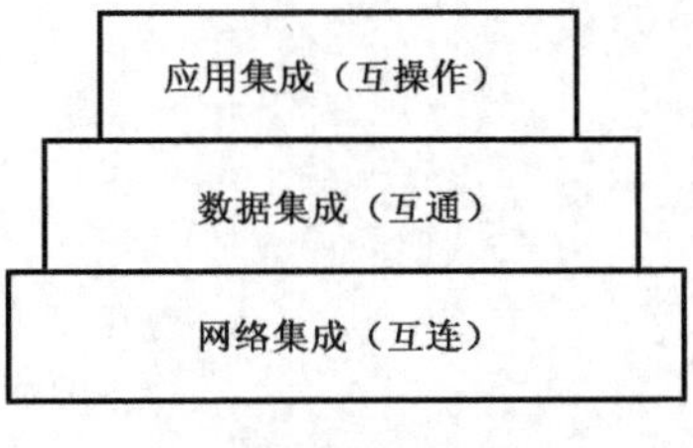

图 8.7　系统集成堆栈

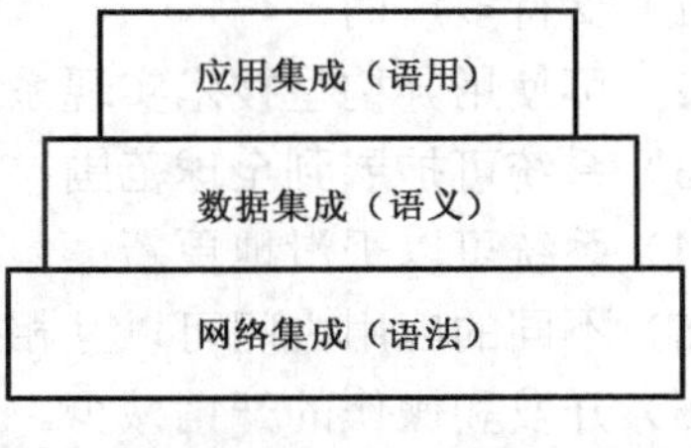

图 8.8　系统集成堆栈的语言解释

这不能算是应用集成的定义。对应用集成的理解，只能从对应用集成的技术要求上进行简述。

对应用集成的技术要求大致有下述三项内容。

（1）具有应用间的互操作性：应用的互操作性提供不同系统间信息的有意义交换，即信息的语用交换，而不仅限于语法交换和语义交换。此外，它还提供系统间功能服务的使用功能，特别是资源的动态发现和动态类型检查。

（2）具有分布式环境中应用的可移植性：提供应用程序在系统中迁移的潜力并且不破坏应用所提供的或正在使用的服务。这种迁移包括静态的系统重构或重新安装以及动态的系统重构。

（3）具有系统中应用分布的透明性：分布的透明性屏蔽了由系统的分布所带来的复杂性。它使应用编程者不必关心系统是分布的还是集中的，从而可以集中精力设计具体的应用系统，这就大大减少了应用集成编程的复杂性。

8.5.2　开放式分布处理框架

1．基本概念

分布式系统相对于传统的集中式系统而言有许多新的特色，如异构性、自治性、演进和可移动性等。ISO 和 ITU-T 共同提出的开放式分布处理参考模型（RM-ODP）的核心思想是支持开放的互操作，着眼于将已有的分布异构系统和实体集成起来，实现应用程序在全局范围内的合作与集成。它是一个通用的框架结构，用来指导对分布式环境下的开放式系统进行规范描述和开发。同时，ISO 和 ITU-T 也意识到，不可能通过一种单一的公共基础平台来提供分布式系统所需的各种特性，而需要选择不同的通用功能（平台组件）满足各种特定需求。因此，通用框架也应对组件及它们之间的相互配合进行描述。

ODP 的主要任务就是定义满足上述要求的通用框架。

ODP 刻画了一个利用通用的交互模型来支持组织内部和组织之间的异构型分布式处理的开放系统，作为构造分布式系统的框架。即

ODP＝用于表示“应用互操作”＋“分布式平台服务”的框架＝用于开发分布式系统的模型

相比较而言，OSI 七层模型只是 ODP 系统中的通信技术。

ODP 的主要能力范围包括以下内容：

（1）支持多厂商；

（2）可使用异构型技术实现系统；

（3）系统可扩展到全球范围；

（4）系统可以平滑地更新；

（5）不同的应用之间可以互相操作和共享数据；

（6）开发和操作的开销减少。

ODP 的重点研究内容包括以下内容：

（1）构件；

（2）系统的构成成分及其接口；

（3）接口的标准化；

（4）基于接口规范的“交易”（Trading）和“联编”（Binding）服务；

（5）互操作，任意配置的应用构件之间的逻辑关系（可具有多重接口）；

（6）集成，对分布的构件进行耦合，使之能提供某种服务；

（7）可移植性，对分布式平台的标准化；

（8）透明性，对应用程序屏蔽分布环境的细节；

（9）多媒体，针对不同媒体的应用采用一致的建模框架。

2．开放式分布处理参考模型

RM-ODP 的目的在于为分布式处理提供一个通用的体系结构框架，将开放式思想引入分布式处理，以解决异构系统（如不同的设备、操作系统、计算语言、不同自治领域的权限等）之间各种相关机制的一致性问题。这里的通用是指为多厂商、多领域及异构环境下的网络计算提供统一的支持。

RM-ODP 是一种“元标准”，不仅自身可作为一种标准，还能够协调和指导不同应用领域的 ODP 标准的开发，即它是一种框架，在其上可实现不同的分布计算环境，如图 8.9 所示。

RM-ODP 的实现目标是：①提供分布式环境中应用的可移植性。②提供系统间的互操作性。③提供系统中分布的透明性。

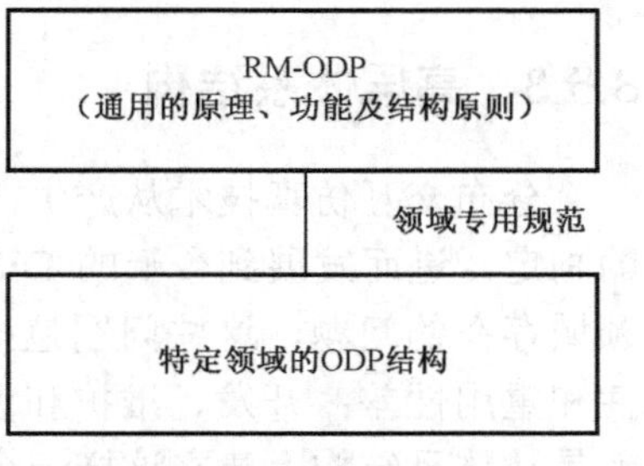

图 8.9 专用 ODP 结构继承了通用结构

3．RM-ODP 的视点模型

分布式系统相当大且难以管理，难于进行分析和设计，难于划分开发任务。为了解决 ODP 系统的复杂性，缩小问题域，RM-ODP 引入了五个视点（Viewpoint），包括企业视点、信息视点、计算视点、工程视点、技术视点。每一个视点代表了对原始系统不同角度的抽象，并采用相应的视点规范语言提出一组概念定义和构造规则，以便对该视点进行标准化描述。

（1）引入视点的原因。任何信息处理系统都有许多不同类型的用户。虽然所有用户都对同一个系统感兴趣，但由于他们所担任的角色不同，他们所关心的问题也就有所不同。由于观察角度不同，不同类型的用户对同一个系统的观点也就不同。RM-ODP 引入视点的概念就是为了对不同的问题“分而治之”。引入视点的原因主要有以下几点：

① 便于处理分布式系统的全部复杂性；

② 分布式系统的不同参与者所关心的内容不同；

③ 通过区分不同的关心重点来构造系统规范；

④ 每个参与者有不同的需求，看不同的文档，使用不同的词汇来描述同一系统。

（2）什么是视点。视点是系统的某些特定方面的投影和抽象（忽略其他方面），集合所有视点共同对系统进行全面、完整的描述。要想描述清楚一个分布式系统，有五个典型的视点，将这五个视点描述清楚了，则整个系统也就清楚了。视点不仅是理论抽象，更主要是作为设计工具，它的概念可被递归应用在设计过程中，适用于分析从系统到组件的各种粒度。

（3）视点语言。为了从一个特定的视点来描述 ODP 系统，有必要定义一个结构化概念集合，通过这个概念集合和附加其上的规则，提供一个用于描述 ODP 系统的规范说明语言。每个视点都有相应的视点规范语言。视点规范语言是一组原理定义和构造规则的集合。原理规定了本视点中描述分布式系统的词汇，规则规定了应用这些词汇来构成系统规范的语法。

（4）系统的视点规范。系统的视点规范是指应用该视点的原理并满足其构造规则，从该视点出发对系统进行标准化描述。例如，计算规范基于计算对象的计算接口、动作、操作和环境约束等原理，并应满足接口绑定规则、可移植性规则等规则。

任何现存的语言都可用于描述视点的系统规范，只要该语言的形式语法和语义能够表达该视点的原理和规则。例如，C++、Smalltalk、多数 OO 语言都能够作为计算语言和工程语言，而 Z、GDM 和 OMT 等语言则可作为信息语言。系统的不同视点规范的集合就构成了相应的 ODP 系统结构描述。

8.5.3　高层体系结构

分布交互仿真技术从产生（SIMNET 计划）到 DIS2.x IEEE 1278 协议和 ALSP 协议的制定，进而发展到今天的 DIS++/HLA 体系结构，都是力图解决 M&S（建模与仿真）领域存在的问题，这些问题包括绝大多数仿真器应用实现较为独立，仿真器之间的交互性和重用性差；开发、维护和使用费时及成本高；验证性、有效性和置信度较差。HLA 就是从体系结构上建立这样一个框架：它能尽量涵盖 M&S 领域中所涉及的各种不同类型的仿真系统，并利于它们之间的互操作和重用；能适应不断发展中的新技术，来满足复杂系统的仿真需要。对采用 HLA 体系结构的仿真系统，以及其运行和仿真成员之间的交互和协调都是通过运行支撑系统 RTI（Run Time Infrastructure）来实现的。RTI 的实现及其运行的性能好坏，是分布交互仿真系统实现的关键。

1. HLA/RTI 的特点与功能

HLA 体系结构是一个开放的、支持面向对象的体系结构。它采用面向对象的方法学来分析系统，建立不同层次和粒度的对象模型，从而促进了仿真系统和仿真部件的重用。HLA 的关键组成部分是接口规范，它定义了在一个联邦演练中，支持联邦成员通过 RTI 实现成员之间相互交互、协调和协同作业的标准服务。它的最显著的特点就是通过提供通用的、相对独立支撑的服务程序，将应用层同其底层支撑环境功能分离开，即将具体的仿真功能实现、仿真运行管理和底层传输三者分离开，隐蔽各自的实现细节，使各部分相对独立被开发，最大限度地利用各自领域的最新技术来实现标准的功能和服务，适应新技术的发展。同时，它还可实现应用系统的即插即用，易于新的仿真系统的集成和管理，并针对不同的用户需求和不同的应用目的，实现联邦快速、灵活的组合和重配置，保证了联邦范围内的互操作和重用。

RTI 作为联邦执行的核心，其功能类似于某种具有特殊目的的分布式操作系统，跨计算机平台、操作系统和网络系统，为联邦成员提供运行所需的服务。

2．RTI 的体系结构

RTI 原型系统的开发实现起始于 1995 年年底，最初的 RTI 主要用来对采用 HLA 体系结构的应用进行验证，并对早期的接口规范进行评价。1996 年 8 月，基本接口规范 1.0 被 AMG 接受，并被 USD A&T（Under Secretary of Defense for Acquisition and Technology）准许作为标准技术体系结构用于所有的美国国防部（Department of Defense，DoD）仿真系统中。从基本接口规范 1.0 的制定到不断发展更新，相应产生了由不同组织开发的 RTI 实现系列。

RTI 作为采用 HLA 体系结构的运行支撑系统，在初期，为了验证 HLA 的功能，更深刻地理解和获得采用 HLA 体系结构的经验，发现 HLA 存在和需要改进的问题，RTI 的原型通常基于 CORBA 来快速实现。因为 CORBA 是一个基于分布式、面向对象计算模式集成应用系统的体系结构规范，它采用客户/服务器模式，而 HLA 体系结构也体现了这些特点。

RTI 在体系结构上，分集中式 RTI（RTI 的服务功能集中在一台机器上）和分布式 RTI（RTI 的服务功能分布在多台机器上）。对集中式 RTI，其时间主要花费在对信息的处理上（Overhead），而分布式的 RTI 的时间不但花费在对信息的处理上，还包括信息在网络上传输的时间消耗。因此基于 CORBA 的 RTI 要采用集中式的体系结构，这样更有利于减少网络带宽，降低通信和处理的延时。

对于 RTI，其信息吞吐量（Throughput）和延迟（Latency）是两个重要的性能指标。在 RTI 的最初原型实现后，由于一般 CORBA 产品的实时性不强，在信息输入/输出流通量和时间延迟上有一定的限制；同时，网络协议采用 TCP/IP 提供可靠的传输服务，不能满足多种传输方式的需求，用以提高信息输入/输出流通量和减少延迟。目前，RTI 一般直接采用 UDP 与 TCP/IP 协议来实现。

HLA 体系结构最显著的特点就是实现了仿真功能与运行支撑系统的分离。在 RTI 体系结构的设计上也采用这一特点。目前 RTI 主要采用分布、层次化和模块化的体系结构，各功能模块之间尽量减少耦合关系，并采用层次调用的关系，增强各功能模块的独立发展性，减少相互之间的影响。例如，在 RTI 的通信层上，引入抽象底层通信层的虚拟网络层，从而将 RTI 的具体服务功能与底层的实际通信机制（如 ATM 等）分离开，避免由于底层通信服务的变化而对客户方产生的影响，以适应网络技术的不断发展。

在设计实现上，采用面向对象的设计方法进行接口定义和功能实现，有利于新功能与新算法的加入和重载，减少对其他功能组件的影响，适应新的需求和技术发展，增强系统的可扩充性（Extensibility）。

同时，当前体系结构在设计实现上，更从整体性能，包括可扩展性、可测量性和灵活性等方面予以考虑。

8.5.4　基于 Web 服务的应用集成

1．SOA 体系结构

SOA 有服务提供者、服务请求者和服务注册中心三个角色，可以发布、查找和绑定三个操作。服务提供者通过在服务注册中心注册来配置和发布服务，服务请求者通过查找服务注册中心所拥有的服务记录来找到服务，服务请求者绑定并使用可用的服务。

2．Web 服务及关键技术

1）Web 服务

Web 服务是由万维网联盟（W3C）制定的一套开放的标准的技术规范。一般认为，它是一种新型的应用程序，向外界提供一个能够通过 Web 方式调用的接口。具有自包含、自描述以及模块化的特点，可以通过 Web 发布、查找和调用。从而可以把基于不同平台开发的、不同类型的功能块集成在一起，提供相互之间的操作，可以很好地实现 SOA 设计理念。

2）可扩展标记语言（XML）

XML 对于 Web 服务是很关键的一种基础的技术。XML 是松散耦合的并且具有很高的操作性，其本身就是文本，不论是现在的主流计算机系统还是使用了多年的老一代计算机都在使用 XML，XML 本身并不简单，但是可以用简单的一句话概括：XML 就是一个文件或网络数据包中的文本。

3）简单对象访问协议（SOAP）

SOAP 是一个基于 XML 的，在分布式环境下交换信息的、简单的、轻量级的通信协议。由于 SOAP 消息的格式是完全基于 XML 标准的，所以可以用来在不同的计算机体系结构、不同的技术平台、不同的语言环境和不同的操作系统之间进行通信，这也是其优势所在。SOAP 包括封装结构、编码规则和远程过程调用（RPC）机制三个部分，即 SOAP 提供了标准的远程过程调用方法来调用 Web 服务，并在应用和 Web 服务之间传送命令、参数和 XML 文档。

4）Web 服务描述语言（WSDL）

WSDL 以 XML 格式描述 Web 服务接口。WSDL 首先对访问的操作和访问时使用的请求响应消息进行抽象描述，然后将其绑定到具体的传输协议和消息格式上以最终定义具体部署的服务访问点。简单来说，WSDL 是用来描述如何使用 SOAP 来调用 Web 服务的。

5）通用描述、发现和集成规范（UDDI）

UDDI 是在 XML 和 SOAP 的基础上定义了新的一层，在这一层，不同企业可以用相同的方法询问对方的服务、描述自己的服务。UDDI 提供了通过网络注册、发现 Web 服务的机制，能为 Web 服务提供“一次注册，到处发布”的功能。

3．解决方案

企业服务总线（ESB）是由中间件技术实现并支持 SOA 的一组基础架构，支持异构环境中的协议转换以及基于事件的服务、消息的交互，并且具有适当的服务级别和可管理性。ESB 通过采用总线的结构来构建和管理各个应用之间的拓扑关系，使得消息和事件能够在服务器上便捷地进行交互和通信，为客户提供了在分布式异构环境中与服务进行交互的机制。作为传统 EAI 技术发展的新阶段，ESB 并不等同 SOA，而是 SOA 的一个典型的架构实现形式。

目前常见的信息系统主要包括项目管理系统、生产管理系统、物资管理系统、合同管理系统和质量管理系统。这些分步实施的、异构的应用系统产生了企业数据及业务资源分散，共享困难和用户体验不佳的问题。现采用基于 SOA 架构的方法来实现应用系统的集成，将以上系统的核心业务功能转化为具有自描述能力的服务，并通过其间定义良好的接口和契约联系起来。接口通过统一的规划和定义，独立于事先服务的硬件平台、业务逻辑和代码逻辑，构建在各系统中的业务服务可以以一种通用、统一的方式进行交互和共享。

基于 Web 服务的 SOA 的关键是使用标准的服务接口和松耦合的连接，其具体实现过程如下：

（1）建立服务注册中心，实现服务的发布和管理。

（2）对于已有的应用系统业务逻辑进行封装，实现统一接口，以 Web 服务的形式发布，使其他系统可以通过 SOAP 进行调用。对于新应用系统，要基于 Web 服务构件式的开发，并作为业务构件发布预先规划定义的接口服务。

（3）将各系统发布的服务进行描述，生成服务的描述文档 WSDL，并注册到 UDDI 注册中心，以便其他应用系统能够发现和访问这些服务。

（4）服务请求者发出消息请求。经过解析被封装成 SOAP 消息，发送给企业服务总线。

（5）通过 ESB 的消息转换和动态消息路由机制，用户将请求发送给服务提供者。

（6）服务提供者接收到请求信息后，提供服务，由服务代理调用服务，服务请求者绑定并使用服务。

以上描述了一种基于面向服务架构的企业服务总线的体系架构模型，这种集成方式更好地体现了连接松散耦合、服务位置透明、应用协议独立和调用异步执行等 SOA 的特点，能够很好地支持和适应业务需求的扩展，具有广阔的应用前景。

本章小结

本章系统地阐述了计算机系统中集成的概念体系。

在网络集成中，着重讲述了传输与交换、安全与网络管理、服务器与操作系统，以及服务子系统等内容。

在数据集成中，讲述了数据集成的基本概念，在数据集成中应用广泛的方法与规范，包括异构数据集成的方法和 ODBC 标准，以及基于 XML 的数据交换标准，对各大数据库厂商的数据仓库解决方案进行了介绍。

在软件集成中，主要介绍了软件集成的基本概念，并从软构件的角度重点讲述了 Microsoft 和 OMG 的软件集成标准。

在应用集成中，强调了应用集成是集成的最高层次，讲述了应用集成的开放分布处理框架、高层体系结构和基于 Web 服务的解决方案三个基本架构。

问题讨论

1. 系统集成和网络集成包括哪些主要方面？

2. 数据集成的四个层次分别是什么？
3. 数据集成包含哪些方法与规范？
4. 解释软件集成的基本概念。
5. 简述 Microsoft 和 OMG 的软件集成标准都包含哪些内容？
6. 阐述应用集成的基本概念。
7. ODP 和 HLA 在应用方面有什么不同？基于 Web 服务的解决方案又有何异同？

案例分析 8.1

Microsoft 电子商务集成解决方案

Microsoft 提供了一个全面的电子商务平台，商家可以通过它建立具有成本效益的解决方案，实现与客户和合作伙伴的在线共同参与及交易。Microsoft 公司给出的电子商务解决方案，无论从背景知识的介绍到相关技术的集成，还是从软/硬件的配置到功能的组成都较为全面和系统。

Microsoft 的电子商务平台基础包括实现和支持电子商务的技术和产品。商家可以根据他们的商务需要，建立低成本高效益的和可升级的商务解决方案，同时可以做到与他们现有的系统和数据紧密结合。

一、Windows DNA 模型

如图 8.10 所示为一个 Windows DNA 的开发模型。

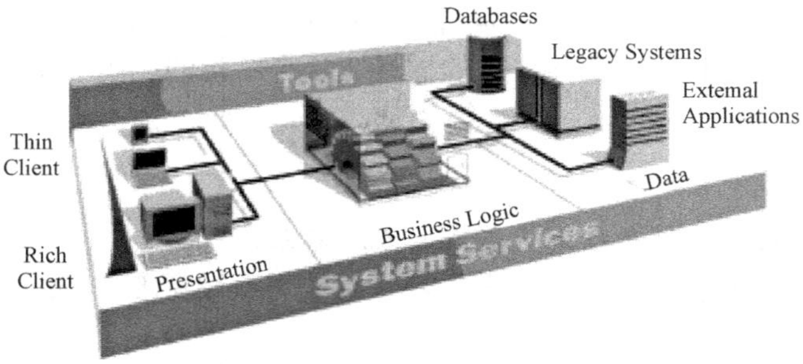

图 8.10　Windows DNA 的开发模型

电子商务解决方案很好地映射到了 Windows DNA 模型中。像其他大部分“健壮”和可升级的解决方案的结构一样，典型的电子商务系统的设计包括一个分层的结构，它由表示层、逻辑/商务规则层和数据层三层组成；一个系统服务的平台和在此平台上提供可编程性的强大的开发工具，支持着这些层的正常运行。

下面讨论如何将 Windows DNA 结构中的技术应用到电子商务解决系统中。

（1）表示层：使应用程序更容易应用，并且为用户提供一种直接的方式交流，包括 WIN32 API、HTML、DHTML、Scripting 和 Component 技术。

（2）Win32 API：Microsoft 管理控制台、管道编辑器和分析报告生成器。

（3）组件：Microsoft Wallet 和列表控件对象等。

（4）HTML/DHTML/Scripting：店面、电子商店管理和服务器管理等。

（5）逻辑/商务规则层：一些组件，用来生成和加强所需的用户、产品和商务规则，包括 COM+组件服务、MSMQ 消息服务以及 IIS Web 服务等。

（6）Web：与商务和数据功能紧密结合的 ASP 显示逻辑，并通过 COM 对象表现出来。

（7）事务处理：商务渠道和 COM 组件，通过 Microsoft Transaction Server（MTS）来加强交易的完整性。

（8）排队：交换管道和 COM 组件，加强在分布式的程序之间的异步交易通信。

（9）安全性：通过站点服务器 AUO（Active User Object）进行用户管理，利用身份认证来保证应用程序的安全性和 IIS 等。

（10）管道：即平台，用以建立商务逻辑和数据交换模型。

（11）数据/资源层：在不同的实现数据流的系统间进行实时（或者接近实时）数据交换，包括 ADO、XML 和 OLE DB 技术等。

（12）不同种类的数据存储：将用户概貌、产品信息、订单状态和库存等数据，储存在不同类型的数据仓库中，如 RDBMS、文件系统、交换公共目录、Web 服务器、FTP 服务器和新闻组服务器等。

二、Microsoft 商务平台

利用上面提到的平台和模型可以建立具有成本效益的和可升级的商务解决方案。Microsoft Site Server 3.0 Commerce Edition（商务服务器）是一种进行在线商务活动的全功能的服务器。它与 Microsoft Windows NT Server 4.0 以及 Internet Information Server（IIS）4.0 紧密结合，提供一个在 Internet 上具有商务智能的商务平台。

Site Server 3.0 Commerce Edition（Commerce Server）的设计可以使商家建立新的商务站点，增加和扩充现存站点的商业能力，或者扩展 Intranet 站点，在安全和可靠的 Internet 商务平台上选择商务伙伴的站点。

下面是三个主要的 Commerce Server 的目标/特性，它们合在一起可以满足商务站点及其应用程序的需要。

（1）吸引：通过建立有成本效益的商务站点和应用程序、目标明确的广告、市场营销以及个性化的促销来吸引客户和合作伙伴。

（2）交易：它是软件的基础结构，可实现安全可升级的在线订单获取、管理、行程安排功能，并且可以做到把这些功能方便地加入到现有的系统中。

（3）分析：用以理解和掌握用户以及合作伙伴的购买需求及感兴趣的数据，从而扩大商务网站或者应用程序的投资回报。

三、平台配置

Site Server 应当安装在一台专用的计算机上，而数据库应当安装在一台专用的基于 SQL Server 的计算机上。选择这种实施方法是为了满足性能需求，并使其具有灵活性。Site Server Commerce Edition 管理工具可以安装在一台专用的管理（客户端）计算机上，以进一步满足性能需求并具有灵活性，系统计算机配置图如图 8.11 所示。也可以为了测试，将上面提到的所有工具安装在一台计算机上。

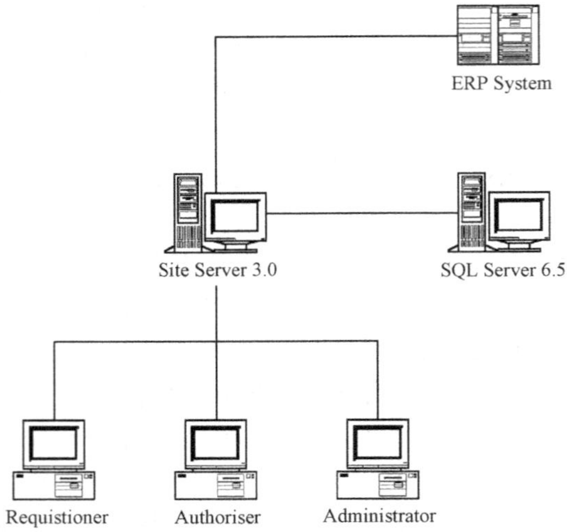

图 8.11　系统计算机配置图

第9章 信息系统项目管理

引言

信息系统的建设一般是比较大型的项目，完全达到预定的系统目标几乎是不可能的。在其开发过程中会出现很多预想不到的问题，这些问题在我们制定系统目标时是无法控制的，不得不采取相应的措施来预防和解决。我们常常要在限定的环境中，尽量考虑项目相关各方的需求，以最经济有效的方式确保项目目标如期如质地完成。以上这些都是项目管理的任务。"三分技术、七分管理"是对信息系统项目开发与实施的高度概括，这种概括说明了信息系统项目管理的重要性。

通过本章学习，可以了解（或掌握）：

- 信息系统项目管理的一般知识；
- 信息系统项目的时间管理；
- 信息系统项目的人力资源管理；
- 信息系统项目的质量管理；
- 信息系统开发的文档管理。

9.1 项目管理概述

项目管理科学是一门关于项目资金、时间、人力和产品等资源控制的管理科学。本节介绍项目管理概念，项目管理范围和特点，项目管理知识体系。

9.1.1 项目管理概念

1. 项目的定义和特征

项目是指在一定的约束条件下（主要是限定资源和时间）具有特定目标的一次任务。例如，建设项目、科研项目和投资项目等。

项目的主要特征如下所述：

（1）单件性。它决定了达到项目目标的一次性，如建设一项工程，开发一个信息系统，它不同于其他工业产品的批量性，也不同于其他生产过程的重复性。

（2）具有一定的生命周期。项目的单件性和过程的一次性决定了项目具有一定的生命周期。同时整个生命周期又明显划分为若干特定阶段。每一阶段都有一定的时间要求和特定的目标，都是下一阶段成长的前提，对整个生命周期有决定性的影响。

（3）具有一定的约束条件。项目必须有限定的资源消耗、时间要求和质量规定。

（4）具有特定的目标。

2. 项目管理的含义

项目管理是在特定的组织环境和一定的约束条件下，以最优实现项目目标为目的，按照其内在的逻辑规律对项目进行有效地计划、组织、协调、指挥和控制的系统管理活动。这些活动通常是为了有效管理目标使各个部门明确工作而制定的一整套原则、方法、辅助手段和技巧。

项目管理从事项目的规划、监控和跟踪，并为项目组织人员、安排时间、作出预算及保证作业的质量。项目管理有以下两项宗旨：

（1）参照项目有关的技术和事务两方面的有关文件，对项目管理作出计划并予以说明，以便与实际执行之间进行对照比较。

（2）支持管理技术的进步以利于更有效地管好人员及其项目。

项目管理的风格是主动性强，沟通能力、协调能力以及分析能力是这种风格不可缺少的组成部分。另一关键要素是参照既定目标对实际执行作出评估，此种管理方式的核心乃是对项目目标有清晰的认识和对项目质量有高标准的要求。

9.1.2 项目管理范围和特点

1. 项目管理基本内容

项目管理是理顺与项目有关的众多错综复杂问题的一种手段，需要运用项目管理的专业知识和技术处理好各种技术和人为等因素。项目管理始终贯穿于项目进行过程中的方方面面，直到项目完成并投入使用。项目管理一般包括以下五项基本内容。

1）项目定义

项目定义是项目管理过程最初的、也是十分重要的一个阶段。因为此时，项目管理的要求者（项目发起人或项目顾客）与项目经理要就项目的一些重要方面达成一致。为此往往需要回答以下五个重要问题。

（1）提出的问题或机会是什么？

（2）项目的目的是什么？

（3）为实现这一目的，有哪些目标是必要的？

（4）如何确认项目已成功？

（5）是否存在可能影响项目成功的风险和障碍？

2）项目计划

项目计划不仅告诉我们如何去做工作，而且也是一种制定决策的工具。一个完整的计划会清楚地说明将要做什么，如何去做，由谁来做，何时做，将在什么地方做，将需要什么资源等。项目计划还要包含确定项目完成和成功的标准。

计划可以降低项目实施中的不确定性。事实上，人们可能并不期待项目工作像计划的那样精确，工作计划使能考虑到可能的结果并在适当的时候采取必要的措施进行纠正。

计划可以提高效率。当定义了要做的工作和完成工作所需要的资源后，就可以根据资源安排进度计划，也可以并行安排工作进度而不一定顺序安排。这样就可以最大限度地利用资源，也能比其他方式花更少的时间完成项目工作。

制定计划可以更好地理解项目的目的和目标，即便放弃了已制定的计划，在很多情况下也会从中获益。同时，计划也为实际完成的工作与计划工作之间的对比评价提供了一个参照标准。

3）项目执行

项目执行包括几个步骤：①组织人员；②确定完成计划规定工作所需的资源（人力、物资和资金等）；③根据进度计划安排各部门完成的任务和活动的开始与结束时间。

4）项目控制

虽然初始进度计划（它规定了将做什么、何时做、谁去做以及希望交付出什么）已建立，但是无论项目班子在计划时如何投入，项目工作也不会完全按照计划进行，进度计划有时还会落空。因此在任何情况下，项目经理都必须用一套系统来不间断地监督项目的进展。这个监督系统不仅对项目相对计划的实际完成情况进行汇总，而且对项目未来加以预测并重新计划，对可能的问题作出预警。问题修正程序和一套正式的变更管理程序是有效项目控制的基础。

5）项目结束

结束阶段非常重要，但它经常被管理者忽略，人们总是急于继续下一个项目。在每个项目结束的时候，都有以下这样几个问题需要回答。

（1）项目是如它的要求者所要求的那样做的吗？

（2）项目是按照项目经理的要求进行的吗？

（3）项目班子是根据计划完成项目的吗？

（4）获得了哪些有助于今后项目的信息？

（5）项目管理方法起到怎样的作用，项目班子合作得怎样？

因此，结束阶段需要对所做的工作进行评价并为今后的项目提供历史信息。

2. 项目管理的特点

项目管理既是一门科学又是一门艺术。它之所以被看成一门科学，是因为项目管理是以各种图表、数学计算以及其他技术手段为依据的，这些都需要项目管理的硬技术。但是，项目管理也受到政治因素、人际关系因素以及组织因素的制约，因而就有项目管理是一门艺术之说。相互沟通、协商谈判及解决矛盾等即为项目管理艺术所运用的一部分软技术。

项目管理工作应具备需要达到的技术目标、完成期限及预算三个主要特点。

1）技术目标

如果对终极产品或最后提供的服务所要达到的要求不了解，就很难提出计划。在这种情况下，或许能提出某种计划方式，但要制定整个项目计划是不可能的。如果所定的技术目标只是整个项目的一部分，那么，为了有效实施项目管理就需要把项目分割成若干个小项目，从而可将第一个小项目的技术目标作为其终极产品。而且，该终极产品要能经得起客观检验，看其是否具有项目委托人所要求的品质。

2）完成期限

完成期限可在项目计划形成前确定，也可在计划被接受后由项目主管与委托人协商而定。不管是何种情况，项目的完成应在指定的最后日期以内，任何延误都将带来不良后果。

3）预算

预算既可以需多少资金或多少人员的方式来表示，也可以需多少资金加多少人员的方式表示。预算可在项目计划形成前确定，也可根据计划由项目主管与委托人协商而定。

9.1.3 项目管理知识体系

美国项目管理学会（PMI）的项目管理知识体系（PMBOK）是对项目管理专业知识的一个总结。PMBOK 把项目管理划分为九个知识领域，即项目范围管理、项目时间管理、项目成本管理、项目质量管理、项目人力资源管理、项目沟通管理、项目风险管理、项目采购管理和项目集成管理。近年来，由于 PMBOK 的基本内容跨越行业界限而得到普遍认可，受到国内外专业学术领域的专家学者广泛重视。对信息系统的建设来讲，它同样具有指导价值，信息系统工程建设的项目团队，包括业主、承包商、工程监理，也将从中受益。下面简要介绍这九个知识领域。

1. 项目范围管理

项目范围管理知识领域保障顺利完成项目所要求的全部工作，而且只完成所要求的工作，它主要包括以下内容。

（1）项目启动：对项目或项目的阶段授权。

（2）范围计划：制定一个书面的范围陈述，作为未来项目决策的基础。

（3）范围定义：把项目应提交的成果进一步分解成为更小、更易管理的组成部分。

（4）范围确认：正式地认可项目满足了范围要求。

（5）范围变更控制：控制项目范围的变更。

2．项目时间管理

项目时间管理知识领域保障按时完成项目，具体包括以下内容。

（1）活动定义：识别出为产生项目的提交成果而必须执行的特定活动。

（2）活动排序：识别并记录活动之间的相互依赖关系。

（3）活动时间估计：估计完成每一个活动将需要的工作时间。

（4）制定时间表：分析活动顺序，估计活动时间和资源需求，建立项目进程时间表。

（5）时间表控制：控制项目时间表的变更。

3．项目成本管理

项目成本管理知识领域保障在已批准的预算内完成项目，主要包括以下内容。

（1）资源计划：决定执行项目活动所需要的资源的种类（人员、设备、材料）和数量。

（2）成本估算：对完成项目活动所需资源的成本进行估计。

（3）成本预算：把估算的总成本分配到每一项工作活动中。

（4）成本控制：控制项目预算的变更。

4．项目质量管理

项目质量管理知识领域保障项目的完成能够满足原始项目需求，具体包括以下内容。

（1）质量计划：找出与项目相关的质量标准，并决定如何满足标准的要求。

（2）质量保证：对项目绩效做经常性的评价，使得有信心达到质量标准的要求。

（3）质量控制：监视特定的项目结果以判定是否满足相关的质量标准，并找出方法来消除不能满足要求的原因。

5．项目人力资源管理

尽可能有效地使用项目中涉及的人力资源，主要包括以下方面。

（1）组织的计划：识别、记录、指派项目的角色、责任和报告关系。

（2）人员获得：使项目所需的人力资源得到任命并在项目中开始工作。

（3）团队建设：开发个人的和团队的技能来提高项目的绩效。

6．项目沟通管理

项目沟通管理知识领域保障适当、及时地产生、收集、发布、存储和最终处理项目信息，其中包括以下内容。

（1）沟通计划：决定项目相关者的信息和沟通的需求，包括谁需要什么信息，什么时间需要，以及得到信息的方式。

（2）信息发布：及时地把所需的信息提供给相关者使用。

（3）绩效报告：收集、分发绩效信息，包括状态报告、进度衡量和预测报告。

（4）管理上的结束：产生、收集、分发信息，使项目或项目阶段正式结束。

7. 项目风险管理

对项目的风险进行识别、分析和响应的系统化方法，包括使有利事件的机会和结果最大化，以及使不利事件的可能和结果最小化，具体包括以下内容。

（1）风险识别：决定哪些风险可能会影响项目并记录风险的特征。

（2）风险定性分析：对风险和条件进行定性分析并根据对项目目标的作用排定优先级。

（3）风险量化分析：度量风险的可能性和后果，并评估它们对项目目标的影响。

（4）风险响应计划：根据影响项目目标的风险制定计划以增加机会和减少威胁。

（5）风险监视和控制：监视已知的风险，识别新的风险，执行降低风险计划，在整个项目生命周期中评价它们的有效性。

8. 项目采购管理

为达到项目范围的要求，从外部获得物资和服务的过程。在这一知识领域中包括以下内容。

（1）采购计划：决定采购的内容和时间。

（2）征求货源计划：记录产品需求，识别潜在来源。

（3）征求货源：根据需要获得价格、报价、投标、建议书等。

（4）来源选择：从潜在的销售商中进行选择。

（5）合同管理：管理与销售商的关系。

（6）合同结束：合同的完成和结算，包括解决任何遗留问题。

9. 项目集成管理

项目集成管理知识领域保障对项目中不同的因素能适当协调，主要包括以下内容。

（1）制定项目计划：集成、协调全部的项目计划内容，形成一致的、联系紧密的文件。

（2）执行项目计划：通过执行其中的活动来执行项目计划。

（3）集成的变更控制：在整个项目执行过程中协调变更。

9.2 信息系统的项目管理

信息系统工程涉及系统科学、管理科学、计算机科学等方面的知识。信息系统项目管理以传统项目管理的成熟理论和工具为基础，进一步强调管理的系统性、综合性和程序化，以通信为基础，将质量管理、时间进度管理集成到统一的环境中，并实现两者的协调，同时保证物质流与信息流的统一。信息系统项目管理更加重视项目的组织方式、人员素质和文档管理。

9.2.1 概述

信息系统建设构成一类项目，因此必须采用项目管理的思想和方法来指导。对于以往信息系统的建设，业界有两个 80:20 的估计：一是 80%的项目都失败了，只有 20%的项目是成功的；二是在那些失败的项目中，80%的原因是非技术因素导致的，只有 20%的项目是由技术因素导致的失败。在这里，非技术因素包括：企业业务流程与组织结构的改造问题，企业领导的观念问题，企业员工的素质问题，项目管理问题等。在绝大多数情况下，信息系统项目的失败最终表现为费用超支和进度拖延。不能保证有了项目管理，信息系统建设就一定能成功，但项目管理不当或根本就没有项目管理意识，则必然导致信息系统建设失败。

信息系统建设作为一类项目，具有以下三个鲜明的特点。

（1）目标不精确、任务边界模糊、质量要求主要是由项目团队定义。

在信息系统开发中，客户方常常在项目开始时只能提出一些初步的功能要求，没有明确的想法，也提不出确切的需求，因此信息系统项目的任务范围在很大程度上取决于项目组所做的系统规划和需求分析。由于客户方对信息技术的各种性能指标并不熟悉，所以信息系统项目所应达到的质量要求也更多地由项目组定义，客户方则担负起审查任务。为了更好地定义或审查信息系统项目的任务范围和质量要求，客户方可以聘请信息系统项目监理或咨询机构来监督项目的实施情况。

（2）客户需求随项目进展变化，导致项目进度、费用等不断变更。

尽管已经做好了系统规划、可行性研究，签定了较明确的技术合同，然而随着系统分析、系统设计和系统实施的进展，客户的需求不断地被激发，导致程序、界面以及相关文档需要经常修改。而且在修改过程中又可能产生新的问题，这些问题很可能经过相当长的时间后才会被发现，这就要求项目经理不断监控和调整项目的计划执行情况。

（3）信息系统项目是智力密集型和劳动密集型项目。

信息系统项目受人力资源影响最大，项目成员的构成、责任心、能力和稳定性对信息系统项目的质量，以及是否成功具有决定性的影响。

信息系统项目工作的技术性很强，需要大量高强度的脑力劳动。尽管近年来信息系统辅助开发工具越来越多，但是项目各阶段还是需要大量的人工劳动。这些细致、复杂的劳动极容易出错，因而信息系统项目既是智力密集型项目，又是劳动密集型项目。

此外，由于信息系统开发的核心成果——应用软件是不可见的逻辑实体，因此如果人员发生流动，对于没有深入掌握软件知识或缺乏信息系统开发实践经验的人来说，很难在短时间里做到无缝承接信息系统的后续开发工作。

另外，信息系统的开发特别是软件开发渗透了人的因素，带有较强的个人风格。为高质量地完成项目，必须充分发掘项目成员的智力才能和创造精神，不仅要求他们具有一定的技术水平和工作经验，而且还要求他们具有良好的心理素质和责任心。与其他行业相比，在信息系统开发中，人力资源的作用更为突出，必须在人才激励和团队管理问题上给予足够的重视。

由此可见，信息系统项目与其他项目一样，在项目范围管理、项目时间管理、项目成本管理、项目质量管理、项目人力资源管理、项目沟通管理、项目采购管理、项目风险管理和项目集成管理这九个领域都需要加强，特别是要突出人力资源管理的重要性。同时，考虑到软件的特殊性，还需要进行信息系统的配置管理，这主要是文档和版本管理。例如，与其他工程项目一样，研制开发一个信息系统也需要在给定的时间内计划、协调和合理配置与使用各种资源，对信息系统进行项目管理的重要性有以下四点。

（1）可以进行系统的思考，进行切合实际的全局性安排。

（2）可为项目人力资源的需求提供确切的依据。

（3）通过合理的计划安排对项目进行最优化控制。

（4）能够提供准确、一致和标准的文档数据。

9.2.2 基本内容与步骤

1. 信息系统项目管理的阶段划分

项目管理工作是进展性的，它将生产终极产品的过程与计划、处理变化、控制和采取预防及整改措施等的过程融合在一起。信息系统开发的项目管理可分为立项与可行性研究和项目实施管理两个阶段。

1）立项与可行性研究

信息系统项目开发前期一般分为两步：第一步为初步可行性研究，即进行初步调查，提出项目建议书；第二步为可行性研究，即正式研究阶段。第一步的项目建议书由项目主管部门批准后，项目就被列入计划，也就是项目立项。接下来就可以开始正式的可行性研究，项目是否正式实施还有待可行性研究报告是否被审查批准。对一些小项目，上述过程可以从简。

可行性研究是在项目开发前期对项目的一种考察和鉴定，对拟定中的项目进行全面、综合的调查研究，其目的是要判断项目是否可行。信息系统技术可行性研究要从系统开发的计划出发，论述系统开发力量的可行性，同时论证系统方案中所采取的各种技术手段是否可以实现。信息系统经济可行性研究主要是对项目进行经济评价，分析系统建设投资的可能性以及评价系统运行之后给组织带来的效益。信息系统营运可行性研究要给出的方案主要从人力、物力、组织工作等方面论证能否保证项目按计划完成实施，还要说明项目开发后在经济、技术和环境等方面能否使系统正常运行。

2）项目实施管理

信息系统的项目被批准实施之后，就应开始项目实施的管理工作。项目实施管理的目的是通过计划、检查、控制等一系列措施，使系统开发人员能够按项目的目标有计划地进行工作，以便成功地完成项目。项目组的人员组成应面向项目而不是按专业进行组织，一般由项目负责人领导，项目组内可按任务进行再分组。当大型的信息系统项目分为多个子项目进行开发时，需要有一个总的项目管理组负责对各个子项目的公共部分作出指导、协调和管理，各个子项目相应有各自的项目管理小组。项目实施管理的主要内容包括开发管理、测试管理、运行管理和项目后评价管理。

开发管理的主要内容有：制定文档，预计需要的资源，费用估算，安排工作任务和日程，定期做评审，质量保证管理，开发总结报告，处理意外情况等。测试管理的主要内容有：制定测试计划，测试分析并报告，编制用户手册。运行管理的主要内容有：人员的组织与管理，设备和资料管理，财政预算与支出管理，作业时间管理。项目后评价管理的主要内容有：技术水平与先进性评价，经济与社会效益分析，系统的内在质量评价，系统的推广使用价值评价，系统的不足之处与改进意见等。

项目实施管理贯穿于系统分析、系统设计、系统实施、系统维护和评价的整个系统开发过程。

2．信息系统项目实施管理的基本内容

信息系统项目实施过程中，其项目管理可按下面五个步骤来进行。

1）任务分解

任务分解是把整个信息系统的开发工作定义为一组任务的集合，这组任务又可以进一步划分成若干个子任务，进而形成具有层次结构的任务群。使任务责任到人，落实到位，运行高效。任务划分是实现项目管理科学化的基础，虽然进行任务划分要花费一定的时间和精力，但是在整个系统开发过程中将会越来越显示出它的优越性。

任务划分包括的内容有：任务设置，资金划分，确定任务计划时间表，协同过程与保证完成任务的条件。

任务设置是在统一文档格式的基础上详细说明每项任务的内容，应该完成的文档资料，任务的检验标准等；资金划分是根据任务的大小、复杂程度，所需的硬件、软件和技术等多种因素确定完成这项任务所需的资金及分配情况；任务计划时间表是根据所设置的任务确定完成的时间；协同过程与保证完成任务的条件是指在任务划分时要考虑为了完成该项任务所需要的外部和内部条件，即哪些人需要协助、参与该项任务，保证任务按时完成的人员、设备、技术支持、后勤支持具体是什么等内容。在进行了任务划分之后，将这些任务落实到具体的人，并建立一张任务划分表，在这张表中标明任务编号、任务名称、完成任务的责任人，其中任务编号是按照任务的层次对任务进行编码，最高级别的任务为 1，依次为 2, 3,…，对任务 1 的分解为 1.1, 1.2, 1.3,…，对任务 2 的分解为 2.1, 2.2, 2.3,…，依次类推。

任务分解的主要方法有以下三种。

（1）按系统开发项目的结构和功能进行划分，即可以将整个系统开发项目分为硬件系统、系统软件和应用软件系统。硬件系统可分为服务器、工作站、计算机网络环境等，操作中要考虑这些硬件的选型方案、购置计划、购置管理、检验标准、安装调试计划等内容，制定相应的任务；系统软件可划分为网络操作系统软件、后台数据库管理系统、前台开发平台等，操作中要考虑这些软件的选型、配件、购置、安装调试等内容并制定相应的任务；对于应用软件来说可将其划分为输入、显示、查询、打印、处理等功能，包括对系统进行需求分析、总体设计、详细设计、编程、测试、检验标准、质量保证和审查等内容并制定相应的任务。

（2）按系统开发阶段进行划分，即按照系统开发中的系统分析、系统设计、系统实施及系统实施中的编程、系统测试、系统安装调试、系统试运行、系统运行等各个阶段划分出每个阶段应该完成的任务、技术要求、软/硬件系统的支持、完成的标准、人员的组织及责任、质量保证、检验及审查等内容，同时还可根据完成各阶段任务所需的步骤将这些任务进行更细一级的划分。

（3）将方法（1）和方法（2）结合起来进行划分。采用这种方法主要是从实际应用出发，兼顾两种方法的不同特点而进行考虑。

在进行任务划分过程中应特别注意两点：一是划分任务的数量不宜过多，但也不能过少。过多会引起项目管理的复杂性与系统集成的难度；过少会对项目组成员，特别是任务负责人有较高的要求，因而影响整个开发，所以应该注意任务划分的恰当性。二是在任务划分后应该对任务负责人赋予一定的职权，明确责任人的任务和界限，对其他任务的依赖程度，确定约束机制和管理规则。

2）计划安排

依据任务划分即可制定出整个开发及项目管理计划，并产生任务时间计划表。开发计划包括以下七种计划。

（1）计算机硬件系统、系统软件配置计划，包括建立系统基准，配置、选型、购置、安装调试过程，在变化的情况下如何保持系统基准的稳定，建立最终产品的文档。

（2）应用软件开发计划，包括将用户需求转化为相应的项目和软件开发过程，集成软件的过程，测试软件的过程。

（3）测试和评估计划，包括评估整个系统的集成，对整个系统的测试，给用户展示系统的工作情况，评估准备给用户使用的系统。

（4）验收计划，包括准备验收文档，如何将最终系统提供给用户。

（5）质量保证计划，包括验证开发质量，确定外部产品质量。

（6）系统工程管理计划，包括管理全部系统开发任务，跟踪用户对系统开发的需求。

（7）项目管理计划，包括何时及如何完成任务，建立完成管理计划的策略和标准，协调各种计划。

计划安排还包括培训计划、安装计划、安全性保证计划等。当这些计划制定出来后，可以画出任务时间计划表，表明任务的开始时间、结束时间，表明任务之间的相互依赖程度。这个任务时间计划表可以按照任务的层次形成多张表，系统开发的主任务可以形成一张表，它是所有子任务时间计划表建立的基础。这些表是所有报告的基础，同时还可以帮助对整个计划实施监控。任务时间计划表的建立可以有多种方法，既可以采用表格形式，也可以使用图形来表达，还可以使用软件工具，其表达方式取决于实际的应用需求。

3）项目经费管理

项目经费管理是信息系统开发项目管理的关键因素，项目经理可以运用经济杠杆来有效控制整个开发工作，使得达到事半功倍的效果。在项目管理中，赋予任务负责人一定职责的同时，还要赋予其相应的经费支配权，并对其进行适当的控制。

在经费管理中要制定两个重要的计划，即经费开支计划和预测计划。

经费开支计划包括以下内容：

（1）完成任务所需的资金分配；

（2）确认任务的责权和考虑可能的超支情况；

（3）确定系统开发时间表及相应的经费开支；

（4）如果计划需要变动，要及早通知项目经理。

预测开支计划包括以下内容：

（1）估计在不同的时间所需的经费情况；

（2）了解项目完成所占项目计划的百分比；

（3）与经费开支计划相比较；

（4）允许项目经理做有计划的经费调整。

4）项目审计与控制

项目审计与控制是整个项目管理的重要部分，它对于整个系统开发能否在预算的范围内按照任务时间表来完成相应的任务起着关键的作用。相应的管理内容和步骤如下：

（1）制定系统开发的工作制度，按照所采用的开发方法，针对每一类开发人员制定出其工作过程中的责任、义务和完成任务的质量标准等。

（2）制定审计计划，按照总体目标和工作标准制定出进行审计的计划。

（3）分析审计结果，按计划对每项任务进行审计，分析执行任务计划表和经费的变化情况，确定需要调整、变化的部分。

（4）控制，根据任务时间计划表和审计结果掌握项目进展情况，及时处理开发过程中出现的问题，及时修正开发工作中出现的偏差，保证系统开发工作的顺利进行。

对于系统开发中出现的变化情况，项目经理要及时与用户和主管部门联系，取得他们的理解和支持，及时针对变化情况采取相应的对策。

5）项目风险管理

信息系统开发项目实施过程中，尽管经过前期的可行性研究以及一系列管理措施的控制，但仍不能过早地确定其效果，因为它与风险联系着，可能达不到预期的效果，费用可能比计划要高，实现时间可能比预期要长，硬件和软件的性能可能比预期要低，等等。因此，任何一个系统开发项目都应具有风险管理，这样才能充分体现出成本分析的优点，在风险管理中应注意以下方面的问题：

（1）技术方面必须满足需求，应尽量采用商品化技术，这样可以降低系统开发的风险。

（2）开销应尽量控制在预算范围之内。

（3）开发进度应尽量控制在计划之内。

（4）应尽量与用户沟通，不要做用户不知道的事情。

（5）充分估计到可能出现的风险，注意倾听其他开发人员的意见。

（6）及时采纳减少风险的建议。

总之，风险管理也是项目管理的重要内容，是项目经理的特别职责。

风险管理过程可以划分为以下四个步骤。

第一步，风险辨识。首先列出一个潜在问题表，然后再考虑其中有哪些问题会出现风险。风险的确定应听取技术专家和广大用户的意见。潜在的风险源包括以下方面内容。

（1）在总体规划和系统分析阶段所进行的需求分析不完全、不清楚、不稳定、不可行，最终影响软件集成和系统集成。设计结果的可用性、可实施性、可测试性较差，影响系统的后续开发工作。

（2）在程序设计过程中，可能出现的各部分之间的不一致性或系统的可扩展性较差。

（3）在整个开发过程中，遇到困难和问题时，开发人员可能出现的矛盾和不协调性将影响系统开发的质量和开发进度。

（4）在实施项目管理过程中，计划的准确性、可监控性、经费运用及分配情况等都将对整个开发工作产生影响。

第二步，风险分析。对辨识出的风险进行进一步的确认后分析风险概况，即假设某一风险出现后，分析是否会有其他风险出现，或是假设这一风险不出现，分析它将会产生什么情况，然后确定主要风险出现最坏情况后，如何将此风险的影响降低到最低，同时确定主要风险出现的数量及时间。

第三步，风险处理。通过对风险的分析确定出风险的等级，对高级的风险要制定出相应的对策，采取特殊的措施予以处理，并指定专人负责重要风险项目的实施，同时在风险管理计划中进行专门的说明。

第四步，风险跟踪。对辨识后的风险在系统设计开发过程中进行跟踪管理，确定还会有哪些变化，以便及时修正计划。具体包括以下几方面的内容。

（1）实施对重要风险的跟踪。

（2）每月对风险进行一次跟踪。

（3）风险跟踪应与项目管理中的整体跟踪管理相一致。

（4）风险的内容和对项目开发的影响应随着时间的不同而相应发生变化。

通常影响项目内在风险的因素有项目的规模、业务的结构化程度和项目的技术难度三种。把这三种因素按技术难度或结构化程度的高低、规模的大小和风险的高低组合起来，产生的八种可能项目风险估计如表 9.1 所示。

表 9.1　项目风险估计表

采用技术难度	结构化程度	规　模	风　险
低	高	大	低
		小	很低
	低	大	中等
		小	中、低
高	高	大	中等
		小	中低
	低	大	很高
		小	高

信息系统项目管理中的风险管理是根据项目风险水平进行组织和管理的，其管理可采用以下措施和技术。

（1）项目组与用户结合的外部结合措施和技术，如建立用户项目管理组织、用户参加的项目小组和用户指导委员会。

（2）项目组参与协调工作的内部结合措施和技术，如召开项目评审会、建立备忘录并使项目组参与决策。

（3）任务结构化、条理化规范的计划措施和技术，如关键路线图、抓重大事件以及项目审批程序等。

（4）估计项目进程的规范化控制措施和技术，如建立具有差异分析的一系列正式的状态报告等。

通常，任务的结构化程度越低，越需要外部与用户的高度结合。难度大的高技术开发项目，往往采用高度的内部项目结合和规范化很低的计划和控制。项目风险的管理对策如表 9.2 所示。

表 9.2　项目风险的管理对策表

项目特征	业务的结构化程度	高				低			
	采用的技术难度	高		低		高		低	
	项目规模	大	小	大	小	大	小	大	小
处理风险的项目管理技术	规范化的计划和控制	大量使用	大量使用	大量使用	中高程度使用	低中程度使用	少量使用	少量使用	少量使用
	与外部结合	低				高			
	与内部结合	高		低		高		低	

对信息系统的建设来说，风险管理十分重要，因其涉及各方的开发人员和广大最终用户的利益。为了保证系统开发的顺利进行，除了要建立一整套的管理职责和规范，坚持将一种正确的开发方法贯穿始终外，还要进行各类人员的思想沟通，使开发项目组的全体人员自始至终都能保持一个声音说话。

9.3　信息系统项目时间管理

“按时、保质地完成项目”大概是每一位项目经理最希望做到的，但工期拖延的情况却时常发生。因而合理地安排项目时间是信息系统项目管理中的一项关键内容，它的目的是保证按时完成项目，合理分配资源，发挥最佳工作效率。时间管理的主要工作包括定义项目活动、活动排序、每项活动的合理工期估算、安排项目进度表、项目进度控制等内容。

9.3.1　时间管理流程

1．定义项目活动

定义项目活动阶段必须明确开展的特定工作，以便生产各种项目交付产品。项目工作被分解为更小、更易管理的工作包也叫活动或任务，这些小的活动应该是能够保障完成交付产品的可实施的详细任务。在信息系统项目实施中，要将所有活动列成一个明确的活动清单，并且让项目团队的每一个成员都能够清楚有多少工作需要处理。活动清单应该采取文档形式，以便于项目其他过程的使用和管理。当然，随着项目活动分解的深入和细化，工作分解结构可能会需要修改，这也会影响项目的其他部分。例如，成本估算，在更详尽地考虑了具体活动后，成本可能会有所增加，因此在完成定义项目活动后，要更新项目工作分解结构上的内容。

2．活动排序

在产品描述并列成活动清单的基础上，要找出信息系统项目活动之间的依赖关系和特殊领域的依赖关系、工作顺序。在这里，既要考虑团队内部希望的特殊顺序和优先逻辑关系，也要考虑内部与外部、外部与外部的各种依赖关系，以及为完成项目所要做的一些相关工作，如在最终的硬件环境中进行软件测试等工作。

设立项目里程碑是排序工作中很重要的一部分。里程碑是项目中关键的事件及关键的项目子目标完成时间，是项目成功的重要因素。里程碑事件是确保完成项目需求的活动序列中不可或缺的一部分。比如在开发项目中，可以将需求的最终确认、产品移交等关键任务作为项目的里程碑。

在进行项目活动关系的定义时，一般采用优先图示法、箭线图示法、条件图示法、网络模板图示法这四种方法，最终形成一套项目网络图。其中，比较常用的方法是优先图示法，也称为单代号网络图法。

3．活动工期估算

信息系统项目工期估算是根据项目范围、资源状况计划列出项目活动所需要的工期。估算的工期应该现实、有效并能保证质量。所以在估算工期时要充分考虑活动清单所列内容、合理的资源需求、人员的能力因素以及环境因素对项目工期的影响。在对每项活动的工期估算中应充分考虑风险因素对工期的影响。项目工期估算完成后，可以得到量化的工期估算数据，然后将其文档化，同时完善并再次更新活动清单。

一般说来，工期估算可采取以下四种方式：

（1）专家评审形式，由有经验、有能力的人员进行分析和评估。

（2）模拟估算，使用以前类似的活动作为参照系和未来活动工期的估算基础，计算评估工期。

（3）定量型的基础工期，当产品可以用定量标准计算工期时，则采用计量单位为基础数据进行整体估算。

（4）预留时间，工期估算中预留一定比例时间作为冗余时间以应付项目风险。随着项目进展，冗余时间可以逐步减少。

4．安排项目进度表

项目的进度计划意味着明确定义信息系统项目活动的开始和结束日期，这是一个反复确认的过程。项目进度表的确定应根据项目网络图、估算的活动工期表、资源需求与共享情况、项目执行的工作日历、进度限制、最早和最晚时间、风险管理计划、活动特征等统一考虑。

进度限制即指根据活动排序考虑如何定义活动之间的进度关系。进度限制一般有两种形式：一种是加强日期形式，以活动之间前后关系限制活动的进度，如一项活动不早于某活动的开始或不晚于某活动的结束；另一种是关键事件或主要里程碑形式，以定义为里程碑的事件作为要求的时间进度的决定性因素，并制定相应时间计划。

在制定项目进度表时，先以数学分析的方法计算每个活动最早开始和结束时间与最迟开始和结束时间，据此得出时间进度网络图，再通过资源因素、活动时间和可冗余因素调整活动时间，最终形成最佳项目进度表。

关键路径法（Critical Path Method，CPM）是时间管理中很实用的一种方法，其工作原理是：为每个最小任务单位计算工期，定义最早开始和结束日期与最迟开始和结束日期，按照活动的关系形成顺序的网络逻辑图，找出必需的最长路径即为关键路径。在此基础上可进行时间压缩，时间压缩是指针对关键路径进行优化，结合成本因素、资源因素、工作时间因素、活动的可行进度因素对整个计划进行调整，直到关键路径所用的时间不能再压缩为止，最后得到最佳时间进度计划。

5．项目进度控制

项目进度控制的作用主要是监督进度的执行状况，及时发现和纠正偏差和错误。在进度控制中要考虑影响项目进度变化的因素，项目进度变更对其他部分的影响因素，进度表变更时应采取的实际措施等。

9.3.2　工程进度管理工具和技术

项目时间管理中最主要的内容是进度管理与控制，工程进度管理同时也是信息系统工程中最困难的任务。不同的工程或项目使用不同的软/硬件平台及开发方法，因而使任务的估算与调度也变得复杂起来。工程进度管理包括任务划分和任务评定。这当中的许多任务是可以并行操作的，调度者必须配备和协调这些并行任务并进行组织，从而最优化使用人力和物力。必须避免由于某个关键的任务未完成而导致整个工程延期的结果。在估算工程进度时，管理者不应把每个阶段或步骤看成是独立且与问题无关的。因为在整个项目过程中工作的某些人员也许会生病或离职，硬件可能会出现故障，基本支撑软件或硬件可能延迟交付。如果工程又新、技术又先进，则其中某些部分可能会出现更大的问题而使工程超过原定的工期。估算的基本经验是估算时先认为没有什么问题发生，而进行正常估算，然后为解决预料中的问题再估算，最后另加一个意外因子以解决未预料到的问题，这种意外因子取决于工程的类型，所面临的问题如交付日期、标准以及参加项目人员的经验、素质等。

有一个大致的原则：在正常情况下，系统分析与系统设计的工作时间都分别是编程工作时间的两倍。为了估算整个工程所需的全部时间，就要优先估算系统的大小然后用所期望的程序员生产率去除，从而得到完成该工程所需的程序员人月数。工程进度管理的输出结果常常是一组包括工作分解、任务依赖以及人员分配的活动网络图和进度图。下面详细介绍活动网络图和进度图。

1．活动网络图

考虑表 9.3 所示的一组活动。表中 T_i（$1\leqslant i\leqslant 12$）是第 i 个子任务。对应于该子任务的还有其工期及依赖的前期子任务。例如，T_3 依赖于 T_1，换句话说，仅当 T_1 完成后，T_3 才能开始执行。当然，实际估算工期时，还应考虑某些意外因素以弥补那些不可预测的延迟，但对工程管理来说，估算出错并出现不希望的延期是有可能的。所以常常应该允许估算出现某些偏差。

表 9.3　任务工期及其依赖

任　务	T_1	T_2	T_3	T_4	T_5	T_6	T_7	T_8	T_9	T_{10}	T_{11}	T_{12}
工期（天）	8	15	15	10	10	5	20	25	15	15	7	10
依赖于			T_1		T_2T_4	T_1T_2	T_1	T_4	T_3T_6	T_5T_7	T_9	T_{11}

用图 9.1 所示的活动网络图来表示表 9.3 所示的任务依赖关系。图中矩形节点表示任务，其上边标明该任务的工期。八边形节点表示活动的路标或工程的里程碑。其上边也标明前期依赖活动至此所希望的完成日期，要从一个里程碑向下一个里程碑前进，就必须完成所有通向该里程碑的前期任务。例如，在图 9.1 中，只有当 T_3 和 T_6 都完成，到达里程碑 M_4 之后，T_9 才能开始执行。整个工程的工期可通过考察活动网络图中最长或关键路径来估算。图 9.1 中的最长路径就是用阴影表示的那条路径，即 T_1、M_1、T_3、M_4、T_9、M_6、T_{11}、M_8 至 T_{12} 的路径。关键路径上所有的进度都是后者依赖前者。这条路径上的每个关键活动工期的拖延都会导致整个工程工期的延迟。然而，非关键路径上的任务的拖延却并不引起全局调度的工期延迟。例如，图中 T_8 的拖延就不大可能影响整个工程的工期。

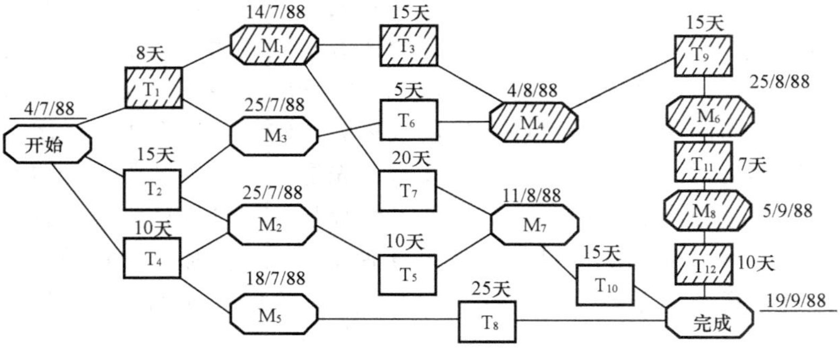

图 9.1　活动网络图

活动网络图不仅可用来进行工期的估算，还可用来分配工程的工作。管理者可从图上直观明显地看到任务之间的依赖关系。有时，还可修改系统设计以缩短关键路径。通过削减等待活动完成的空耗时间，便可缩短工期。另外，也可用 PC 来自动生成活动网络图。例如，给定一个初始的开始日期及每个子任务的工期，则所有任务的完成日期便可自动计算出来，对于计划的其他表示再稍加努力也可通过 PC 或其他方式计算出来。

2. 进度图

在项目时间管理中，管理者必须考虑资源分配，这里主要是指把具体任务分配给具体的工作人员，如程序员和系统分析员等。人员任务分配可使用图 9.2（a）所示的表格，而人员的工作进度计划可使用图 9.2（b）所示的进度图。它清楚地表明了每个人做的工作及其时间进度。并非所有参加项目的人员都要占用整个工程的所有时间，因为在整个工程期间他们可能度假，参加其他工程的培训或从事一些其他活动。大型组织常常雇用许多专家来承担工程的工作，这可能引起调度的问题。如果专家承担工作的工程延期，就可能产生连锁反应，使其他工程因该专家不能参加而可能导致工程的延期。

任务	T_1	T_2	T_3	T_4	T_5	T_6	T_7	…	T_{12}
程序员	家亮	郭勇	家亮	赵强	锡刚	郭勇	文君	…	赵强

（a）人员任务分配图

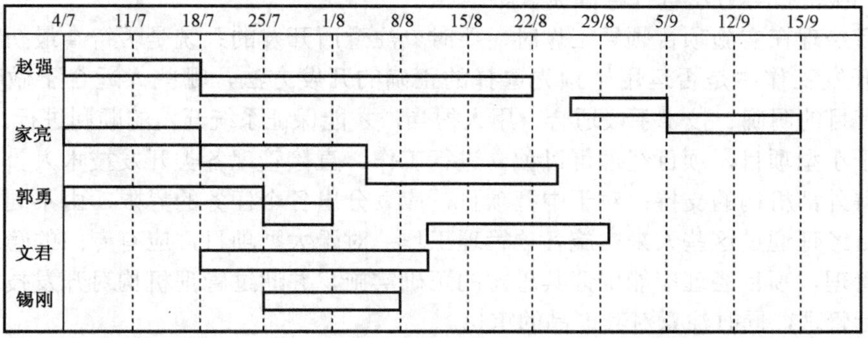

（b）人员工作进度计划图

图 9.2　任务的分配与进度

一般工程的初始调度不可避免会有错，这时就应把估算同已经过去的实际时间进行比较，并作为修正后续工程调度的基础。为了缩短关键路径的长度，当知道实际情形以后，修正活动图并重新划分工程的后续任务也是很重要的。

9.4　信息系统项目人力资源管理

信息系统建设是智力密集型、劳动密集型项目，因而受人力资源影响最大，项目成员的结构、责任心、能力和稳定性对项目的质量以及是否成功有着决定性的影响。人在信息系统项目中既是成本，又是资本。一般来说，人力成本占信息系统项目成本构成的主要部分，这就要求必须从成本角度去衡量人力资源，尽量使人力资源的投入最小、产出最大。

9.4.1　项目管理的组织机构

要保证信息系统开发工作的顺利启动，首先要建立项目的组织机构——项目组。项目组可以由负责项目管理和开发的不同方面的人员组成，项目组由项目组长或项目经理来领导。一般来说可以根据项目经费的多少和系统的大小来确定相应的项目组。项目组根据工作需要可设若干小组，小组的数目和每个小组的任务可以根据项目规模、复杂程度和周期长短来确定，可以设立的小组有：过程管理小组、项目支持小组、质量保证小组、系统工程小组、系统开发与测试小组、系统集成与安装调试小组等。一个好的项目组不一定能保证项目的成功，但一个差的项目组将肯定会导致项目的失败。因此，在建立项目组时要充分利用项目组每个成员的特长，坚持将正确的开发方法贯穿项目始终。

1. 项目经理

项目经理是整个项目的领导者，其任务是保证整个开发项目的顺利进行，负责协调开发人员之间、各级最终用户之间、开发人员与广大用户之间的关系。项目经理拥有资金的支配权，可以把资金作为强有力的工具来进行项目管理，对其资金运用情况可采用定期向上级汇报等方法进行合理监督。

项目经理在实施项目领导工作时，要时刻注意所开发的系统是否符合最初制定的目标，在开发工作中是否运用了预先选择的正确的开发方法，哪些人适合于做哪些工作等。只有目的明确、技术手段适合、用人得当，才能保证系统开发的顺利进行。

对于小型项目，项目经理可以独立进行工作，直接管理各类开发技术人员，必要时可以求得外部机构的支持；对于中型项目，应划分出各个任务的界限，由不同的人去管理，项目经理通过这些人来实施各项管理工作；对于大型项目，应有专门的管理机构进行辅助管理，项目经理应能保证其思想的正确实施，并通过管理机构对开发技术人员的工作进行管理，同时注意对其产品的审核。

2. 过程管理小组

过程管理小组负责整个项目的成本及进度控制、配置管理、安装调试、技术报告发布与培训支持等任务。过程管理小组是一个综合性的机构，其作用是保证整个开发项目的顺利进行。

3. 项目支持小组

项目支持小组的任务是保障后勤支持，它要及时提供系统开发所需要的设备和材料，负责进行项目开发的成本核算，负责合同管理、安全保证等工作。对大型项目来说，由于涉及的资金巨大、开发人员众多、材料消耗也多，项目支持小组尤其要进行科学的管理。

4. 质量保证小组

质量保证小组的任务是及时发现影响系统开发质量的问题并给予解决。问题发现得越早，对整个项目的影响越小，项目成功的把握就越大。

5. 系统工程小组

由于信息系统开发是一项系统工程，因此可以按照工程的一般特性，用系统的观点制定出系统开发各个阶段的任务计划，即将整个开发过程按阶段划分出若干个任务，规定好每个任务的负责人、任务的目标、检验标准、完成任务的时间等。只有明确每一项任务的责、权、利，才能使得开发工作顺利进行，这是系统工程小组的工作职责。

6. 开发与测试小组

开发与测试小组的任务是充分利用系统开发的一些关键技术、开发模型以及一些成熟的商品软件从事各子系统的开发与集成，并对各子系统进行测试。这是整个开发项目的关键，因此要组织好该小组的成员，并采用统一的方法和标准进行工作。

7. 系统集成与安装调试小组

系统集成是对整个信息系统进行综合的过程。该小组成员要在充分注意软件/硬件产品与所开发的信息系统之间的结合，注意最大限度地保证系统可靠性及发挥系统的最高效率的前提下完成信息系统的软件、硬件等各方面的集成，并做好整个系统的测试与安装调试工作。

9.4.2　项目角色及其职责

项目开发团队的组织是信息系统成功开发的重要因素之一。信息系统的建设是比较大的工程项目，必须进行任务的分解，由不同的人员共同来完成。项目开发团队的组建一般包括项目经理（项目负责人）、系统分析员、系统设计员、数据库系统管理员、系统管理员、程序设计员和文档管理员等。另外，信息系统项目的团队还要邀请部分使用方的业务人员参加。项目开发团队中的各种角色成员在项目开发的过程中分担着不同的工作。他们需要相互协作，共同来完成系统的开发工作。

1．项目负责人

项目负责人负责管理项目的开发活动和开发方向。它应该具有很强的管理才能、丰富的组织经验和协调能力，掌握熟悉项目开发过程中的转折点，在参与项目的各方之间找到一个让各方都满意的方案。项目负责人负责下述工作：

（1）制定项目计划，明确各项具体任务需要的时间，控制项目的进度。

（2）确定开发所用的技术和方法，并在项目的进行过程中组织应用这些技术完成具体的工作。

（3）有计划地分配现有的各种资源，合理安排技术人员的工作，正确处理各种资源的短缺和技术人员离开项目团队的情况。

（4）掌握项目参与各方的实际需求，协调项目参与各方的关系。

（5）控制项目的规模。随着信息系统项目的开发，会出现功能需求和系统规模不断增长的情况，项目经理需要合理地控制项目的规模。

（6）正确地评价团队中的每一位成员，正确地评价他们的工作成绩，并给予适当的激励，肯定团队中每一位成员的贡献。

2．系统分析员

系统分析员负责确定具体的业务需求，并正确地传达给系统设计员和其他开发人员。系统分析员应该具备丰富的相关业务领域知识，能够与企业的业务负责人员很好地交流，并明确地表达实际的业务需求。系统分析员的工作包括下列内容：

（1）设计业务需求调查问卷；

（2）与业务人员进行交流，明确具体业务需求；

（3）了解企业组织结构及人员配备；

（4）明确企业内部职能的划分及与其他部门的关系；

（5）获取相关业务的原始单据和报表；

（6）确定需要输入和输出的内容及数据的处理流程；

（7）明确数据间的计算关系；

（8）参与系统使用人员的培训。

3. 系统设计员

系统设计员是信息系统项目团队中非常重要的角色，主要负责信息系统开发的总体设计和详细设计。系统设计员不仅要具备相关领域业务知识，理解具体的业务需求，而且要具备丰富的计算机硬件和软件知识，设计如何实现系统分析中提出的业务需求。系统设计员要完成下列工作：

（1）根据业务需求，设计目标系统的运行模式及业务流程；

（2）评估并选择系统的网络设备、硬件设备和相关软件；

（3）确定目标系统的功能结构；

（4）完成数据库数据模型的设计；

（5）确定数据编码方案；

（6）对系统功能结构中的模块进行处理和进行输入/输出设计。

4. 数据库系统管理员

数据库是信息系统的重要组成部分。数据库系统管理员负责数据库系统的正常使用与管理，保证数据库系统的安全性和保密性。数据库系统管理员应该非常熟悉所应用的数据库系统，具体负责的主要工作如下所述：

（1）数据库系统的逻辑设计和物理实现；

（2）数据库系统的升级；

（3）采用适当的措施对数据库系统进行加密，保证只有经过授权的用户才能够使用相应的数据；

（4）确定衡量数据库系统性能的指标，并监控数据库系统的性能及规模增长，保证数据库系统的正常运行；

（5）确保数据库系统正确的备份和恢复；

（6）数据库系统的日常管理。

5. 系统管理员

系统管理员也是信息系统项目管理团队中很重要的角色，主要负责计算机系统的管理，保证计算机系统的安全。系统管理员必须具有丰富的计算机硬件和软件知识，并能够随时投入工作。系统管理员的工作包括如下内容：

（1）硬件系统的安装和软件系统的配置；

（2）硬件、软件系统的升级；

（3）创建系统安全机制，保证系统的安全运行；

（4）确定衡量系统性能的指标，并监控系统的性能；

（5）对计算机系统的日常管理和突发问题的解决。

6. 程序设计员

程序设计员的工作是进行程序设计，即使用应用开发工具来实现系统设计中的内容。程序设计员应该熟悉系统的硬件环境，熟练掌握所使用的数据库系统和计算机程序设计语言。程序设计员的工作包括以下内容：

（1）按照统一的规范编写程序源代码；

（2）进行系统交付使用前的程序调试；

（3）负责合同所规定的系统维护期内的程序维护。

7. 文档管理员

在信息系统的开发过程中，存在着普遍不愿意在开发阶段书写文档的不良现象。但实际情况表明，没有完整、系统的文档会给未来系统的维护带来巨大困难，也是信息系统项目管理的一种失败。配备专门的文档管理员来负责项目文档的书写和管理是一种比较好的选择。文档管理员应该具有比较强的写作能力，且具有极大的耐心和细心，主要负责如下工作：

（1）参照统一的文档书写规范，撰写及整理项目开发各阶段的文档；

（2）对文档进行分类，并编制文档目录；

（3）负责文档的日常管理。

8. 业务人员

信息系统的开发需要系统开发人员和系统使用人员之间的相互配合。开发人员和使用人员的配合与协作非常重要，这主要源于以下两个方面的原因：一方面是信息系统的开发人员往往对计算机系统非常熟悉，但是对具体业务不是很了解，所以一般从计算机技术的角度考虑问题，在进行系统的分析与设计时不容易正确理解系统的需求；另一方面，系统的使用人员对具体业务非常熟悉，但是对信息系统的开发方法不是很了解，可能会提出计算机系统难以实现的要求。系统的开发人员和使用人员必须相互配合，反复商讨，才能做好信息系统的分析与设计工作。在项目团队中的业务人员主要负责下述工作：

（1）协助系统分析员了解企业的组织机构、人员配备、组织内部的职能划分及各部门之间的关系；

（2）直接或协助系统分析员填写相关需求调查表；

（3）提供相关的原始单据和报表；

（4）提供相关的数据指标体系及相应的计算关系公式；

（5）协调应用方与项目组以及其他各方之间的关系。

在信息系统的开发过程中，上述各角色是必须的，但工作的划分不是绝对的。例如，在很多应用系统中会出现这样的情况：系统管理员与数据库系统管理员由同一人担任，不一定配备专门的文档管理员，或者系统设计员同时负责系统的分析等。另外，在有些关键的技术问题上，还可能外聘相关领域的专家，请他们提供帮助和提出建设性的意见。

9.4.3　管理中的协调工作

在信息系统开发的项目管理中，存在着大量的管理协调工作，主要涉及需求方与开发方的关系，需求方项目管理人员与使用人员及决策层的关系，项目管理人员与软件开发人员的关系，系统性能与灵活应变的关系四个方面。

1．需求方与开发方的关系

需求方与开发方是对立的统一体，双方均希望将开发项目做好。但需求方可能对信息开发技术缺乏全面的了解；而开发方可能对需求方的需求、细节了解不充分，使得双方对开发过程的理解存在着差异。这种认识上的差异与理解的不同会导致开发成果与实际需求偏差甚远。因此，项目管理的重要目标便是建立一个便于开发方与需求方之间进行交流的环境。在系统需求分析阶段，开发方与需求方的深入交流是项目获得成功的关键，但这种交流却经常由于各种双方的误解而难以沟通，开发方的分析人员总是先把精力集中在整个系统的总需求上，而不会对具体细节做过多的考查，而需求方项目管理人员刚开始往往只能提出粗糙的需求模式。同时因为需求方期望值过高，容易过高地估计计算机软件的能力，认为它一定能实现任何所需功能，所以经常会对所开发的软件大失所望。

总之，需求方与开发方的关系是项目管理所要处理的最重要的关系之一，增加沟通和减少误解是处理好这个关系的关键。所以项目管理人员要有效地安排开发方软件技术人员与需求方系统使用人员进行交流，并保证有畅通的交流渠道。在交流中需求方要尽量避免含糊不清的需求，而开发方要杜绝敷衍了事、得过且过的行为。

2．需求方项目管理人员与使用人员及决策层的关系

信息系统的使用一方面减轻了工作强度、提高了工作效率，而另一方面也改变了现行的工作管理模式，改变了原有的一些工作流程和工作习惯。但是信息系统的成功与否仍依赖于使用人员的检验。特别是在信息系统的试运行阶段，使用人员对信息系统的使用实际上是对系统的深入测试，有助于帮助开发方进一步完善软件功能，提高软件的实用性、稳定性及可靠性。因此如何鼓励使用人员使用信息系统，帮助他们克服对新的工作模式的畏难情绪也是项目管理的任务之一。任何一种新的工作方式均有其适应及完善过程，需求方的项目管理人员、决策层及使用人员必须充分认识到这一点。当出现问题时，需求方项目管理人员应迅速分析问题，正确判断哪些是由于不适应新的工作模式引起的，哪些是由于操作不当引起的，哪些是由于信息系统本身不完善引起的，从而对症下药采取不同的应对措施。

需求方的决策人士是需求方项目管理人员的领导，而行政手段是推行信息系统使用的有力手段之一，他对项目的支持是使信息系统开发成功和顺利实施的保证。因此需求方项目管理人员应随时与决策层沟通，力争取得其鼎力支持。

总之，项目管理人员一方面要时刻注意取得决策层的理解与支持，另一方面要帮助使用人员尽快地适应新的工作方式，及时帮助他们解决使用中遇到的问题，使系统在使用中不断地得以完善。

3．项目管理人员与软件开发人员的关系

项目管理人员与软件开发人员的关系将直接影响软件开发人员的积极性。当使用人员对系统提出问题并改动要求时，软件开发人员往往找出各种理由予以否定，而这正是引起开发方与需求方矛盾的最经常的原因。在信息系统项目开发中，项目管理人员需要经常协调使用人员和软件开发人员的关系，既要满足需求方合理的需求变化，又要充分

调动开发人员的积极性。由于系统分析不够准确，需求方业务需求的改变等诸多因素，均会导致要求开发方修改系统。作为项目管理人员应及早提醒开发方注意软件修改的必然性，在系统试运行阶段，将需求方不断提出的需求变动加以归纳整理，集中问题一起讨论解决方案。在实际运作过程中需求方管理人员应尽早介入开发工作，及时发现问题和解决问题。这样既满足了需求方对系统改动的需求，又不会因不规则地时常打断开发人员的正常开发工作，使开发人员处于不断的修改状态而失去耐心。

4．系统性能与灵活应变的关系

性能与灵活是系统设计中的一对矛盾，在项目管理中应充分考虑性能与灵活的关系。性能是系统可用性的重要因素，很难想象一个响应速度很慢的系统能得到最终用户的认可，而灵活性是系统适应变化能力的重要因素，一个无法适应工作模式变化的系统也是难以推行的。

9.5　信息系统项目质量管理

本节内容包括信息系统质量管理概述、信息系统质量控制的组织职能和项目开发的质量控制。

9.5.1　信息系统质量管理概述

信息系统的质量管理是信息系统管理的重要内容。它包括信息系统项目开发的质量管理和信息系统运行过程的质量管理，还涉及组织机构中各层次人员的职责和职能。信息系统的质量管理贯穿于整个信息系统生命周期的全过程，因此信息系统的管理者们必须对此作全面的考虑。

通常，质量要在一定的范围内定义。一个应用项目的质量与它的主要用户、次要用户、操作人员、管理人员和维护人员有关。要达到完美的质量，需花很高的代价，质量只能是被定义在组织机构的可接受的限度内。质量限度反映出质量不足的影响以及达到质量需付出的代价。例如，信息系统项目开发质量不好，可能导致应用项目不能使用，或者还需大量的维修和完善工作。然而，通过一次开发过程就达到系统的完美无缺也是办不到的。

信息系统的质量有许多特性，这与观察的角度有关。从系统的内部来看，系统的质量特性主要是内部结构性能、内部结构的可靠性以及结构的连接特性等。从用户的角度来看，系统的质量特性主要有系统的作用、正确性以及适应性等。信息系统的质量管理首先是保证信息系统符合用户的质量要求。因此，从用户的外部条件出发可以导出信息系统的质量指标，如表 9.4 所示。每个指标的定量值或定性要求则要根据具体的信息系统确定，各个指标的重要程度也有赖于系统的应用领域及其环境。根据各个指标的不同限度，管理者可以对信息系统作出评审，检验其是否符合要求，以便进行控制。

表 9.4 信息系统的质量指标

质量特性		特性内容	定量性指标举例
可用性	目的性	软件的规格应符合用户要求的特定目的，达到信息处理（收集、发布等）高速化，能提高作业效率，能适用对象项目，满足系统的运用性等	通过系统化缩短的工作时间、对象项目数、运行时间、运行周期
	操作性	容易学习软件的使用方法且操作简便	平均学习时间、操作时间、查询次数
	性　能	执行特定的功能所需要的计算机资源和时间	响应时间、屏幕显示时间
正确性	可靠性	应能按规格无故障地进行工作	故障件数/工作时间
	准确性	达到数据的完整性且准确、精确	
	可用性	能够迅速从故障状态恢复正常，减少故障时间，具有故障报告功能、再思考功能、自动恢复功能	恢复时间
	保密性	能够防止没有使用系统内数据资格的用户破坏、盗用数据	
适应性	维护性	应能简便地分析软件不良的原因，并进行修正	
	扩充性	应能简便地变更、升级主机或外部设备	
	兼容性	不改变环境条件即能使用现有功能	
	可移植性	应能把软件简便地移植到其他系统环境，并使之运行	
	连接性	应能简便地与其他系统连接	

9.5.2 信息系统质量控制的组织职能

进行系统的质量控制，组织保障是最基本的要求，组织对信息系统质量控制的职能可以分为三个层次考虑，即组织机构上层管理者的职责、信息系统管理者的职责和系统用户的职责。

1. 组织机构上层管理者的职责

在信息系统的质量控制中，上层管理人员的任务是建立总的组织机构，选择信息系统的负责人，审定计划和预算，并评价其成效。上层管理者的职责主要包括如下七个方面：

（1）信息系统职能部门的职责和权限范围；

（2）选择信息系统的主要管理人员；

（3）审定信息系统的计划、长远规划和年度预算；

（4）审定主要的硬件和软件系统；

（5）审定主要的应用项目；

（6）对照计划审查取得的成果并评价信息系统性能；

（7）审查并批准信息系统的质量保证与控制规程。

2. 信息系统管理者的职责

信息系统管理者有组织和监督各种控制和质量保证活动的责任。

（1）为开发的应用项目或者为使用程序软件包之类的应用，建立质量保证规程并监督执行；

（2）建立并检查信息系统的各种控制职能，如处理控制、存/取控制、数据库管理、备份恢复、程序库管理和文件文档管理等；

（3）建立项目开发的质量控制机制；

（4）建立规程并监督其执行，以便报告关于质量的数据，如误差、故障时间、重新运行和应用项目维护等数据。

3．系统用户的职责

系统用户是信息系统和数据库开发与维护工作的参与者，他们对质量保证负有责任。特别是当用户自己开发系统时，更应当有具体的质量保证措施。

用户的质量保证责任要求了解数据的关系。了解数据的关系，意味着用户能够识别无效的数据。负责报告这种可能的无效数据，设置规程来简化这种情况的报告并对已经更正的结果提供反馈信息。用户还应当对系统的需求定义，对输入/输出的结果方式进行确认，这是信息系统质量控制的基本责任。

9.5.3 项目开发的质量控制

项目开发的质量控制是整个信息系统质量保证的关键，而且在系统开发初期的质量管理更为重要。

美国 IBM 公司曾对造成信息系统质量问题的各种错误进行统计，其中编程错误占25%，系统分析和设计错误占 45%，程序修改错误占 20%，文档错误占 7%，其他错误占 3%。

从质量管理的角度来说，错误发现得越早，就越容易修改，所需代价就越小。国外曾有人研究后指出，假设在系统分析阶段修正错误所需费用为 1，那么拖到系统设计阶段才修正错误，至少需要的费用为 4。而到系统运行阶段再修正错误，则费用为 30。可见，项目质量控制在一开始就变得十分重要。

项目开发的质量保证包括如下五个方面的内容：

（1）确保获得完整正确的需求；

（2）在开发的每一阶段，要修整一下以进行充分审查并确保该部分工作与系统相协调；

（3）制定质量控制的程序开发规范，包括系统设计、程序设计、程序检查和程序测试；

（4）进行常规的安装调试；

（5）开展事后审计评价。

为了保证系统开发的质量，通常需要结合项目的特点，选择恰当的项目开发策略，对质量加以控制。项目开发策略通常有如下四类：

（1）线性法，也称为常规法，依照信息系统生命周期各阶段的次序开发，不需经过某些阶段的反复就完成整个系统的开发。这种方法适用于在系统规模较小、问题也不复杂且结构化程度较高的情况下使用。

（2）线性迭代法，可以看成是一个反复迭代、求精的过程，即系统开发各个阶段经过多次反复确认、修改之后，才能保证符合要求。这种方法是线性法的改进。

（3）原型法，是一种试验保证方法，实际上是一种通过不断的试验、演示和修改，直至完善的项目开发策略，它适用于在用户需求变化多、难以确定的情况下使用。

（4）复合法，将项目分解成一个个独立的子项目，使各个子项目都能保持相对的独立完整。然后按优先次序进行开发，后面开发的子项目可以利用前面先开发的项目的成果和经验，每个子项目的开发可以应用前面介绍的几种方法，甚至也可以再次采用复合的方法。这种方法适用于大型复杂的项目。

项目的规模、项目的结构化程度、用户对信息系统所具备的技能等都对各种策略的选择起到关键作用。

项目的开发策略对项目的质量会产生重要的影响。而项目开发的质量保证还可以通过设置项目质量控制来加以控制。下面介绍各阶段设置质量控制的一些建议。

1）规划阶段

（1）决策目标和解决手段是否合理？

（2）系统结构是否合理？

（3）系统资源的可利用性如何？

（4）信息系统开发的基础是否确实具备？

（5）工程计划安排是否切实可行？

2）系统分析阶段

（1）现行系统描述是否正确？

（2）新系统功能是否明确？

（3）新系统逻辑模型是否合理？

（4）子系统的划分是否合理？

3）系统设计阶段

（1）模块的划分是否合理？

（2）数据结构设计是否合理？

（3）信息规范化程度？

（4）测试方案和测试用例是否完整？

4）程序设计和测试阶段

（1）程序的结构化程度如何？

（2）程序是否正确？

（3）运行的速度是否高效？

（4）测试报告。

（5）技术指标的考核。

9.6　信息系统开发的文档管理

从信息系统总体规划、系统分析、系统设计到实施应用的整个过程中会形成很多的文档资料，如各种图表、文字说明材料、数据文件和报告等。这些都是未来进行系统维护、升级或扩展的重要参考资料。可以说，文档管理是信息系统项目管理中非常重要的一部分工作。但是，信息系统的文档管理没有统一的标准或规范。另外，在信息系统建设的实际工作中，有时会因为意识不到文档管理的重要性，而未给予足够的重视，使得工作做得不够细、不够好，为未来的系统维护、扩展等带来了不必要的困难。现在，人们已经开始逐渐认识到系统的文档管理有着非常重要的意义，并且已在实际的信息系统项目管理工作中加强这方面的工作。

9.6.1　信息系统质量维护文档的内容与分类

在信息系统建设过程中涉及的文档类资料很多，资料的格式、内容、载体等都有着很大的区别。为了做好系统的文档管理工作，方便归档和将来使用时的检索，必须对它们进行适当的归类。下面针对技术类文档给出几种文档的分类方法。

按照生命周期法的五个阶段，即系统规划、系统分析、系统设计、系统实施和系统运行维护与评价来进行划分，各阶段包含的主要文档如表 9.5 所示。

由于信息系统文档多而杂，除了上述归类方法之外，还可以根据格式或载体对系统文档进行划分。按照这种划分方法又可分为原始单据或报表、磁盘文件、文件打印件、大型图表、重要文件原件和光盘存档等几大类。

1．原始单据或报表

在信息系统的调查分析阶段会获取大量的原始单据和原始报表。这类资料一般都是以纸张为存储介质的，其大小、格式一般都没有统一的标准，容易散落、破损及丢失，如入库单、领料单、过秤单、源材料台账和生产日报等。对这类文档资料应编好目录，装订成册。如果需要，可以同时复印并装订一个副本。

表 9.5　管理信息系统开发各阶段的文档

阶　段	文　档	相关内容
1.系统规划	①可行性研究报告 ②系统开发计划	01.项目背景 02.系统目标及总体功能需求和关键信息需求 03.系统可行性分析 04.开发进度
2.系统分析	系统分析报告	01.组织结构及人员配备 02.组织职能划分及与其他部门关系 03.业务及相关数据调查表 04.业务及相关数据原始单据和报表 05.调查记录和整理结果 06.业务流程图 07.数据流程图 08.数据字典 09.U/C 矩阵图 10.管理模型及相应的计算关系公式 11.各种图表的辅助文字说明 12.目标系统的逻辑功能结构

续表

阶　段	文　档	相关内容
3.系统设计	①总体设计报告 ②详细设计报告	01.目标系统的硬件配置方案 02.目标系统的系统软件配置方案 03.目标系统的业务流程描述 04.目标系统的数据类描述 05.目标系统的功能结构 06.数据库文件的设计 07.安全保密机制 08.编码方案 09.功能模块的输入/输出设计 10.功能模块的处理流程
4.系统实施	①程序设计说明书 ②源程序备份文件 ③系统测试报告 ④用户使用手册	01.变量说明 02.程序处理流程 03.程序间的调用关系 04.使用的数据库文件 05.对公共程序等的特殊功能说明 06.测试环境和数据准备 07.测试时间和人员安排 08.测试结果 09.用户培训计划 10.系统使用说明 11.系统试运行阶段的试运行和修改记录
5.系统运行维护与评价	①系统运行日志 ②系统修改与维护报告	01.系统运行阶段的运行记录 02.系统运行阶段的维护和修改记录 03.系统的评价或鉴定结果

2. 磁盘文件

磁盘文件是目前信息系统文档最主要的存储方式。由于计算机办公软件的普遍使用，各类报告或说明书一般都是通过使用文字处理、幻灯片制作等软件工具生成的（如采用软件工具 WPS、Word、Excel 和 PowerPoint 等），如可行性研究报告、系统分析说明书、系统设计说明书、程序设计说明书等一般都采用这种方式编写和保存。磁介质的文档资料虽然占用空间小、信息量大和易于保管，但如果磁盘发生损坏，则会引起数据的彻底丢失。因此，需要做好备份工作，如可以刻成光盘备份。

3. 文件打印件

文件打印件和电子文件是同时存在的，这主要是出于交流和使用上的方便。对于这些打印出的文档，应该装订成册，切忌散页存放，以免部分丢失。另外，各种报告和说明书都有一个反复修改的过程，要注意区分修改前的版本和修改后的版本，避免混淆带来使用上的不便，甚至出现错误。

4. 大型图表

在信息系统文档中，还可能出现一些大型图表。例如，在大型企业的信息系统建设过程中用到的 U/C 矩阵图和 E-R 图等。有时这类图表的存放大小可以占用一面墙。由于这些图表需要折叠存放，因此在绘制时，一定要选择不易被折断的纸张。在保存时，需要放在档案袋或档案盒里，以免磨损。

5．重要文件原件

信息系统的文档主要是技术文档，但也有一些涉及权利义务关系的重要文件，如项目合同或协议书，系统验收或评审报告等。这些重要文件一般需要保存其纸质原件。

6．光盘存档

光盘存档是近几年发展起来的文档保存方式。由于光盘的存储量大，1 张 DVD 光盘可以存储 4.38GB 的数据，而且光盘体积小，所以这种存档方式受到了普遍的欢迎。

9.6.2　信息系统质量维护文档的作用

1．管理依据

在信息系统开发过程中，管理者必须了解开发进度、存在的问题和预期目标。每一阶段计划安排的定期报告提供了项目的可见性。定期报告还提醒各级管理者注意该部门对项目承担的责任以及该部门效率的重要性。开发文档规定若干个检查点和进度表，使管理者可以评定项目的进度，如果开发文档有遗漏，不完善，或内容陈旧，则管理者将失去跟踪和控制项目的重要依据。

2．任务之间联系的凭证

大多数信息系统开发项目通常被划分成若干个任务，并由不同的小组去完成。例如，学科方面的专家建立项目，分析员阐述系统需求，设计员为程序员制定总体设计，程序员编制详细的程序代码，质量保证专家和审查员评价整个系统性能和功能的完整性，负责维护的程序员改进各种操作或增强某些功能。

这些人员需要的互相联系是通过文档资料的复制、分发和引用而实现的，因而任务之间的联系是文档的一个重要功能。大多数系统开发方法为任务的联系规定了一些正式文档。例如，分析员向设计员提供正式需求规格说明，设计员向程序员提供正式设计规格说明等。

3．质量保证

负责软件质量保证和评估系统性能的人员需要程序规格说明、测试和评估计划、测试该系统用的各种质量标准以及关于期望系统完成什么功能和系统怎样实现这些功能的清晰说明；必须制定测试计划和测试规程，并报告测试结果；还必须说明和评估完全、控制、计算、检验例行程序及其他控制技术。这些文档的提供可满足质量保证人员和审查人员工作的需要。

4．培训与参考

信息系统质量维护文档的另一个功能是使系统管理员、操作员、用户、管理者和其他有关人员了解系统如何工作，以及为了达到他们各自的目的，如何使用系统。

5．软件维护支持

维护人员需要软件系统的详细说明以帮助他们熟悉软件系统，找出并修正错误，改进系统以适应用户需求的变化或适应系统环境的变化。

6．历史档案

软件文档可用作未来项目的一种资源。通常文档记载系统的开发历史，可使有关系统结构的基本思想为以后的项目利用。系统开发人员通过审阅以前的系统档案以查明什么部分已试验过了，什么部分运行得很好，什么部分因某种原因难以运行而被排除。良好的系统文档有助于把程序移植和转移到各种新的系统环境中。

9.6.3　文档的规范化管理

在 9.6.2 节中，介绍了信息系统文档的内容和分类，下面讨论文档规范化管理的方法。

目前信息系统文档管理方面尚没有统一的标准，在具体工作中也没有固定的模式。但是，在一个信息系统项目的整个运作过程中，必须有一个统一的内部标准，并应该严格执行。信息系统文档的规范化管理主要体现在文档书写规范、图表编号规则、文档目录编写标准、文档管理制度四个方面。

1．文档书写规范

信息系统的文档资料涉及文本、图形、表格等多种类型，无论是哪种类型的文档都应该遵循统一的书写规范，其中包括符号的使用、图标的含义、程序中注释行的使用、注明文档书写人及书写日期等。例如，在程序的开始要用统一的格式包含程序名称、程序功能、调用和被调用的程序、程序设计人等。

2．图表编号规则

在信息系统的开发过程中会用到很多的图表，对这些图表进行有规则的编号，可以方便图表的查找。图表的编号一般采用分类结构。根据生命周期法的五个阶段，可以给出如图 9.3 所示的图表分类编号规则。根据该规则，就可以通过图表编号判断该图表出于系统开发周期的哪一个阶段，属于哪一个文档、文档中的哪一部分内容及是第几张图表。对照 9.6.1 节中对系统文档的分类，就可以知道图表编号 2-1-08-02 对应的是系统分析阶段系统分析报告中数据字典的第 2 张表。

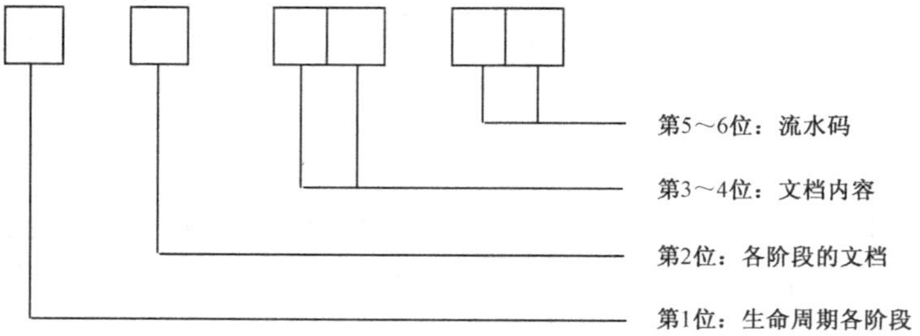

图 9.3　图表分类编号规则

3. 文档目录编写标准

为了存档及未来使用的方便，应该编写文档目录。信息系统的文档目录中应包含文档编号、文档名称、格式或载体、份数、每份页数或件数、存储地点、存档时间和保管人等。文档编号一般为分类结构、可以采用与图表编号类似的编号规则。文档名称要书写完整规范。文档格式或载体指的是原始单据或报表、磁盘文件、磁盘文件打印件、大型图表、重要文件原件和光盘存档等。信息系统文档目录的编写可以采用如表 9.6 所示的形式。

表 9.6　×××信息系统文档目录

编　号	文 档 名 称	格式或载体	份数	页数	存储地点	存档日期	保管人
1-1	可行性研究报告	磁盘文件	2	1	档案柜	2001/2/9	谷月
1-2	系统开发进度	磁盘文件	2	1	档案柜	2001/2/9	谷月
2-1	系统分析说明书	磁盘文件	2	1	档案柜	2001/2/9	谷月
2-1-04	业务原始单据和报表	原始单据或报表	1	56	档案柜	2001/2/9	徐圆梦
2-1-09	U/C 矩阵图	大型图表	1	1	档案柜	2001/2/9	徐圆梦
…	…	…	…	…	…	…	…
5-2-03	系统鉴定报告	重要文件原件	1	3	档案柜	2001/3/9	汪涛

4. 文档管理制度

为了更好地进行信息系统文档的管理，应该建立相应的文档管理制度。文档的管理制度需根据组织实体的具体情况而定，一般包括建立文档的相关规范，文档借阅记录的登记制度，文档使用权限控制规则等。建立文档的相关规范是指文档书写规范、图表编号规则和文档目录编写标准等。文档的借阅应该进行详细的记录，并且需要考虑借阅人是否有使用权限。当文档中存在商业秘密或技术秘密的情况时，还应注意保密的问题。

本章小结

建设信息系统的大型项目，一般技术难度大且复杂度高，需要用项目管理的专业知识对项目的全过程进行管理。本章首先介绍项目管理的一般知识，着重提到了其九大知识体系，并针对信息系统项目建设的特殊性，介绍了对信息系统项目实施和项目管理的基本流程和步骤，信息系统项目管理知识体系中的时间管理、质量管理和人力资源管理。由于信息系统开发通常产生大量配置信息，因此还介绍了对其实施文档管理的一些标准。

问题讨论

1. 当前为何要强调对信息系统实施项目管理？
2. 在信息系统建设中如何处理范围、时间、成本这三者的关系？
3. 如何搞好信息系统项目开发的团队建设？
4. 信息系统质量管理的最新技术有哪些，各有何长短？
5. 信息系统的软件质量管理中的特性指标有哪些？
6. 信息系统文档管理需要注意哪些问题？

案例分析 9.1

培正中学档案管理信息系统开发的项目风险管理

培正中学是一所具有 100 年历史的学校。它的学生档案以及教职工个人资料的管理仍然是实行老的办法，即逐一笔录登记在册。需要查询时，就从档案室翻阅查询，每年还要对档案进行维护以防止丢失与损坏。该档案管理方法已经跟不上形势的发展，使用起来很不方便，而且浪费人力和物力。

为此，学校打算建立一套面向所有学生和教职工的档案管理信息系统。通过该信息系统，能够迅速了解到学生的班级、成绩、家庭住址、联系电话、家庭背景、成绩、个人爱好，以及教职工的个人基本情况等。

下面给出该信息系统项目启动阶段和计划项目风险管理方案，请大家思考并讨论实施阶段和完成阶段如何进行项目管理。

一、项目启动阶段

此阶段的主要目的是分析该项目在财务和技术上是否可行，如果可行，制定初步需求文件。

1）项目的可行性研究

该项目的花费包括以下方面。

（1）硬件部分：微机 4 台，每台 5 000 元，加上其他支出，如机房设施等，硬件支出总共 25 000 元。

（2）其他部分：软件和相关人员培训费用 2 000 元，项目开发费用 8 000 元（包括承建该项目的公司费用），原始资料输入费用 2 000 元，共计 12 000 元。

假设该系统的硬件（微机）使用年度为 10 年，受益期为 10 年，则每年的折旧费为 3 038.74 元，其他部分费用每年平均分摊费为 1 554 元。

该项目建成后的节约成本如下。

（1）员工工资的节约。在平时系统的运行中，只需要两人维护（现在有 4 人从事档案管理维护），每年可以节约人员支出 20 000 元左右。

（2）查找费用的节约。查找个人资料平均花费时间从过去的 1 小时降至 5 分钟，其查询成本约降低了 60%，每年可以节约查询费用 6 000 元左右。

该项目建成后增加的开销：系统维护方面的物资支出大概增加 50%，每年平均增加 8 000 元。

综合上面的数据，我们用以下公式来分析该项目在财务运作方面的可行性：节约的费用−增加的开支 = (20 000+6 000)−(8 000+3 038.74+1 554) = 1 3407.26 元。由此可见此项目在财务运作上是完全可行的，为学校每年节约的支出是 1 3407.26 元。

在技术上，该项目更不存在困难。该系统实现比较简单，利用现有的数据库技术，完全能够解决。而且承建该项目的奥都科技公司在这方面拥有较强的技术团队，曾经成功地为其他单位做过类似的信息系统。

2）制定初步需求文件

初步需求文件主要是指项目章程，制定本项目的章程如下所示。

项目名称：培正中学档案管理信息系统建设项目

项目启动时间：2002 年 5 月 1 日

计划完工时间：2002 年 8 月 30 日

项目经理：

联系电话：

项目目标：

在 4 个月内建成学校教职工和学生档案管理系统，预计购买软/硬件成本为 2 7000 元，系统开发费 8 000 元，资料输入费 2 000 元。

方法：

构建新的档案管理信息系统，并确定需要新增的设备。

对项目成本进行详细的估算，并向学校分管该项目的副校长报告。

发布软/硬件的询价要求。

尽量使用内部职员进行项目的计划分析和实施。

组织好系统使用人员的培训。

角色和职责：

姓　　名	角　　色	职　　责
副校长	项目发起人	对项目整体监督和进行成果验收，并提供高层的支持
人事科主任	项目顾客和项目协调人	对提供需求，进行项目监督，协调人员
后勤部主任	项目经理	组织项目计划与实施，为所有项目人员记录有关备忘信息，帮助购买软件和硬件

签名：（所有项目干系人的签名）

评述：

这个项目最晚必须在 9 月底之前完工。学校及奥都科技公司必须保证有足够的人员安排，承诺对项目的支持。项目的工作必须在不影响学校正常上课的情况下进行，以避免对正常教学造成影响，因此需要利用周末和暑假的假期时间。

3）该阶段的项目风险管理

（1）风险识别。此阶段可能存在的主要风险如下：

① 项目团队建设与项目经理任命方面的失误；

② 项目的财务可行性预测的准确性；

③ 项目的技术可行性预测的准确性；

④ 项目章程的可执行性。

（2）风险量化。项目所需 37 000 元的资金，其中 12 000 元是学校自有资金，25 000 元是政府无偿拨款。如果政府拨款不能准时到位，则需从银行贷款，这种可能性的概率为 30%左右。银行的长期贷款利率（10 年期）是 4%。即每年将增加利息 300 元，每年节约成本变为 1 3407.26−300 = 1 3107.26 元。

这证明此项目在财务运作上仍然是完全可行的，即使有一部分资金要从银行贷款。

（3）风险应对计划制定。项目的风险应对计划如下。

① 项目经理由项目承建单位奥都科技公司资深副经理出任。学校副校长亲自参加项目团队并对项目进行监督和协调，以保证主要项目的顺利实施。

② 积极抓紧时间向政府相关部门提交可行性论证报告和拨款申请书。

③ 向银行做好预备贷款协调工作，可以签订贷款意向书，在必要的时候可以向银行及时申请贷款。

（4）风险应对控制。风险应对控制包括风险管理执行过程和风险管理计划，以应对风险事件。风险执行管理过程是指确保在整个项目过程中、由全部项目团队成员执行具有风险意识的一项不间断的活动。项目风险管理并不会停留在最初的风险分析上。识别的风险也许并不真发生，或者它们发生或损失的概率会减小或消失。向前识别的风险，也可能被确定有更大的发生概率，或具有更高的损失估计值。

二、项目计划阶段

此阶段的任务如下：

（1）项目计划；

（2）范围说明书、范围管理计划和工作分解结构说明；

（3）活动清单、项目网络图、活动历时的估计、项目进度计划、进度管理计划和更新的资源要求；

（4）资源要求、成本估计和成本管理计划；

（5）质量管理计划、操作定义、检查表和其他过程的输入信息；

（6）岗位和责任委派说明、人员配备管理计划、组织结构图、委派的项目人员名单；

（7）沟通管理计划、采购管理计划、工作说明、采购文件和评价标准。

（8）风险来源、潜在的风险事件和风险征兆；

（9）需要抓住的机会及应对的威胁、可忽视的机会和可接受的威胁；

（10）风险管理计划、应急计划和合同协议。

1）制定项目计划

（1）确定项目目标——预期的结果或最终产品。对于该项目来说，项目的目标就是在 4 个月的时间内，以 37 000 元的预算资金，交付能够使用的学校教职工和学生档案管理信息系统。

（2）工作分解结构。工作分解结构就是将一个项目分解成易于管理的几部分，这有助于确保找出完成项目工作所需的所有工作要素。

（3）制定责任矩阵。责任矩阵是以表格形式表示完成工作分解结构中工作细目的个人责任的方法。它强调了每一项工作细目由谁负责，并表明每个人的角色在整个项目中的地位。

（4）制定网络计划。网络计划是一种在项目的计划、进度安排和控制工作中很有用的技术，由许多相互关联的活动组成。网络计划方法主要有两种，计划评价与审查技术和关键路径法。

2）计划阶段的风险管理

（1）风险识别。在此阶段可能存在的风险事件如下所述：

① 计划的制定不具有可行性；

② 物资采购的价格估计不准确性；

③ 物资价格上升的可能性。

（2）量化风险。针对以上的风险进行量化，辨别它们发生的可能性，以及其对项目实施和结果的影响程度。在制定计划的过程中和制定以后，应该根据具体的实际情况，及时加以调整和纠正，并寻找引起变化的原因。计划制定的可行性风险，在一定程度上是肯定存在的，而且这也是计划阶段主要防范的风险；物资采购价格估计的不准确风险，以及物资价格上升的可能性虽然都存在，但可能性很小，完全可以采取一定的措施，把它们控制在一定的、可接受的水平之下。

（3）风险的控制和应对措施。在识别和量化风险之后，就要针对各种风险，采取措施进行控制并制定应急计划。

为了控制计划的可行性风险，在制定项目计划的过程中，要尽量让项目的各个具体工作的执行者参与到其中来。首先，他们对相应的工作比较了解，最知道该做哪些具体细节活动，能够比较准确地估算每项工作所需的时间和成本。另外，让他们参加到计划的制定过程中来，往往会有效约束他们，按照计划执行项目，产生对工作的承诺。

为了准确估计所需物资的价格，可以多向几家供应商询问最近的价格和行情，也可以采用招标采购的方式来降低成本。这一风险是完全可以控制在可接受范围之内的。

在进行询价和打探行情的时候，可以顺便估计和预测将来几个月所需物资的大概行情。如果可能存在相应物资价格上涨情况，可以采用事先赊购或者签定意向书等办法，把价格上涨的风险转嫁给供应商。

总的来说，前两种风险应对办法是尽量减轻风险，后一种是将风险转嫁给第三者，从而把风险降低到可接受水平以内。

参考文献

[1] 张维明，肖卫东，杨强. 信息系统工程（第1版）. 北京：电子工业出版社，2002.

[2] 张维明，陈卫东，肖卫东. 信息系统原理与工程. 北京：电子工业出版社，2002.

[3] 张维明，刘忠，肖卫东. 信息系统建模. 北京：电子工业出版社，2002.

[4] 邓苏，张维明，黄宏斌. 信息系统集成技术. 北京：电子工业出版社，2004.

[5] 邝孔武，王晓敏. 信息系统分析与设计（第3版）. 北京：清华大学出版社，2006.

[6] 杜鹃，赵春艳. 信息系统分析与设计. 北京：清华大学出版社，2008.

[7] 封孝生，胡升泽.软件开发技术. 长沙：国防科技大学出版社，2007.

[8] 肖卫东. 计算机信息管理基础. 长沙：国防科技大学出版社，2000.

[9] OMG UML 1.3 http://www.omg.org.

[10] Jacobson, et al. Object-Oriented Software Engineering (A Use Case Driven Approach). ACM Press, Addison-Wesley, 1992.

[11] Kilov Haim, James Ross. Information Modeling: An Object-Oriented Approach, Englewood Cliffs, NJ, PTR Prentice Hall, 1994.

[12] Odell J, Fowler M. Advanced Object-Oriented Analysis and Design Using UML, SIGS Books/Cambridge University Press 1998.

[13] 陈市鸿、彭蓉. 面向对象软件工程. 北京：电子工业出版社，1999.

[14] 余伟萍. 计算机管理信息系统开发与应用. 成都：电子科技大学出版社，1998.

[15] R.M.Stair, G.W.Reynolds. 信息系统原理。张靖，蒋传海译. 北京：机械工业出版社，2000.

[16] 潘锦平，施小英. 软件系统开发技术. 西安：西安电子科技大学出版社，2000.

[17] 汪成为. 面向对象的分析、设计及应用. 北京：国防工业出版社，1992.

[18] 姜同强. 计算机信息系统开发理论、方法与实践. 北京：科学出版社，1999.

[19] Martin J, Odell J J. Object-Oriented Methods: A Function. Prentice Hall, Englewood Cliffs, NJ, 1998.

[20] 张克东，庄燕滨. 软件工程与软件测试自动化教程. 北京：电子工业出版社，2002.

[21] Grady Booch. UML 用户指南. 邵维忠，张文娟，孟祥文译. 北京：机械工业出版社，2001.

[22] Ivar Jacobson. 统一软件开发过程. 汪诗林译. 北京：机械工业出版社，2002.

[23] 徐福缘. 信息系统. 上海：上海交通大学出版社，1989.

[24] Roger S.Pressman. 软件工程：实践者的研究方法（第五版）. 黄柏素译. 北京：机械工业出版社，2002.

[25] Martin，James. Information Engineering. Pearson Professional Education，1989.

[26] Alan Brown. From Component Infrastruture to Component-Based Development. http://www.sei.cmu.edu/cbs/icse98/papers/p21.html.

[27] Ralph R.Young. 有效需求实践. 韩柯，耿民译. 北京：中信出版社，2002.

[28] Dean Leffingwell，Don Widrig. 软件需求管理：统一方法. 蒋慧，林东译. 北京：机械工业出版社，2002.

[29] H.Conover, S.J. Graves. Promoting Science Data through Innovative Information Systems. American Geophysical Union 1998 Fall Meeting, 1998.

[30] Ralph M.Stair. 信息系统原理. 张靖译. 北京：机械工业出版社，2000.

[31] 曹锦芳. 信息系统分析与设计. 北京：北京航空航天大学出版社，2000.

[32] 陈佳. 信息系统开发方法教程. 北京：清华大学出版社，1998.

[33] 吴祖玉. 信息系统工程基础. 北京：人民邮电出版社，2001.

[34] 汪应洛. 系统工程理论、方法和应用. 北京：高等教育出版社，2000.

[35] A.Fuxman,et al. Model Checking Early Requirements Specifications In Tropos. http://citeseer.nj.nec.com/fuxman01model.html.

[36] Jaelson Castro，Manuel Kolp，John Mylopoulos. Towards Requirements-Driven Information Systems Engineering：The Tropos Project，http://citeseer.nj.nec.com/castro02towards.html.

[37] 李之学，李汉菊. 信息系统工程原理、方法与实践. 武汉：华中理工大学出版社，1997.

[38] W.H.Inmon. 数据仓库（第二版），王志海等译. 北京：机械工业出版社，2000.

[39] Thomas A. Wallow. 网络安全实施方法. 潇湘工作室译. 北京：人民邮电出版社，2001.

[40] Project Management Institute. A Guide to the Project Management Body of Knowledge. 2000 Edition, 2001.

[41] Jack Gido James P.Clements. 成功的项目管理. 张金成译. 北京：机械工业出版社，1999.

[42] Kathy Schwalbe. IT 项目管理. 王金玉，时郴译. 北京：机械工业出版社，2002.

[43] 雷战波. 开发方法论研究的现状、问题与发展动向. 中国软科学，1999(6):43~45.

[44] 楼伟进. COM/DCOM/COM+组件技术. 计算机应用，2000(20):31~33.

[45] 邹生，杜链. 信息系统工程概论. 北京：中国计划出版社，1993.

[46] 阳丽，赵勇. 信息系统工程建设中的监理问题. 信息技术，2002(6).

[47] 冯鐕钊. 软件工程基本原理与信息系统工程项目管理. 广东水利水电，2002(4).

[48] 李恩科，马玉祥，徐国华. 信息系统综合评价底模糊层次分析模型. 情报学报，2000(2).

[49] H.Conover, S.J.Graves, etc. A Next Generation Information System for Earth Science Data, The International Symposium on Optical Science, Engineering and Instrumentation, 1999.

[50] Wei Li, J.Talburt. Software Metrics and Object-Oriented System Evolution，3rd World Multiconference on Systemics, Cybernetics and Informatics and ISAS'99, 1999.

[51] 周宏. 计算机硬件知识、选购与维修. 北京：电子工业出版社，1998.

[52] Craing Zacker, Paul Doyle. 计算机网络连网升级与维护大全. 北京：机械工业出版社，1998.

[53] D.E.Comer. 计算机网络与互联网. 北京：电子工业出版社，1998.

[54] W.Stallings. 高速网络 TCP/IP 和 ATM 的设计原理. 北京：电子工业出版社，1999.

[55] 王汉新. 计算机通信网络实用技术. 北京：科学出版社，2000.

[56] 刘鲁. 信息系统设计原理与应用. 北京：北京航空航天大学出版社，1995.

[57] 李之棠，李汉菊. 信息系统工程原理、方法与实践. 武汉：华中理工大学出版社，1997.

[58] 张维华. 信息网络基础. 北京：人民邮电出版社，1996.

[59] 张树人，方美琪. Web2.0 与信息系统复杂性变革. 北京：科学出版社，2008.

反侵权盗版声明